제10회 21세기 조선통신사 한·일 우정 걷기 동행기

사명대사·이에야스의 길 그 길을 걷다

허남정 지음

사진 협찬 : 허광도

글로벌마인드

제10회 21세기 조선통신사 한·일 우정 걷기 동행기

사명대사·이에야스의 길 그 길을 걷다

글로벌마인드

목차

제1부
일본의 옛 뱃길을 버스로 가다

제2부
일본 본토 구간 본격적 도보 행진

3부
조선통신사 옛길 국내 구간을 걷다

조선통신사 옛길 걷기 지도

추천사

한·일 국교 정상화 60주년 우정 걷기 대장정

한·일간 질곡의 역사 속에서도 '성신교린(誠信交隣: 진심을 다하여 믿음으로 교류함)'이라는 정신을 바탕으로 약 200년간이나 문화교류와 함께 우정과 평화가 지속된 시기도 있었다. 이처럼 긴 세월 동안 이웃 국가와 전쟁 없이 평화를 유지해 온 선례는 세계 어느 곳에서도 찾아볼 수가 없다.

이러한 성신교린을 실천한 조선통신사야말로 외교정책의 모범적 사례로 오늘의 우리가 계승·발전시켜 가야 할 시대적 소명이라고 생각한다. 이에 (사)한국체육진흥회와 (사)일본걷기협회는 조선통신사 파견 400주년을 맞이한 지난 2007년부터 옛 통신사들이 왕래하였던 끊어진 역사의 길을 이어, 옛 조선통신사가 그랬듯이 '21세기 조선통신사 한·일 우정 걷기'를 격년제로 12회 실시하기로 합의했고 올해까지 18년간 10회를 실시했다.

우리들은 조선통신사의 성신교린 정신으로 겹겹이 쌓인 한·일 간 악연의 굴레를 하나씩 벗어버리고 과거 불행했던 시기에 대한 진정한 참회와 배려로 화해하며 21세기에는 한·일 양국이 진정한 참 이웃이 될 수 있기를 기원하며 미력하나마 노력해 왔다.

이번 '제10회 21세기 조선통신사 한·일 우정 걷기' 행사에 허남정 박사가 단장·정사 역을 맡아 3월 9일 서울 광화문을 출발하여 4월 30일 일본 도쿄의 히비야 공원까지 완보하였다. 하루 평균 30km씩 53일간 1,200km를 걸으며 양국의 참가자들은 전원 무사고로 완보에 성공했다.

참가자들 대부분은 1일 평균 30km를 걷고 나면 피곤이 극에 달해 쓰러지는데 허 박사는 강인한 정신력으로 맡은 소임을 다하면서도 시간을 쪼개 블로그에 매일 기행록을 올리고 문화일보에 주 1회 르포 기사를 게재하며 일반독자들과 소통하는 등 53일간 초인적인 일정을 소화해냈다.허 박사는 2018년에는 예수의 열두 사도였던 야곱과 깊은 연관이 있는 산티아고 순례길 800km를 완주한 바 있다. 2019년에는 일본 남단 가고시마에서 북단 홋카이도의 아사히카와까지 1,111km를 완주한 걷기의 마니아이기도 하다. 이런 장거리 도보여행에 대한 그의 끊임없는 도전은 33년간 덕당 국선도 수련으로 만들어낸 강인한 정신력이 그 저변에 깔려있기 때문으로 보인다.

아울러 허 박사는 (사)한일경제협회의 상근책임자인 전무이사로 활동하면서 한·일경제 및 산업협력에 많은 공헌을 해왔다. 한국외국어대학교 통번역대학원을 졸업하고 30년 가까이 실전에서 갈고 닦은 그의 유려한 고급 일본어는 현지인들도 경이롭게 생각한다. 현직에서 퇴임한 후에는 한양대학교에서 국제학 박사학위를 취득하였으며 국립 인천대학교에서 겸임교수로 후진들을 지도하기도 했다.

그러한 허 박사가 일본을 두 발로 직접 걸으면서 일본의 내면세계를 들여다본 소감은 남다르리라 생각된다. 남들보다 더 예리하고 풍부한 식견과 관찰력으로 한·일 관계 발전을 위해 개진하고 있는 깊은 생각들을 대하며 새삼 그의 열정과 탐구력에 놀라게 된다.

책을 펼쳐보면 일본인의 정신세계 일본인의 문화와 관습 등 일본과 일본인들의 속살을 훤히 들여다볼 수 있도록 내용이 알차고 재미있게 꾸며져 있으며 옛 조선통신사에 관한 역사적 사실도 깊이 있게 다루고 있다. 그리고 조선통신사를 초청해 끊어진 조일 관계를 회복시킨 도쿠가와 이에야스의 삶의 그 박진감 넘치는 여정도 관련 지역을 걸어가며 자연스럽게 소개하는 등 다양한 읽을거리를 제공하고 있다.

독자들은 이 책을 읽으며 허 박사와 함께 우리 땅, 일본 땅을 함께 걷는 착각을 느낄 것으로 생각한다. 그리고 오늘의 일본과 센코쿠(戦国)시대의 일본을 비교해 보기도 하며 한·일국교정상화 60주년을 맞은 올해 새로운 한·일 관계 60년을 열어나가는데 조선통신사 선조들의 지혜를 어떻게 활용할 수 있을 것인지에 대해서도 저자와 함께 생각해 보는 기회가 될 것으로 생각한다.

걷기는 육체적인 고행을 통하여 우리에게 정신적 자유를 누리게 하고 성숙한 인간을 만들어 주는 인간의 원초적인 행위이다. 그런 면에서 허 박사는 이번 걷기를 단순한 여행이 아니라 미지의 세계를 개척하는 길로 생각하고 그의 발걸음은 단순한 발길이 아니라 도(道)의 길로 깨우침을 찾는 길이었음을 우리는 알게 될 것이다.

허 박사의 책을 읽으면서 그와 함께 구도자가 되어 잠깐 허상의 자아를 벗어버리고 진정한 진아(眞我: 참된 자아)를 찾아가는 희열을 맛보게 될 것으로 생각하며 일독을 권하는 바이다.

2025년 8월

선상규 한국체육진흥회 회장·이학박사

▲ 조선통신사 한·일 우정 걷기 최종 목적지 도쿄 히비야 공원에서의 전 일정 참가자 및 하루 참가자들의 단체 사진

추천 및 감사의 말씀

조선통신사 한·일 우정 걷기 456일의 여정

21세기 조선통신사 우정 걷기 관계자 여러분께 감사드립니다. 그리고 무엇보다 에도시대의 조선통신사 여러분 감사합니다. 그 시작은 한 명의 한국인 남자가 1999년부터 2년간에 걸친 일본 열도 일주 걷기에 참여한 아주 미약한 일이었습니다. 그곳에서 다양한 만남이 이루어졌고 그 만남에 이끌리듯이 우리는 21세기 조선통신사 우정 걷기에 이르게 되었습니다.

서울-도쿄 2,000km라는 머나먼 거리는 에도시대에는 반년 내지는 1년이 걸렸던 왕복의 여정이었습니다. 하지만 편도만을 걷는 우정 걷기의 여정은 53일이었습니다. 18년간 제10차까지 큰 사고나 재난을 만나지 않았던 것은 옛날의 조선통신사 선배님들이 하늘에서 눈동자처럼 지켜 주셨기 때문이었다고 생각합니다.

2025년 3월 9일의 경복궁에서의 출발식에는 여운준 님이 오셔서 환송하여 주셨습니다. 여운준 님은 에도시대 제1차 조선통신사 여우길 정사의 11대 후손으로 제5회 21세기 한·일 우정 걷기에 참여해서 서울에서 도쿄까지 함께 걸었습니다. 시즈오카의 세이켄지(淸見寺)에 걸려 있는 여우길 정사의 편액을 보기 위해서 참가하셨던 것입니다. 세이켄지의 여우길 정사의 편액 앞에서 여운준 님이 얼어붙은 듯이 쳐다보시던 모습이 지금도 저의 뇌리에 또렷이 새겨져 있습니다.

임의단체로 작은 모임에 지나지 않는 조선통신사 우정 걷기회와 함께 제10회까지 실행할 수 있게 해주신 한국체육진흥회의 선상규 회장님과 한국의 동료 여러분께 감사를 드립니다. 선 회장과의 인연은 2005년 일본팀의 한국 일주 때였습니다. 2년 후에 조선통신사 파견 400주년이 된다는 것을 알고 두 사람이 한·일 합동으로 우정 걷기를 실시하기로 합의했습니다.

당시는 이렇게 오래 계속될 것이라고는 생각하지 않았지만 제1차의 성공이 계속 개최의 길을 열어주었습니다. 이 우정 걷기를 '평화의 희구'라는 높은 차원으로 이끌어 올려주신 것도 선상규 회장님입니다.

걷기와 평화에 대한 꿈을 서로 이야기하고 많은 가르침을 얻었습니다. 많은 한국의 동료들과 함께 걷고 술을 마시며 즐겁게 지낸 날들은 마치 '청춘 시절'과도 같은 행복한 순간들이었습니다. '선린우호(善隣友好)'의

요체는 서로에 대해 잘 아는 것인데 함께 하는 가운데 서로 충분히 마음이 통할 수 있었다고 생각합니다.

그리고 이번 제10회 우정 걷기에서 '즐겁고 사이좋게'를 기치로 내걸고 이상적인 형태의 완보를 하며 폐막할 수 있었던 것은 이 책의 저자 허남정 단장님의 인덕 덕분입니다. 온화하며 구석구석 배려하시는 인품으로 일본팀 모두로부터 존경을 받았습니다.

도보·배·버스로 조선통신사의 깃발을 들고 산을 넘고 강을 건너 마을을 지나며 연도 주민들의 열렬한 환영을 받으며 걸었습니다. 배낭을 메고 한 걸음 한 걸음 도쿄를 향해 걸어가는 행렬에 사람들의 시선은 언제 어디서나 상냥하고 따뜻했습니다. 그동안 총 456일간 이 여행길에 만나서 함께 걷고 응원해 주신 한일 양국의 모든 분께 진심으로 감사드립니다.

아리가토 고자이마스. 감사합니다!

2025년 8월

엔도 야스오(遠藤 靖夫) '21세기 조선통신사 우정 걷기회' 회장

▲ 플래카드와 풍물패까지 동원해 제10차 21세기 한·일 우정 걷기 참가자들의 완보를 축하하는 히비야공원의 도쿄 시민들

프롤로그

‘조선통신사의 길’은 곧 ‘사명대사·도쿠가와 이에야스 길’

20대 후반에 당시 베스트셀러로 선풍적인 인기몰이를 하던 야마오카 소하치(山岡 壯八)의 20권짜리 <대망>에 도전한 적이 있는데 일본인의 긴 이름에 질려서 한 권을 채 읽지 못하고 덮은 적이 있었다. 그 책을 70세에 다시 읽기 시작했는데 이번에는 너무 재미가 있어서 32권짜리 대하소설을 단숨에 읽었다. 아울러 주인공 도쿠가와 이에야스(德川家康)의 매력에 푹 빠져 그의 흔적을 찾아 일본을 꼭 방문하고 싶다고 생각했을 정도다.

도쿠가와 이에야스는 일본의 에도 막부의 초대 쇼군(1543~1616)으로 처음에 도요토미 히데요시(豐臣秀吉)의 밑에 있었으나 그가 죽은 뒤 도요토미 일족을 진멸하고 전국(戦国)을 제패하여 에도 막부를 세운 인물이다. 그는 일본은 물론 우리나라에도 일본을 통일하고 중국 대륙 침략의 야망을 실현하기 위하여 우리나라를 침략해 임진왜란을 일으켰으나 실패한 도요토미 히데요시 못지않게 잘 알려져 있다.

2023년에 우리의 1인당 GDP가 일본을 추월했다. 필자가 현역에서 일본 관련 일을 하던 1980~90년대만 해도 일본을 따라잡는다는 것은 꿈속에서나 가능한 일로 여겨졌다. 그런데 어느새 우리가 일본과 동일한 라인에 서 있는 모습을 본다. 그뿐만 아니라 일본을 크게 앞지른 분야도 나타났다.

우리나라 일본 관련 인플루언서(influencer)들과 유튜버들은 이미 일본은 다 끝난 나라인 것처럼 주장한다. 그렇게 해야 구독자를 늘릴 수 있다고 생각하는 그들은 부분을 전부인 양 과장하며 우리 사회의 뿌리 깊은 반일(反日) 정서를 이용하고 있다고 해도 과언이 아니다.

2019년 일본 열도를 도보로 종단한 이후 그해 11월에 출간된 책 [일본은 원수인가, 이웃인가]를 일본의 지인들에게 전달하기 위해 오사카와 도쿄를 방문한 직후 바로 닥친 코로나 사태로 그럭저럭 5년 넘게 일본에 갈 기회가 없었다. 평생을 일본에 관심을 가지고 살아온 사람으로서, 한번 새로운 각오로 일본의 영웅 이에야스의 대망(大望)이 서려 있던 그 길을 걸으며 오늘날 일본 열도의 현주소를 두 눈으로 생생하게 확인하고 싶었다.

조금 여유 있게 시간을 잡아 일본을 찾아 현장을 둘러보고 시민들과 소통하고 싶다는 마음을 새롭게 하며 기회를 엿보고 있었다. 그러던 차에 2024년 12월경 '제10차 21세기 조선통신사 옛길 서울-도쿄 우정 걷기 행사'에 추가 회원을 모집한다는 소식을 접했다.

▲ 2025년 3월 9일 제10차 21세기 조선통신하 우정 걷기 한국측 단장으로 다른 대원들과 함께 광화문 대로를 걸어가는 필자(맨우측)

2007년에 처음 시작한 행사인데 여러 가지 사정으로 10회째인 올해가 마지막이 될 것이라는 전언도 들렸다. 그 소식을 접하자마자 바로 참가 신청을 했다. 2025년은 을사늑약 120주년이자 해방 80주년인 데다가 한·일 양국이 국교를 정상화한 지 60년이 되는 의미 있는 해이기도 해서 그러한 열망이 더 컸다.

이 행사는 서울에서 출발해 도쿄까지 1,200km(3,000리)를 53일간에 걸쳐 조선동신사 신조들의 옛길을 걸이기는 행사로 이에야스와 관련이 깊은 여러 지역을 통과한다. 아니 조선통신사는 우리나라 사명대사와 일본 이에야스의 이니셔티브로 시작된 외교 문화 사절로 조선통신사의 길은 다름 아닌 '사명대사(泗溟大師)-도쿠가와 이에야스'의 길이기도 하다.

"옳은 일이 아니고는 이로움을 찾지 마라. 밝은 곳에는 해와 달이 있어서 비추고, 어두운 곳에는 귀신이 있어서 다 안다. 참으로 내 것이 아니거든, 털 한 올이라도 탐하지 말라"라는 명언으로 유명한 사명대사는 법명인 '유정'보다 당호인 '사명당'으로 더 유명하다. 승려의 몸으로 임진왜란이 일어나자 분연히 떨치고 일어나 의승(義僧: 의로운 승려 즉 '승병·僧兵'을 이르는 말)을 이끌고 전공(戰功: 전투에서 세운 공로)을 세운 그는 전후의 대일(對日) 강화 조약 등 공훈을 세워 한반도의 평화 시대를 여는 데 크게 이바지했다.

조선 시대 16세기 후반에 일세를 풍미한 서산대사의 제자 사명대사는 당대의 고승이자 도승으로 그의 법력에 관한 무수한 전설이 전해 내려오고 있다. 사명대사는 훗날 일본에 특사로 가서 갖가지 도술을 부려 왜인들을 놀라게 하고 생불(生佛: 살아있는 부처) 대접을 받았다는 것은 유명한 얘기다. 스승 서산대사의 제자가 1,000여 명에 이르나 그 가운데 4대 제자로 사명대사 유정(惟政)을 비롯해 언기(彦機)·태능(太能)·일선(一禪)이 있었다. 하지만 서산대사는 편양선사 언기에게 그의 법통을 물려줬다. 수제자였던 사명에게 법통을 전하지 않은 까닭은 그가 비록 백척간두에 처한 조국을 국난에서 구하기 위해서였다 할지라도 임진왜란 중 불교에서 금하는 살생을 너무 많이 했다는 게 마음에 걸렸기 때문이었다.

사명대사는 비록 서산대사의 법통을 이어받지는 못했으나 임진왜란 당시 존망(存亡: 존속과 멸망)의 기로에 선 조국을 구하기 위해 목숨을 걸고 앞장섰다. 전쟁이 끝난 후에는 적진 일본으로 들어가 이에야스와 일대일 담판 협상을 벌여 그에게 인격적인 감동·감화를 주어 협상을 성공적으로 마무리해 조선의 국익 증진에 크게 이바지했다. 조일(朝日) 양국 사이 평화 시대를 연 불세출의 인물로 조선의 민중들에게 영웅으로 우뚝 섰다.

히데요시가 사망한 후 일본 열도 최고 권력자가 된 이에야스는 1599년 이미 쓰시마 번주를 통해 조선과 화평을 맺고 싶다는 전갈을 조선 조정에 보냈다. 그는 1603년 쇼군에 취임한 후 정식으로 조선에 국교 재개를 요청했다. 이에 조선 조정에서 특사로 파견한 사명대사는 1605년 3월 두 차례에 걸쳐 교토의 후시미성(伏見城)에서 쇼군 이에야스를 만났다.

당시 이에야스는 지난 전쟁에 자신은 관동 지역에 머물러 전쟁에 일체 간여한 바 없어서 조선과 원수진 일이 없으니 양국 사이 외교 교류를 재개하고 싶다는 뜻을 강력하게 피력했다. 양국을 대표한 두 영웅이 서로를 알아보고 흉금을 터놓고 당당하게 대좌한 이 자리에서 통 큰 합의가 이루어졌다.

▼ 일본 열도 최고 권력자로 우뚝 서 일세를 풍미한 도쿠가와 이에야스 영정

이에야스는 ① 일본은 조선을 다시는 침략하지 않을 것이며 ② 일본에 끌려온 피로인(被擄人: 적에게 포로로 잡힌 사람)을 모두 송환하고 ③ 전란 중 선릉·정릉을 도굴한 범인을 조선에 인도하겠다고 약속하고 상호 화평의

상징으로 통신사 파견을 요청했다. 이에야스는 포로 3,000여 명을 사명대사와 함께 귀국하도록 통 크게 배려했고 그 후 총 7천여 명의 피로인들을 추가로 송환하는 등 총 1만여 명의 포로가 고국으로 돌아오게 된다.

당시 조선으로서도 북으로는 만주족이 발흥해 명나라와 조선을 위협하고 있는 형국이라 남해 일대를 안정시키는 것은 급선무였다. 이에야스로서도 국교 재개에 응하지 않는 명나라 대신 조선과의 국교 회복으로 후방을 안정시키는 성과를 기대했다. 아울러 통신사를 초청함으로써 막 출범한 에도막부의 권위를 세우고 7년 전쟁으로 피폐해진 일본 열도 경제 재건에 매진해 나가고자 했다.

무엇보다도 이에야스는 100년에 걸친 혼란의 센코쿠(戦国) 시대에 종지부를 찍고 평화로운 통일국가를 만들어 그의 꿈이자 대망을 이루고자 했다. 이를 위해서는 오랜 전쟁으로 삭막해진 '칼의 사회', '약육강식·하극상의 사회'를 예의범절을 알고 질서를 준수하는 평화의 나라 그 토대를 세우기 위한 통치 철학이 무엇보다도 절실했다. 이런 평화 국가의 모델이 이웃 조선이었고 그들의 국정 철학인 성리학을 염두에 두고 조선을 벤치마킹의 대상으로 삼고자 했다.

이에야스는 임진왜란 시 포로로 끌려온 조선의 유학자 강항(姜沆)을 통해 일본에 소개된 조선의 성리학에 오래전부터 지대한 관심을 지니고 있었다.

참고로 전남 영광 출신의 유학자인 강항은 정유재란 당시 일본으로 끌려간 이후 포로로 있는 동안에 후지와라 세이카(藤原 惺窩)에게 주자학을 전수해 그 후 일본에 퇴계학을 중심으로 하는 일본 유학이 발전하는 데 영향을 크게 미쳤다.

이에야스는 에도막부의 국정 이념을 조선의 퇴계가 확립한 성리학으로 삼아 성리학의 본고장에서 오는 수준 높은 통신사 일행들과의 교류를 통해 불모지에 가까운 일본 성리학의 수준을 끌어올려 일본 민중의 의식 개혁을 이루려고 했다.

한편, 임진왜란 당시 조선에 출병하지 않은 이에야스에 대해 조선 조정은 호의적이었다. 일본과의 화친과 국교 정상화는 여러 우여곡절을 거쳐 1607년 조선 조정이 첫 통신사를 일본에 파견함으로 성사되었다. 임진왜란이 끝난 지 채 10년도 지나지 않은 1607년 철천지원수의 나라 일본에 여우길을 정사로 하는 467명의 외교사절이 파견되었다.

하지만 1차부터 3차까지는 '통신사'라는 명칭을 쓰지 않았다. '피로인 송환을 위한 회답 겸 쇄환사'라는 명칭을 사용하다가 4회부터 정식으로 '통신사'라는 명칭을 사용했다. 임진왜란의 상흔이 채 아물지도 않은 시기에 국교 재개를 의미하는 '통신사'라는 명칭을 사용하는 것에 대한 백성들의 반발심도 의식했을 것으로 보인다.

1차 통신사의 정사 여우길은 교토의 후시미성에서 당시 쇼군 도쿠가와 히데타다를 만나 국서를 전달하고 돌아오는 길에 이에야스가 거처하는 순푸성을 방문하여 환대를 받았다. 이후 1811년까지 모두 12차례에 걸쳐 조선통신사가 일본에 파견되었으며 양국 간에는 평화 시대가 펼쳐졌다.

◀ '21세기 조선통신사 서울-도쿄 우정 걷기' 행사의 산파역을 맡았던 한국체육진흥회 선상규 회장(우측)과 21세기조선통신사 우정걷기회 엔도 회장

인접한 국가끼리 200년이나 되는 긴 세월을 전쟁 없이 지낸다는 것은 세계사적으로도 유례가 아주 드문 일이었다. 에도막부의 쇄국정책 아래에서도 조선과 국서를 교환하는 형식으로 최고 권력자끼리 소통하며 다양한 문화교류가 이루어짐으로 일본은 번영과 평화의 에도시대를 열어갈 수 있었다.

'21세기 조선통신사 서울-도쿄 우정 걷기' 행사는 조선통신사 파견 400주년이 되는 2007년 한국체육진흥회와 사단법인 일본걷기협회가 공동으로 기획해서 2년마다 실시해 왔다. 우리의 옛 조상들이 한·일 선린 우호 관계를 이루기 위해 조선통신사를 파견한 그 정신과 문화적 유산을 계승·발전시키자는 취지였다.

이번에 제10회 조선통신사 출발을 앞두고 선상규 회장으로부터 정사를 맡아달라는 부탁을 받았다. 한국 측 참가자 가운데 일본어를 유창하게 구사하고 지난 세월 일본과 경제협력 분야에서 오랜 경험을 쌓아왔다는 게 지명된 이유라고 생각한다.

그런데 출국 임박해 선 회장의 건강 악화로 결국 단장의 역할까지 맡게 되었다. 이번 걷기 행사에 참가한 양측 대원은 구간 참가자를 포함 총 69명에 이르렀다.

일본 측 대원들의 고령화와 물가 인상 등 여러 사정으로 이번 10회 조선통신사 우정 걷기가 사실상 마지막이라는 말이 공공연히 회자되고 있었다. 이런 상황에서 이 사업을 기획하고 9회까지 단장을 맡아 총괄 지휘했던 선 회장으로서는 마지막까지 참여하려는 뜻을 굽히지 않았다. 하지만 결국 주변과 가족들의 강한 만류로 불참하게 되었다. 나는 그러한 급변 상황에서 관련 경험은 없지만 불가피한 상황이라고 판단하고 최선을 다하겠다는 각오로 그 제안을 받아들였다.

이번 우정 걷기 행사에 함께한 대원들은 모두 훌륭한 분들이었고 10회 연속해서 참가한 엔도 야스오 대장이 걷는 내내 완벽하게 선도해 주었다. 그리고 무엇보다도 날씨가 도와주었고 우리 대원들의 적극적인 협조와 일본 대원들의 헌신적인 봉사에 힘입어 사고 없이 목적지 도쿄 히비야공원에 도착할 수 있었다.

1,200km(3,000리)의 길을 걷는 동안 조선통신사 선조들의 노고는 물론 조선통신사를 초청함으로 조선과의 평화와 번영의 에도시대를 활짝 연 이에야스의 인생 여정을 여러 측면에서 목도했다. '한·일 국교 정상화 60주년'이라는 그 의미와 함께 "내 무덤에 침을 뱉으라!"라며 당시 거센 국민의 반대 속에 일본과의 국교 정상화라는 결단을 내렸던 박정희 대통

령의 고뇌에 공감하고 그 후 대한민국의 오늘날 경제 기적도 피부로 느낄 수 있었다.

그동안 수백 회나 일본 열도를 다녀왔으나 장장 53일이라는 긴 기간을 일본인들과 함께 먹고 자고 걷고 교류하는 경험은 난생처음이었다. 24

▲ 4월 15일 한·일 우정 걷기 일본 여정 중 묘젠지 환영행사에서 관복으로 갈아입고 참석한 한국 측 정사인 필자(중앙)와 부사 그리고 종사관

시간을 함께하며 일본과 일본인들의 속살을 여실히 들여다볼 수 있었다. 대원들을 인솔하고 일본 측과 원활한 소통을 위해 최선을 다하며 양국의 각종 환영 행사에서 단장으로서 혹은 정사로서의 메시지를 전하는 사명도 나름대로 완수할 수 있었다.

이번에 도쿄까지 무사히 완보한 데에는 엔도 대장의 도움이 컸다. 아사히신문 간부 출신인 그는 술을 매개로 누군가와 허심탄회하게 교류하는 것을 즐긴다. 술을 통해 좋은 분위기를 만들어내는 데 있어 남다른 그의 소탈한 성격에 힘입어 즐겁게 걸으며 우리는 흉금을 터놓는 친구가 되었다. 그리고 이번 10회 우정 걷기 행사에 직접 참석하지 못해 안타까운 마음으로 행사의 성공을 기원하며 경험이 부족한 나를 음으로 양으로 이끌어준 선상규 회장의 심모원려 지원이 크게 도움이 되었다. 그뿐만 아니라 이번에 주옥같은 추천사로 책을 빛내준 두 분께 진심으로 감사를 드린다.

이번 여정을 함께하며 열정을 불태운 대원들의 진면목은 물론 여정의 주변 풍경을 다채롭게 담은 사진 데이터를 제공해 이 책의 완성도를 높이는 데 이바지한 허광도 대원께 심심한 감사를 드린다. 아울러 여정을 함께하며 비지땀을 흘리며 완보한 양측 대원들께도 감사 인사를 드린다. 그리고 부족한 원고를 높이 평가하며 좋은 책으로 묶어준 글로벌마인드 출판사 신수근 대표께도 감사를 드린다.

올해는 한·일 국교 정상화 60주년이다. 다가올 새로운 60년도 양국이 조선통신사의 성신교린 정신을 바탕으로 평화롭게 공존공영하기를 진심으로 기원하며 우리들이 흘린 땀방울이 그 여정에 밑거름이 될 것이라 확신한다.

2025년 8월

저자 허남정

4월 2일에 하카타 민단 관계자들과 함께한 한·일 우정 걷기 참가자들

제1부

일본의 옛 뱃길을 버스로 가다

23일 차(2025년 3월 31일)

쓰시마(対馬島)에서 일본 첫 일정을 시작하다

6시 30분경 짐을 차에다 싣고 걸어서 국제여객터미널로 갔다. 부산역에서부터 비를 맞지 않고 갈 수 있는 통로를 만들어 놓았다. 메이코가 어제 식사 후 2차 모임에서 술을 마시고 돌아왔는데 룸메이트 신혜경 씨가 탕에 뜨거운 물을 받아놓고 기다리고 있어 감동했다고 했다.

하루하루 교대로 탕을 이용하는데 오늘은 자기 차례가 아닌데도 배려해주니 감동해 눈물이 나올 뻔했다고 했다. 누구나 작은 배려에 감동하기 마련이다.

각자의 여권을 여행사 직원에게 맡기고 식당에서 재첩국으로 아침 식사를 했다. 앞 사람은 황태해장국인데 내게는 재첩국이 나왔다. 내가 좋아하는 음식이라 부산에 올 때면 가능하면 이것을 먹으려고 한다. 옛날에는 이른 아침 물동이에 끓여 식힌 재첩국을 담고 팔러 다니는 아주머니들이 많았다. 지금도 눈을 감으면 그 소리가 또렷하게 들려오는 듯하다.

"재칫국 사이소! 재칫국 사이소!"

이 아련한 추억의 소리는 우리 어린 시절 이곳 부산의 풍물시(風物詩: 풍물을 노래한 시)였다.

다행스럽게도 김월호 이사가 멀미약을 나누어 주었다. 8시 40분에 페리는 출항했다. 히다카츠(比田勝)항에 잠시 들렀다가 이즈하라(厳原)로 간다고 했다. 파도가 거의 없어 천만다행으로 멀미하는 대원은 없었다. 선내는 창을 모두 블라인드로 가려놓았다. 선내 온도가 너무 낮아 무릎이 시렸다. 뱃멀미를 방지하기 위해 선실 내의 온도를 낮게 유지한다고 했다.

인터넷으로 확인하니 문화일보에 연재하는 '제10회 조선통신사 우정 걷기 허남정 단장의 동행기(4)'가 올라와 있어 지인들에게 보냈다. 이즈하라항에는 쓰시마시장 그리고 조선통신사 연고지 연락협의회 마쓰바라 가즈유키(松原 一征) 명예 이사장 등 관계자들이 마중 나와 있었다. 추운 날씨인데 고마웠다.

식당으로 이동해서 점심을 먹었다. 쓰시마에서는 가장 큰 요정에서의 오찬이었다. 조선통신사 우정 걷기 18년 동안 이 식당에서 식사해오다 보니 할인을 많이 받았다고 했다. 음식은 스키야키(쇠고기·닭고기 등과 채소를 기름·설탕·간장 등으로 알맞게 맛을 내어 전골틀이나 냄비, 벙거짓골 따위에 담고, 국물을 조금 부어 즉석에서 볶으면서 먹는 일본식 음식)가 메인이었고 회도 몇 점 서비스로 나왔다.

엔도 대장은 이날 점심에 대해 한국 대원들이 오해하지 않았으면 좋겠다고 주의를 환기했다. 그런 점심은 아마 처음이자 마지막일 것이라고 했다. 본토에 상륙하게 되면 오찬은 대부분 사무국에서 지급한 돈으로 편의점에서 각자가 구매해 길거리에서 먹는 경우가 태반이라고 했다.

'조선통신사 한·일 우정 걷기'가 이번이 마지막이라고 하자 요정의 여자 주인이 신경을 많이 썼다. 자기와 함께 공부하는 동아리 멤버들과 함께 식후 전통춤으로 우리를 즐겁게 해주었다. 조선통신사의 역사에 관한 책도 양측 대원들에게 선물했는데 일본어로 된 책이라 우리 대원들은 받으면서도 다소 당황스러워 했다. 조용필의 '돌아와요 부산항에'를 마지막으로 함께 불렀다.

▲ 멀리 광안대교가 보이는 부산항

▲ 이즈하라항에 환영 나온 쓰시마시 시장 등 관계자들과의 단체 사진

오후에는 박물관과 이곳 초대 번주인 소 요시토시(宗義智: 1568~1615)를 비롯한 소 씨 일족의 묘 반쇼인(萬松院)을 둘러보았다. 조선통신사 기념관에도 들렀다.

쓰시마 소씨 가문의 20대 당주이자 쓰시마 번의 초대 번주인 소 요시토시는 임진왜란과 정유재란 당

▼ 쓰시마시 시장 등 관계자들이 출발 구호를 외치고 있다

▲ 쓰시마 시내를 걸어가는 대원들

시 조선과 일본 사이에서 외교적 조정역할을 맡았던 인물이다. 그는 도요토미 히데요시의 명령을 받아 조선과의 강화 교섭을 주도함은 물론 전쟁 후에도 양국 관계 회복을 위해 노력을 아끼지 않았던 인물이었다.

그는 1589년에 조선으로 건너와 선조를 알현하고 통신사 파견을 성사했으나 도요토미 히데요시의 명(明) 정복에 대한 협조 요청을 조선에 전달하는 과정에서 난처한 처지에 처하기도 했다. 임진왜란 전쟁 발발 후 그는 고니시 유키나가의 제1군에 속해 5,000명의 병력을 이끌고 조선을 침공했으나, 그는 전쟁 중에도 조선과의 화해와 중재자 역할을 도맡았다. 1598년에 도요토미 히데요시 사망 후 일본군 철수 당시 고니시 유키나가와 함께 일본으로 귀국하고 나서 도쿠가와 이에야스의 명으로 조선과의 국교 회복을 추진하기도 했다. 1609년의 기유약조를 통해 조선과

▲ 쓰시마 시내 시마모토 식당 오찬장에서의 여주인과 동료의 전통춤 공연

▲ 시마모토식당 입구에서 식당 관계자들과 함께

의 무역권을 독점하며 쓰시마 번의 경제적 기반을 강화하기도 했다.

우리나라 문헌 기록에는 그의 이름의 한자음을 따서 '종의지'로 나오는데, 외교적 유연성과 생존 전략으로 쓰시마 번의 존속을 도모한 인물로 평가된다. 그는 임진왜란 당시 동래성 전투에서 부사 송상현의 순국을 목격한 후 그의 시신을 예우한 일화로도 유명하다. 그는 도요토미 히데요시의 명령으로 임진왜란에 참가했으나 이후 교착상태의 양국 관계를 풀기 위해 후임 도쿠가와 이에야스의 국서를 위조까지 하며 조선통신사 유치를 성공시키는 데 크게 이바지한다. 그가 이렇게까지 발 벗고 나선 이유는 조·일 관계가 안정돼야 쓰시마와 조선과의 교역이 정상화되기에 쓰시마의 번주인 그로서는 생존이 걸린 문제였다.

소 요시토시가 그렇게 애쓴 결과 임진왜란이 끝난 지 10년도 채 안 된

1607년 제1차 조선통신사(정식 명칭은 회답 겸 쇄환사)가 파견되었다. 그 후 12차례나 파견되며 양국 사이에 200년 평화의 시대가 열렸다. 이후 쓰시마번은 조선과의 무역 독점권을 얻어 서일본에서 가장 부요한 번으로 이름을 날리기도 했다.

견학 시 안내하는 사람이나 통역이 핸드 마이크나 손나팔을 사용했다. 전형적인 아날로그 방식이었다. 그곳 쓰시마는 시골이었다. 2017년 5회 조선통신사 우정 걷기 행사 때 쓰시마 시청 앞에 기념 식수한 복숭아나무가 크게 자라 활짝 꽃이 피어 있었다. 이번에는 혼슈의 중부도시 오가키(大垣)시에서 10회 조선통신사 기념식수를 할 것이라고 했다.

저녁에는 료칸 1층 연회장에서 식사했다. 6시 5분 전에 방을 나서려는데 김월호 이사가 전화를 걸어왔다. 시장과 마쓰바라 이사장이 이미 와서 앉아 있다고 했다. 서둘러서 내려갔다. 일본인들은 약속하면 최소한 5~10분 전에 나타난다. 식사 시간에 시장이 감사장을 그리고 마쓰바라 이사장이 양측 대표에게 감사패를 주었다. 선상규 회장을 대신해서 내가 받았다. 그런데 감사패를 들고 다니면 걷는 데 불편할 것이라고 우편으로 사무실에 보내주겠다고 했다.

마쓰바라 이사장은 1990년 노태우 전 대통령이 일본 국빈 방문 시 궁중 만찬회에서 17세기 일본의 유학자 겸 외교관 아메노모리 호슈(雨森芳州)를 언급한 일에 충격을 받았다고 했다. 당시 아메노모리 호슈을 아는 일본인은 거의 없었다. 그는 쓰시마 번과 동래 왜관에 근무하며 조·일 외교에 큰 역할을 한 인물이었다.

이 일을 계기로 그는 조선통신사가 지나간 지역의 관계자들로 관민 합동 차원에서 연고지 연락협의회를 발족시키고 매년 전국대회를 개최하며 조선통신사를 알리는 일에 앞장섰다. 2017년에는 조선통신사 기록물을 유네스코 세계기록유산으로 공동 등재하는데 부산문화재단과 함께 주역을 담당했던 그는 30년 동안 맡았던 이사장을 후진에게 물려주었다.

일본 여자 대원 메이코가 마쓰바라 명예 이사장에게 와서 조선통신사에 관해 대화를 나누는데 옆에서 들어보니 그녀의 연구 실적과 전문가들과의 교류 범위가 넓었다. 마쓰바라 명예 이사장도 놀라움을 금치 못했다. 조선통신사에 관한 그녀의 칼럼이 중부 지역의 대표 신문인 주니치에 실린 일도 있었다고 했다.

▲ 벚꽃이 흐드러지게 핀 쓰시마시 시청 청사

내일은 아침 일찍 이키섬으로 이동해서 20km를 걷는다. 이렇게 23일 차 일본 첫 쓰시마 일정도 무사히 끝났다.

▲ 가네이시성(城) 봄 풍경

▲ 쓰시마 박물관 유물

▲ 가네이시성(城)

▲ 1811년 막부 요인이 조선통신사를 영접한 것을 기념하는 비석을 에워싼 화초

▲ 덕혜옹주 결혼 기념비

▲ 반쇼인 내 제단(祭壇)

▲ 가네이시 성벽

▲ 조선통신사 기념비

▲ 가네이시 성

24일 차(2025년 4월 1일)

이키섬(壱岐島) 길 걸으니 마음의 평화가

24일 차다. 새벽에 꿈을 꿨다. 논밭이 있는 한 가운데 태극기가 높이 휘날리고 있었다. 주변에는 아무것도 없었다.

오늘은 5시 40분경 로비 집결이었다. 10분 전에 내려갔는데 대부분 대원이 벌써 내려와 있었다. 큰 짐을 우선 차에 실었다.

메이코 대원이 쓰시마 산 롤케이크를 언제 사 왔는지 대원들에게 하나씩 돌렸다. 참 대단한 여성이다. 호기심 덩어리이자 열정적인 분이었다. 오늘 요미우리신문 나가사키 지방판에 어제 우리가 도착한 내용이 보도되었다. 김월호 이사가 신문을 구해서 보여주었다.

5시 40분경 아직 어두운 길을 걸어 이즈하라항으로 갔다. 도시락과 음료수를 하나씩 받아 터미널 의자에 앉아 먹었다. 삼각김밥 2개에 음료수 하나였다. 8시에 승선했다. 옆자리의 최종원 대원은 해외여행 시 구글 지도를 이용한다고 했다. 내 스마트폰에도 깔려 있으나 그동안 사용하지 않았다. 그에게서 사용법을 배웠고, 국내에서 많이 사용한다는 네이버 맵도 배웠다.

이키섬에 도착해서 이키 시가 베푼 간단한 환영식을 마치고 여객터미널로 이동해서 이의선 대원의 지도로 체조를 했다. 유병희 대원이 배에다 배낭을 놓고 내렸는데 시청 직원이 조속히 조치해 주어 하카타(博多)항에서 이곳으로 돌아오는 배편에 실어 보내주었다.

이키시청 직원 여러 명이 함께 걸으며 지원해주었고 코스 리더는 엔도 대장의 오랜 지인이 맡았다. 유도가 6단이라는 덩치 큰 그도 밖에 나오면 편하고 좋은데 집에만 들어가면 긴장이 된다고 했다. 부인이 무섭다고 했다. 한국이나 일본이나 현역에서 물러나면 서열이 역전되는 것은 비슷하다는 생각이 들었다.

녹색의 산과 들판 길에 핀 유채꽃·수선화 그리고 이름 모를 야생화들이 참 아름다웠다. 스페인의 산티아고 순례길을 걸을 때처럼 마음의 평화를 느꼈다. 친절한 시민들이 우리를 보며 손을 흔들어 주었다.

11시 30분에 시청 강당에서 시장이 주최하는 환영식이 있었다. 젊은 시장이었다. 이키시의 명물 보리소주를 선물로 받았다. 오후에는 시립 이키국박물관을 견학했다. 야요이 시대의 유물들이 전시되어 있었고 4층 전망대에서 바라보는 들판이 광활했다. 야요이 시대(기원전 10세기부터 기원전 3세기)에는 이곳이 아시아의 문물이 오가는 실크로드였으며 중국의 '위지왜인전'에도 등장한다고 했다.

'위지왜인전(魏志倭人傳·魏志倭人伝 기시와진덴)'은 중국 위진남북조 시대의 사학자 진수가 쓴 정사 '삼국지' 안에 있는 '위서(魏書·전 30권)에 담겨 있는 동이전(東夷傳)의 '왜인'에 관한 부분을 일컫는다. 정식 명칭은 '삼국지, 위서동이전 왜인조'로 1,988자 또는 2,008자가 쓰여 있다. '삼국지' 안에 '왜인전'이 쓰여 있어서 '위지왜인전'이라 불리는 것은 아니고 '동이전' 안에서 왜(倭) 및 왜인(倭人)에 관한 내용을 적은 것을 '위지왜인전'이라 한다.

숙소로 오는 길에 야요이 시대의 마을을 재현해 놓은 곳에서 단체 사진을 찍었다. 체육진흥회 선상규 회장이 이 길을 칭찬했는데 걸어보니 그의 표현이 과찬이 아니었다. 숙소에 도착해서 공터에서 체조하고 방에 여장을 풀었다. 2층 대욕조에서 뜨거운 물에 몸을 담그니 오늘 하루의 피로가 말끔히 풀리는 것 같았다. 이키 시에서 이곳 숙소로 보리술을 여러 병 보내왔다. 6시 30분에 시작된 교류회에서 대원들이 보리술을 마시면서 즐거운 시간을 가졌다.

가라오케도 있어 처음으로 대원들이 함께 노래하며 이키섬에서의 즐거운 밤을 보냈다. 이곳을 마지막으로 내일 집으로 돌아가는 대원들에게

▲ 이키섬을 걸어가는 대원들

▲ 환영식 후 이키 시장과 함께

완보증을 전달했다. 나고야의 집으로 돌아가는 메이코가 룸메이트 신혜경과 포옹하며 눈물을 흘렸다.

▲ 하루의 여정(旅程)을 재촉하는 대원들

▲ 도로를 횡단하는 대원들

▲ 이키왕도 복원공원에서의 단체 사진

▲ 필지로부터 시노자키 대원이 완보증을 받고 기뻐하는 모습

내일은 1시간 정도 배를 타고 하카타항에 상륙해서 임차 버스를 타고 히로시마로 이동하여 평화공원의 조선인 위령비에 헌화한다.

25일 차(2025년 4월 2일)

"와주셔서 감사합니다, 또 오십시오!"

오늘은 우정 걷기 25일 차다. 이키섬을 떠나 하카타에 상륙해서 히로시마까지 버스를 타고 이동하는 일정이었다, 새벽에 일어나 블로그 글을 정리해서 올렸다. 창밖으로 보이는 해뜨기 직전의 바다 풍경이 한 폭의 그림과도 같았다.

6시 30분에 짐을 내려놓고 아침 식사를 했다. 여객터미널까지 일본 측이 준비한 24인승 중형버스 두 대에 짐을 싣고 이동했다. 오늘부터 한국에서 걸을 때 후미를 책임졌던 최종원 대원이 조별 인원 점검을 담당하기로 했다.

이키섬을 떠나는 부두에는 어제 함께 걸었던 코스 리더 그리고 시청 관계자들이 '와주셔서 감사합니다. 또 오십시오'라고 쓰인 플래카드를 들고 우리를 환송했다. 대원들이 손을 흔들어 화답했다.

하카타항까지는 1시간 거리였다. 서울의 옛 직장 동료 J가 요미우리신문에 실린 인터넷판 기사를 카톡으로 보내왔다. 우리 일행이 쓰시마에 도착한 것을 다룬 기사였다. 이미 종이신문으로 확인한 기사였다. 그가 어떻게 알았을까 자못 궁금했다. 요미우리는 일본에서 최고 부수를 자랑하는 신문이다. 일본은 아직도 종이 신문의 영향력이 큰데 조간과 석간을 함께 발행한다.

▲ 후쿠오카 민단 관계자들과 함께한 필자

▲ 하카타항 전경

1시간 걸러 하카타항에 도착하니 일전에 안동에서 경주까지 함께 걸었던 시마무라 씨를 비롯해 후쿠오카 민단 단장 등 관계자들이 나와 우리를 환영해 주었다. 오늘부터 오사카까지 버스로 3박 4일에 걸쳐 이동한다. 조선 시대 우리 조선통신사 일행은 세토내해(瀨戶內海)를 배를 타고 오사카까지 갔다.

규슈와 혼슈를 연결하는 관몬교(関門橋)를 넘어가니 야마구치(山口)현 시모노세키(下関)다. 2019년 혼자 일본 열도 종단에 나섰을 때는 해저터널을 걸어서 통과했다. 다리를 건너니 우리 민족의 애환이 서려 있는 도시 시모노세키다. 일제 강점기 관부연락선이 오가던 항구이자 아베 신조 전 총리의 선거구이기도 했다.

메이지 유신을 일으킨 옛 이름 조슈(長州)번의 심장이다. 이후 일본의 역대 총리는 초대 총리 이토 히로부미를 비롯해 대부분이 이곳 출신이었다. 조선통신사 상륙 기념비가 있는 곳을 찾았다. 조선통신사의 취지에 대한 설명이 한·일 양국 국어로 적혀 있었다.

그리고 이 비 설립을 주도한 김종필 전 총리가 한·일의원연맹 회장으로 이름을 올려놓았다. 그 건너편에 있는 아카마(赤間) 신궁으로 이동했다. 조선통신사 일행이 묵었던 곳으로 옛날에는 사찰이었다. 아카마 신궁은 야마구치현 시모노세키시에 위치한 신사로, 일본의 안토쿠 천황을 모시는 신사이다. 에도시대까지는 안토쿠 천황 어영당(安徳天皇御影堂)이라는 별칭을 가졌던 사찰인 아미타사(阿彌陀寺)였으나 일본제국시기 폐불훼석(廢佛毁释: 일본 제국 메이지 유신 직후인 1868~1870년대에 불교 사원·불상·불경 등을 파괴한 사건으로 국가 신도를 창시하고, 국가 신도에 의거해 천황의 권위를 높이고 일본이 신국이라는 사상 아래 이와는 배치되는 불교를 탄압한 일)의 일환으로 인해 신궁으로 개조된다.

신궁을 참배하고 나오는 중년 부부가 말을 걸어왔다. 우리 행사의 취지를 설명해 주었다.

부인은 과거 한국을 자주 방문했다고 했다. 최근에는 반일 감정이 심해지는 것을 보고 두려워 한국을 찾지 않는다며 한국인의 역사 인식에 문제가 있다고 말했다. 역사 인식은 상대적인 것이어서 처한 처지에 따라 상호 차이가 있을 수밖에 없다고 설명하고 그래서 이런 민간교류가 더욱 필요함을 강조했다.

애당초 버스 안에서 도시락을 먹을 예정이었는데 날씨도 좋아 버스 주차장 근처 바닷가 공원에서 점심을 먹었다. 이동하는 버스 안에서 일본 사무국 관계자가 공식 일정이 없는 날의 점심과 저녁 식대를 봉투에 담아서 나누어주었다. 봉투 속에는 3,000엔이 충전된 교통카드도 들어 있었다. 전철을 이 카드로 이용할 수 있다.

히로시마(広野)로 이동하는 버스 안에서 일본 측의 양해를 얻어 장용준 대원이 시모노세키 관련 역사 강의를 30분 정도 했다.

아카마 신궁 근처에는 슌판로(春帆楼)라는 유명한 요정이 있다. 이곳은 복요리로 유명한데 고가(高價: 높은 가격)라 왠만한 사람은 들르기가 어렵다. 일본이 청일전쟁에서 승리하고 청나라 이홍장을 불러들여 이토 히로부미가 강화조약을 맺은 역사적인 장소이기도 하다. 청일전쟁에서 일본이 승리함으로써 조선은 청나라와의 오랜 주종관계에서 벗어났는데 이를 기념하여 서대문의 영은문을 헐고 그 자리에 독립문을 세웠다.

바다 건너에는 있는 모지(門司)항은 일본의 개항장으로 일본에서 최초로 바나나가 들어온 항구다. 옛날 모지항을 개인적으로 방문했을 때 거대한 바나나 조형물 앞에서 의미도 모른 채 사진을 찍었던 기억이 났다. 식후에 바로 강의를 해서 그런지 나를 포함해 꾸벅꾸벅 조는 대원들이 많아 강의를 부탁한 내가 미안했다.

히로시마에 도착해서 짐을 호텔에 내리고 바로 걸어서 근처의 평화공원으로 이동했다. 이곳 히로시마에는 여전히 노면전차가 다니고 있다. 한가로운 풍경이었다. 평화공원에는 외국인 관광객으로 넘쳐났다. 1945

년 8월 6일 아침 세계 최초로 원자폭탄이 터진 비극의 도시다.

하지만 식민지 조선에는 해방의 기쁨을 가져온 사건의 현장이기도 하다. 원폭 투하에도 항복하지 않았던 일본이었다. 하지만 사흘 뒤인 8월 9일 나가사키에 또 한 방의 원자폭탄이 투하되자 드디어 손을 들었고, 태평양 전쟁은 종식되었다.

한국인 피폭자위령비를 찾아 헌화하고 환영나온 교민들과 함께 단체 사진을 찍었다. 교민 대표가 금일봉을 주어 선 회장을 대신해서 받아 엔도 대장에게 건넸다. 그런데 플래카드에 쓰인 통일교 단체라는 표현을 보고 일본 측이 봉투를 되돌려주었다. 나중에 다시 대표가 나를 찾아와 건네주길래 몇몇 회원들의 의견을 물어본 뒤 받았다.

당시 희생자 20만 명에는 2만 명의 우리 교포가 포함되어 있었고 현역 군인이었던 고종의 손자 이우 왕자도 이때 함께 희생되었다. 한여름 피폭으로 희생자들은 ”더워! 더워! 물, 물, 물을…“이라고 절규하며 죽어갔다고 한다. 조선인 희생자들의 유골을 수습해 화장해 묻은 봉분이 근처에 있었다.

평화공원의 상징인 뼈대만 남은 당시 상공회관 건물을 멀리서 보고 전체 희생자 위령비를 참배한 뒤 호텔로 돌아왔다. 체육진흥회 선상규 회장이 전화를 걸어와 금일봉 봉투를 돌려주어야 한다고 했다. 2년 전에도 그런 일이 있어 곤욕을 치른 일이 있었다고 했다.

아베 전 총리의 암살범이 통일교 관련자로 밝혀진 이후 통일교가 이적 단체로 몰려 일본 사회에서 백안시되고 있다고 했다. 엔도 대장과 긴급

회동하고 이 봉투를 돌려주고 싶다는 선 회장의 뜻을 전했다. 그가 우송할 주소를 확인해 주기로 했다.

양국 공동사업인 이 행사의 일본 측 주최기관에 심려를 끼쳐서는 안 된다는 생각이 들었다. 하나의 우발적 사건이었다. 같은 동포가 왔다고 손을 잡고 반가워하며 도쿄까지 완보하라고 격려해주던 그들을 생각하니 마음이 아팠다. 그들의 마음만 받기로 했다.

저녁은 자유 식사였다. 몇몇 대원들과 인근의 철판구이를 하는 식당에서 식사했다. 스페셜을 시켰는데 양이 많아서 남겼다. 시원한 생맥주가 역시 으뜸이었다. 오는 길에 편의점에 들러 박해룡 부사가 참이슬을 사와 김월호 이사의 방에서 얘기를 나누었다.

▲ 시모노세키의 조선통신사 상륙기념비 앞에서의 단체 사진

하카타항에 도착했을 때 김 이사의 일본인 지인이 김치를 선물로 주었는데 소주 안주로는 역시 최고였다. 그런데 조금 전 산 소주에서 과일 향이 나 식감이 떨어졌다. 마침 김 이사가 이키에서 가지고 온 보리소주가 있었다. 이렇게 해서 25일 차 긴 하루가 끝났다.

▲ 시모노세키 아카마 신궁

▲ 히로시마 교민들과 함께

▲ 히로시마 평화공원 한국인 원폭희생자 위령비 앞에서의 단체 사진

▲ 피폭 당시의 모습을 그대로 보여주는 히로시마 상공회관 외관

▲ 전체 희생자 추모비

26일 차(2025년 4월 3일)

통신사에 대한 막부의 환대는 상상 초월

6시에 호텔 1층에서 식사했다. 엔도 대장이 어제 평화공원에서 금일봉을 준 단체의 주소를 확인했다며 오해가 없도록 짤막한 편지를 써서 동봉하자고 했다. 편지 문구를 상의하고 내 방으로 돌아와 손편지를 작성해서 돈과 함께 봉투에 담아 엔도 대장에게 발송을 부탁했다.

그는 내가 쓴 편지를 스마트폰으로 사진을 찍으며 증거를 남겨야 한다고 했다. 편지 내용은 번역해서 그에게 읽어주었다. 우발적 사건은 그렇게 끝났으나 마음은 편치 않았다. 어제 나와서 우리를 환영하며 장도를 격려해 준 교민들의 마음을 가슴에 담기로 했다.

8시에 출발했다. 오늘은 버스를 타고 히로시마현 구레(吳)시의 시모가마카리(下蒲刈)로 갔다. 세토내해에 있는 섬으로 조선통신사가 12회 중 11번을 이곳에 머물렀다. 조선통신사 일행 400~500명에다 쓰시마에서 따라온 번주 이하 1,000여 명이 조선통신사를 수행했다니 엄청난 규모였다.

이곳에서의 조선통신사에 대한 접대는 압도적이었다. 세토내해의 신선한 생선, 꿩 등 일본 각지에서 구한 각종 식재료로 만들어진 초호화 산해진미로 통신사 일행을 대접했다. 1711년에 에도에 도착해 쇼군으로부터 각지의 향응에 대해 질문을 받았을 때 쓰시마 번주는 "이곳 가마카리의 오마카세(おまかせ) 접대가 최고"라고 답했다고 한다.

전시관을 둘러보며 당시의 기록과 그림들 그리고 10분의 1 크기로 만든 통신사 사행선의 모형도도 보았다. 정사 등 삼사는 35첩 반상(飯床: 격식을 갖추어 밥상 하나를 차리도록 만든 한 벌의 그릇. 사기나 놋쇠 따위로 만들며, 주발·대접·쟁반·탕기·조칫보·보시기·종지 따위를 기본으로 하고 쟁첩의 수에 따라 3첩·5첩·7첩·9첩 등으로 구별하고, 대접과 쟁반 외에는 모두 뚜껑이 있음)을 받았다. 조선의 임금님 수라도 12첩 반상을 넘지 않았다는데 실로 파격이었다. 말단의 수행원이 받은 5첩 반상도 막부 쇼군이 먹는 음식을 능가하는 수준이었다고 한다.

통신사가 식사하는 방에는 생화가 아닌 조화로 장식했다. 생화를 두면 꽃의 향기로 음식의 제맛을 느낄 수 없고 꽃가루가 통신사의 옷을 더럽힐 우려가 있어서라고 했다. 세상에 그러한 칙사 대접은 전무후무했을 것으로 보인다.

통신사 행렬이 지나가는 길에는 네덜란드산 카펫을 깔았고 삼사가 머무는 방에는 역시 네덜란드에서 수입한 침구를 깔았다고 안내원이 설명했다.

▲ 세토나이카이(瀨戸內海: 세토내해) 전경

▲ 쇼토엔 정원 입구에서의 단체 사진

통신사가 지나가는 지역의 번주들에게 환대에 최선을 다하라는 막부의 지시가 내려지다 보니 번주들이 경쟁적으로 접대에 최선을 다했다.

조선통신사 일행은 정사·부사·종사관·통역관·격군은 물론 도척(刀尺: 음식 만드는 노자 또는 칼자) 7명에 숙수(熟手: 전문 조리사) 1명 등을 포함해 500여 명으로 이루어졌다. 이들은 쌀·찹쌀·콩·팥 등 각종 식자재는 물론 표고버섯·인삼·곶감·호두·누룩 등의 전국 특산품은 물론 생지황에서 적작약에 이르는 43종의 약재와 각양각색의 살림 도구 등을 조선 8도에서 노자(여비) 명목으로 갹출해 에도(오늘날 도쿄)로 향한 장도에 올랐다. 이들은 기선(여객선) 3척과 복선(화물선) 3척에 사람과 짐을 나누어 싣고 부산 영가대를 출발해 최종 목적지 에도까지 여행길이 순탄한 경우 3개월여가 소요돼 부산으로 귀향까지 최소 6개월이나 걸렸다.

일본 땅에 도착하면 약 500명의 통신사 일행 외에 통신사를 수행하는 대마번주 일행과 대마도에서 외교 사무를 막부로부터 위임받고 있는 윤번승 등 수하 직원 500명에 선물과 일행의 짐을 운반하는 1~2천여 명을 합하여 총 2~3천여 명의 대행렬에 이르렀다. 일본 본토 시모노세키 이후의 각 숙박지에서는 1,000명 가까운 사람들이 접대에 동원되었다. 그러다 보니 이즈하라에서 에도까지의 장도 왕복 여정의 조선통신사 접대에 동원된 사람은 대략 33만 명에 이르렀다고 한다. 이에 따라 막부의 1년 세입인 76~77만 냥을 훨씬 넘는 100만 냥(오늘날 500여억 엔)이 1회의 조선통신사 접대에 쓰였다고 한다.

예컨대 가마카리(蒲刈町: 일본 히로시마현 아키군에 속해 있던 정)의 1711

년 접대 관련 옛 문헌을 살펴보면 당시 조선통신사에 대한 일본 막부의 환대가 어느 정도였는지 여실히 알 수 있다.

조선통신사가 가마카리에 도착한 시기는 9월이었으나 다른 번의 접대 모습을 탐색하고자 1월에 대마도, 3월과 6월에 아이노시마·시모노세키·가미노세키로 요원을 보내 접대 상황을 탐색한다. 조선통신사를 대접하는 사람, 술 봉행자, 과자 봉행자, 랍촉 봉행자, 술안주 봉행자, 과일 봉행자는 물론 통역자·의사·요리사 등 759명을 대기시킨다. 아울러 송선(送船) 135척을 준비함은 물론 정사·부사·종사관 등에게 아침·저녁밥으로 753선(膳)과 3즙(汁) 15채(菜)로 올린다. 점심밥은 553선에 3즙15채를 접대하도록 한다. 술 향응을 위한 주연(酒宴) 상차림으로 753선·553선을 각각 준비했는데 아무리 생각해 봐도 상상을 초월하는 초호화 환대다.

1636년 조선통신사에 종사관으로 따라갔던 황호는 '753선'에 이르는 초호와 접대 실상에 대해 [동사록]에서 "음식을 담는 질그릇에는 금과 은을 입혔고, 흰 목판으로 만든 반(상)에도 또한 금과 은을 입혔다. 연회가 끝나면 손님을 지극히 공경한다는 의미에서 그릇과 반상을 깨 버리고 두 번 다시는 쓰지 않았다"라고 적었다.

선조 40년(1607년)에 조선통신사 부사로 일본에 다녀오면서 보고 느낀 것을 기록한 경섬(慶暹)도 그 사행록(使行錄)인 [해사록(海槎錄)]에서 이 불가사의하고 호사스러운 환대의 실상에 대해 놀라운 체험담을 피력하기도 했다.

▲ 쇼토엔 정원 봄 풍경 이모저모

이러한 초호화 접대의 저변에는 호화로운 통신사 향응으로 인해 지방 번의 재정을 약화하도록 해 막부에 대한 반란의 기운을 잠재우려는 에도 막부의 심모원려의 정략적 판단도 깔려 있었다고 한다. 그뿐만 아니라 매년 각 번의 영주를 1년 주기로 에도와 영지를 오가게 했으며 에도를 떠나는 경우에도 정실부인과 뒤를 이을 후계자는 에도에 남겨야 했던 소위 '산킨고타이(參勤交代)'제도를 시행하기도 했다.

이 제도는 영지에서 에도까지 오가는 데 드는 경비는 물론 에도에 머무르는 동안 들어가는 비용 역시 영주 본인의 부담이어서 각 번의 막대한 재정 부담으로 작용하고 각 번의 군사력·경제력의 약화로 이어졌다. 이런 교묘한 정책으로 에도 막부는 260년 동안 평화 시대를 유지했고 오늘날의 일본 토대도 구축될 수 있었다.

이곳 시모가마카리에서는 매년 10월 셋째 일요일에 조선통신사 행렬을 재현하는 마쓰리를 열고 있다. 조선통신사 사행선이 도착한 포구를 둘러보았는데 작은 배가 한 척 전시되어 있었다. 통신사선 6척에 호위하는 각 번의 1,000여 척의 배들이 떼를 지어 달려가는 장대한 해상 퍼레이드가 펼쳐진다. 그리고 바닷가에는 구경꾼들이 구름같이 몰려든다. 그 광경을 상상해 봤다.

이곳 지역 일대를 일본에서는 주고쿠(中國: 중국) 지방이라고 부른다. 이 지역의 주코쿠신문(中國新聞) 기자가 우리들의 견학 활동을 줄곧 따라다니며 취재했다. 근처 공원 잔디에서 도시락을 먹었다. 벚꽃이 만개한 곳이라

마치 소풍을 나온 기분이었다. 대원들이 어린아이들처럼 무척 좋아했다.

조선통신사 옛길을 역사 스페셜 다큐멘터리로 만들어 국내에 소개했으면 좋겠다는 생각이 들었다. 옛길 주변이 절경이고 스토리가 있는 곳이기도 해 더욱 그런 생각이 간절했다. 일정 구간으로 잘라서 단기 여행 상품으로 만들어도 좋을 것 같다는 생각이 들었다. 지난 18년간 양국의 민간 단체가 피땀을 흘리며 유서 깊은 조선통신사 옛길을 몸소 걸으며 옛 자료를 토대로 원래 길을 복원해 놓았다.

올해는 한·일 국교가 정상화된 지 60년이 되는 뜻깊은 해다. 조선통신사가 걸어간 여정을 새로운 60년을 위한 평화의 길로 만들었으면 좋겠다. 특히 젊은이들이 배낭을 메고 스페인 산티아고 순례길처럼 즐겨 걸으며 선조들이 땀 흘려 이룩한 평화의 여정 그 숨은 뜻을 되새기는 계기를 마련하길 기대한다.

이곳에 사는 토박이로 제5회 조선통신사 우정 걷기에 구간 참가했다는 86세의 미타니 씨가 함께하며 부연해 설명했다. 고령의 연금 생활자임에도 떠나는 우리에게 그곳의 명물 밀감(제주도의 천혜향을 닮았다)을 2박스나 버스에 실어주었다.

진주교대 교수를 역임한 백남권 대원이 훌륭한 통역을 해주었고 함평고등학교 교장 출신인 장용준 대원은 어제에 이어 오늘도 이동하는 버스 안에서 일본 역사 강의를 해주었다. 비교적 이른 시간에 일정을 끝내고 히로시마현 후쿠야마(福山)시의 호텔에 도착해서 대(大)욕탕의 뜨거운 물에 몸을 적셨다. 이렇게 26일 차 일정도 무사히 종료되었다.

▲ 아키나다(安芸灘) 대교 주변 풍경

▲ 후쿠야마 성벽

27일 차(2025년 4월 4일)

‘일동제일형승(一東第一形勝)’ 도모노우라

8시에 호텔을 출발했다. 오늘이 청명이라고 재일동포 이경수 대원이 말했다. 그들의 한국 풍습은 해방 직후에 머물러 있지 않나 하는 생각이 들었다. 30여 분 달려 도모노우라(鞆の浦)에 도착했다. 일찍 도착했으나 안내하는 분이 아직 오지 않아 공터에서 이의선 대원의 지도로 체조를 했다.

도모노우라는 ‘일본의 지중해’라 불릴 정도로 아름다운 섬들이 둘러싼 세토내해에 있는 항구마을이다. 일본의 가장 오래된 시가집 ‘만요슈(万葉集)’에 등장할 정도로 유서 깊은 곳이다.

참고로 만요슈는 8세기 나라 시대에 편찬된 일본에서 가장 오래된 와카 모음집이다. 약 4,536수의 와카(和歌)가 수록되어 있는데 천황·귀족·일반인 등 다양한 계층의 시를 모은 일본 문학의 대표작이다.

통신사 일행이 배에서 내려 숙소인 후쿠젠지(福禪寺)까지 걸어갔던 길이 그대로 보존되어 있었다. 옛 등대 근처에는 메이지 유신의 영웅 사카모토 료마(坂本龍馬)의 전시관이 있었다.

사카모토 료마가 탄 이로하마루 호가 10배 크기의 기슈(紀州)번의 군함과 충돌해서 이곳 도모노우라 항으로 예인해 오는 과정에서 침몰했다고 한다. 사카모토 료마가 기슈번과 배상금을 받기 위한 협상을 벌이며 묵었던 숙소도 보았다. 그는 기슈번 측에 거액의 배상금을 요구했다. 이곳 도모노우라에서 협상이 끝나지 않아 결국 나가사키로 가서 끈질긴 협상 끝에 거액의 배상을 받아냈다.

더 많은 배상금을 받기 위해 사카모토 료마는 배에 다수의 비싼 총이 실려 있다고 말했다. 어릴 때 누나에게 얻어맞기만 하던 멍텅구리 료마가 영리한 어른으로서의 면모를 유감없이 발휘한 순간이었다.

1960년대 이곳에서 이로하마루호를 인양했으나 총은 발견되지 않았다고 한다. 건져 올린 물건들은 이곳 이로하마루 전시관에 전시되어 있었고 그가 협상을 벌이는 동안 기거했던 집도 잘 보존되어 있었다.

안내인의 설명을 듣고 있는데 엔도 대장이 이곳의 명주 호메이슈(保命酒)를 한 병 사 와서는 작은 종이컵에 한 잔씩 돌렸다. 마셔보니 술이 아니라 진한 꿀물 같았다. 조선통신사들도 반주로 마셨다는 술이다. 그들

▲ 후쿠젠지(福禅寺) 담벼락

▲ 도모노우라항 풍경

을 생각하며 술잔을 비웠다.

호메이슈는 16가지 약재를 넣어 만든 술로 350년의 역사를 자랑하는 이 마을의 전통주다. 약재 향이 진하면서도 뒷맛은 달큰했다. 그 단맛은 찹쌀에서 나온 자연적인 것이라고 한다. 술맛은 별로 느껴지지 않았는데 나름 알코올 도수가 높은 술이라 단맛에 홀짝홀짝 마시다가 대취할 수 있겠다는 생각이 들었다.

이곳의 전통주 호메이슈 탄생의 비화를 알아보니 조선통신사와 밀접하게 관련이 있었다. 알코올 도수 14도 약주인 호메이슈는 조선통신사가 전해 준 귀한 한약재를 일본 미림(찹쌀·누룩·소주를 원료로 해 만든 단맛이 나는 술로 이것을 요리에 쓰게 된 것)에 발효시킨 향약주(香藥酒: 술에 독특한 향을 내기 위해 식물의 꽃·잎·줄기·뿌리 등을 넣어 약용으로 빚은 술)다. 오

▲ 도모노우라 전통 가옥

늘날 연간 6억 엔의 매출을 올리는 이 술은 페리 제독이 '쇄국 일본'을 개방하면서 건배주로 사용해 인기몰이를 하며 명성을 얻었다고 한다.

▲ 도모노우라 기념품 가게의 엔도 대장

▲ 도모노우라의 전통주 호메이슈

▲ 이로하마루 전시관 입구 간판

이곳에는 에도시대의 주택들이 잘 보존되어 있었는데 여전히 주민들이 그곳에 살고 있었다. 조선통신사가 묵었다는 후쿠젠지(福禪寺) 일대를 견학했다.

1711년 제8차 조선통신사 일행이 에도에서 국서를 교환하고 귀국길에 여기에 들렀다.

후쿠젠지에는 조선통신사와 관련된 일화가 전해 내려온다. 1748년 후쿠야마 번에서 조선통신사 500여 명이 시위를 벌인다. 열 번째 조선통신사가 도모노우라항에 도착했을 당시 오이타현 고위대관들이 후쿠젠지에 묵고 있었다. 후쿠젠지는 조선통신사들이 일본에 파견될 때마다 묵던 숙소였기에 통신사들은 그곳을 숙소로 배정해달라고 요청했다. 그러나 후쿠야마 번 관리는 딱한 사정을 이실직고해 양해를 구하지 않고 '후쿠젠지에 우물이 없어 물이 부족한 데다가 문 앞에 민가들이 있어 손님 모시기에 여건이 좋지 않고 절 바로 뒤가 절벽이라 화재 시 피하기 어렵다'라고 난감해했다. 그러자 예전에 통신사 일행으로 왔다 갔던 사람이 강한 불만을 표시하자 담당 관리는 당황해 '후쿠젠지가 전날 화재로 타버렸다'라고 거짓말을 했다. 그런데도 조선통신사 일행들은 '후쿠젠지가 일본 제일의 경치를 자랑한다고 들었다'라며 '화재로 소실됐으나 사찰이 있던 절벽 위에 올라보고 싶다'고 후쿠젠지에 막무가내로 들어가려 했다. 그렇게 통신사 일행과 관리와 실랑이를 벌이는 동안 사절단 한 일행이 후쿠젠지로 들어가 사찰이 그대로 있는 것을 확인했다. 이와 같은 사실을 전해 듣고 화가 난 사절단 일행은 당시 배정된 다른 숙소에 가지 않고 그날 밤을 배 위에서 보내며 다음 날 새벽에 에도를 향해 출발했다.

하지만 당시의 통신사 사절단은 에도에서 돌아가는 길에 그냥 돌아가기에는 아쉬운 마음이 들어서 다시 도모노우라에 들러 후쿠젠지에서 머무르며 입국 시의 서운한 감정을 풀었다.

당시의 정사·부사들 8명이 그동안 거쳐 간 일본 내 지역 중 이곳 도모노우라가 가장 풍광이 좋다고 의견을 모으고 '일동제일형승(一東第一形勝: 일본의 동쪽에서 제일 아름다운 경승지라는 의미)이라는 글씨를 이곳 영빈관인 '다이초로(對潮楼)'에 남겼다. 종사관 이방언의 글씨다. 1747년 당시 제10차 통신사의 정사 홍계희는 '조류를 기다리는 누각'이라는 뜻의 '다이초로'라는 이름을 지어주었는데 동행했던 그의 아들 홍경해가 쓴 '대조루(對潮楼)'라는 글씨가 현판으로 걸려 있다. 이는 도모노우라항에서 조류와 바람이 바뀌기를 기다리던 조선통신사의 마음이 담겨 있다는 생각이 들었다. 열린 창으로 보이는 섬들 그리고 세토내해가 그림 같았다.

▲ 조선통신사가 묵었다고 전해지는 도모노우라의 후쿠젠지(福禪寺) 경내

▲ 다이초로(對潮楼)에서 바라본 세토내해 풍경

당시 주지는 이 현판을 지나가는 배에서도 볼 수 있는 곳에 붙였으나 오늘날은 후쿠젠지 다이초로 경내에 걸려 있다.

부산문화재단이 복원한 조선통신사 사행선이 세토내해를 거쳐 2025 오사카 간사이 만국박람회 한국의 날 행사에 맞추어 오사카항에 입항할 예정인데 그때 도모노우라에도 들린다고 했다.

▲ 에도시대의 어린이 조형물 전시물

공민관 회의실에서 도시락으로 점심을 먹었다. 과거 조선통신사 우정 걷기에 2차례 참가했다는 강정춘 여사가 우

▲ 도모노우라의 다이초로(對潮楼) '일동제일형승(一東第一形勝)' 현판 너머로 절경이 펼쳐진다

리를 환영해 주었다. 초기 이혜미자 대원과 함께 통역 등으로 크게 활약하며 양국 대원들의 언어소통 문제를 해결해 주었다. 두 사람의 활약으로 두 번의 행사가 대과 없이 마무리될 수 있었고 그렇게 탄력을 받아서 이후 10회까지 이어질 수 있었다고 엔도 대장이 그녀를 소개했다.

탁자 위에는 그녀가 직접 담근 맛있는 김치가 놓여있었다. 그리고 앞에 놓인 패널에는 그녀가 2회 참가 시 찍은 사진들이 전시되어 있었다. 그녀는 통신사에 참석하며 한국의 바느질에 관심을 가져 한국의 복장 학원에 유학도 갔다 왔다고 한다.

지금은 일본에서 한국과 일본의 문화가 융합된 한복 디자인으로 제2의 인생을 활기차게 살고 있었다. 오늘 그녀는 일본의 원단으로 한국의 전통 디자인을 살려 직접 만든 옷을 입고 나왔다. 우리 대원들이 저녁에 먹을 수 있도록 김치를 잔뜩 담아 주었다.

식사를 마치고 버스로 2시간을 이동해 '일본의 에게해'로 불리는 오카야마(岡山)현 남동부의 섬 우시마도(牛窓)로 왔다. 이곳에서 일부 대원들이 페리를 타고 건너 섬으로 떠났다. 전체 인원이 투숙할 수 있는 규모의 숙소가 이곳에 없었기 때문이다. 연장자들은 이곳 우시마도의 '후쿠오카야'라는 여관에 짐을 풀었다. 한국인은 여권 카피가 필요하다고 해서 거두어 제출했다.

김홍렬 종사관이 감기가 심해 이의선 대원이 같이 동네 내과의원을 찾아갔다. 의원은 무려 8km나 떨어진 곳에 있었다. 다행히도 김홍렬 종사관은 스마트폰을 자유스럽게 다루었다. AI 통역이 되니 일본어가 되는 사람이 따라가지 않아도 되었다. 여관 주인의 딸이 택시를 불러주었다. 무릎을 삔 양종실 대원은 작은 어촌 마을이라 정형외과도 없으니 견디어 보겠다고 했다.

오늘 11시 헌법재판소가 윤석열 대통령을 파면한다는 판결을 내렸다. 두 달 이내로 대선을 치르게 되었다. 대원들 사이에 다양한 의견이 있을 수 있으니 절대 동요하지 말고 애당초 목표대로 도쿄까지 완보하고 귀국하라는 문자가 본부에서 날아왔다.

저녁 6시 30분 식사를 료칸 1층에서 대원들이 함께했다. 같은 방을 쓰게 된 요시다 대원이 누님이 돌아가셔서 내일 후쿠오카로 떠난다. 한 달 가까운 강행군으로 대원들의 피곤이 누적돼 면역력이 떨어지며 감기에 노출되는 환자가 하나둘 생겼다.

“단장인 나나 엔도 대장이 무너지면 안 된다. 바짝 긴장하자”라고 엔도 대장에게 말했다. 저녁 식사 시간에 유병희 대원의 조언으로 요시다 대원의 누님을 위해서 다 같이 묵념을 올렸다. 그는 내일 아침 후쿠오카로 떠났다가 일을 마치고 다시 합류한다. 돌아가신 누님이 92세라고 하며 세월을 이길 수 없다고 했다. 요시다 대원이 내게로 와서 술을 권하며 고마움에 눈물을 흘렸다. 이렇게 27일 차 하루가 지나갔다.

▲ 도모노우라 어느 주택가 화분에 핀 봄꽃

▲ 도우노무라의 에도시대 유명 음악가의 동상

▲ 도모노우라 역사민속자료관 외관

▲ 도모노우라 관광정보센터 앞에서의 허남정·강정춘·엔도대장

28일 차(2025년 4월 5일)

일본의 저출산 고령화의 생생한 현장

오늘은 28일 차 토요일이었다. 사실 무슨 요일인지도 모르고 하루를 시작했다. 총 53일 중 절반을 소화했다. 식사 전 30분 정도 바닷가를 산책했다. 작은 어촌 마을인데 은행에 우체국·편의점·호텔에 서점까지 총망라해 있다. 좋았던 시절에 지은 시설들인데 지금은 인구가 절반 이하로 줄어들었다. 부두엔 요트가 즐비하고 낚시를 온 외부인들이 몇 사람 보였다. 일본 사회의 저출산 고령화를 실감했다.

이곳 료칸 후쿠오카야(福岡屋)도 전성기에는 유명 인사들도 많이 찾았던 곳으로 그들과 찍은 사진과 사인들이 벽에 가득 붙어 있었다. 허리가 심하게 굽은 주인 부부의 화려한 전성기를 웅변해주고 있었다. 료칸

영업을 시작한 지 무려 150년이나 되었다고 했다. 번영이 있으면 반드시 쇠퇴가 있는 게 세상의 이치다. 도쿄 땅만 팔아도 미국 땅을 살 수 있다며 큰소리를 치던 일본 경제가 30년째 제자리걸음을 하고 있다. 남들은 성장하는데 제자리걸음을 하는 것은 후퇴하는 것이나 다름없다. 우리 한국 역시 정점을 찍고 내리막길에 들어섰다는 생각이 든다.

아침 식사를 1층에서 다 함께했다. 노인 부부에다 중년의 딸이 거들고 있으나 밥을 거의 다 먹었을 때야 국이 나오고 구운 생선이 나왔다.

도쿄의 지인이 꼭 자기 집에서 하루 자고 가라고 해서 도쿄에서의 호텔 1박을 취소했다. 산티아고 순례길 친구 준코와도 도쿄에서 저녁 식사를 함께하기로 스케줄을 잡았다. 아침 출발시간에 여유가 있어 문화일보에 보낼 원고를 마무리해서 사진과 함께 송고했다. 우정 걷기 여정을 시작하고 나서 다섯 번째였다.

▲ 숙소 정원에 핀 꽃

▲ 마에지마 숙소의 젊은 주인아주머니

▲ 숙소 주인의 안방 불단(佛壇: 부처를 모셔 놓은 단)과 고다쓰

▼ 숙소 주인 방에 걸린 족자

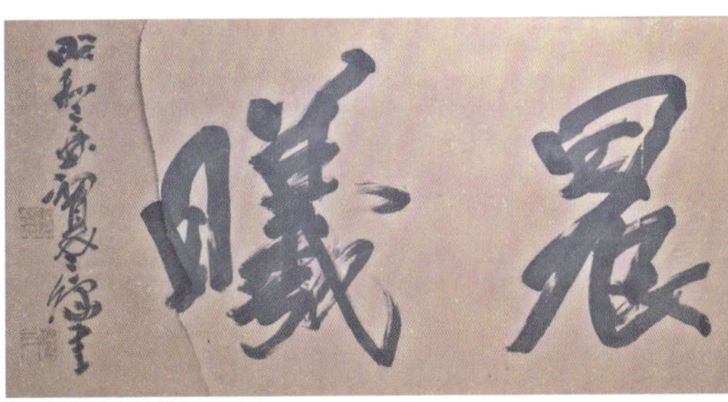

처음에는 종일 걸어서 피곤한 데다 매일 대원들과 식사하며 술을 마시는 통에 글 쓰는 시간을 확보하는 데 애를 먹었는데 시간이 지나니 나름 요령도 생겼다. 후쿠오카야 료칸을 8시 45분에 출발했다. 페리 부두에서 어제 섬에서 투숙한 대원들을 맞이해 함께 혼렌지(本連寺)로 갔다.

이곳은 조선통신사들이 투숙했던 사찰이다. 주지 스님의 설명을 듣고 실내의 관련 자료들을 견학했다. 조선통신사 삼사들의 글들이 남아 있었다. 그중 여러 점이 2017년 유네스코 기록유산에 등재될 당시 포함되었다. 실물은 이곳 오카야마(岡山)현 박물관에 보관되어 있고 복제본이 걸려 있었다.

이곳 혼렌지는 도모노우라의 후쿠젠지(福禪寺), 시즈오카의 세이켄지(清見寺)와 함께 조선통신사 3대 사적으로 지정되어 있다. 바닷가라 모기가 많았던지 모깃소리가 천둥소리 같아서 제대로 잠을 이룰 수 없었다는 내용의 시(詩)도 있었다.

혼렌지에는 조선통신사의 삼사만 투숙했고 중간 직급까지는 조금 아래쪽에 신축한 '차야(茶屋)', 오늘날의 영빈관에서 투숙했다. 방이 38개나 되는 규모의 차야를 4채나 신축했다고 한다. 나머지 대다수 수행원은 동네 민가를 이용했다. 당시 통신사 일행들과의 개별적인 접촉을 못하도록 주민들을 모두 이주시켰다고 한다.

조선통신사를 위해 팠다는 우물도 둘러보았다. 이곳 우시마도에는 우물이 많아 강이 없는 바닷가 마을이지만 번창했다고 한다. 아무리 가물어도 이 우물은 마르지 않았다고 했다.

에도 막부가 당시 해당 영주들에게 조선통신사에 대한 극진한 접대를 지시했다. 이곳 오카야마번의 경우도 많은 비용을 염출했는데 통신사 배의 호위를 위해 1,500척의 어선을 동원했다고 한다. 당시에 큰 센세이션을 일으켰던 조선통신사 일행을 구경하기 위해 원근 각지에서 구경꾼들이 몰려왔다고 한다.

조선통신사 기록들을 전시하고 있는 해유문화관에 들러 두루마리 그림들을 보니 당시 풍경이 자세히 그려져 있었다. 당시에 돈이 많은 사람은 제법 큰 배를 빌려서 가족들과 같이 근접해서 사행선을 구경하고 있던 광경도 보였다. 쇄국정책을 취하던 그 시절 평생 처음 보는 외국인들이 몰려오다 보니 그러했던 모양이다.

당시 조선통신사는 일본에 들어서 가는 곳곳마다 인파를 구름처럼 몰고 다녔다. 1764년 열한 번째 통신사 서기(書記)였던 김인겸(金仁謙)은 기행 가사(歌辭: 조선 초기의 시가와 산문 중간 형태의 문학) '일동장유가(日東壯遊歌)'에서 "구경꾼들이 구름처럼 몰렸다. 융단을 깔고 금병풍을 세우고 많은 여자들이 밀집해 비좁게 앉았다. 아이는 앞에 앉히고 어른은 뒤에 앉았는데 통신사 행렬보다 많았으나 큰 소리 하나 내지 않았다. 아이가 울면 입을 손으로 막는 걸로 봐서 구경꾼들을 엄격하게 통제하고 있음을 알 수 있었다"라고 적었다. 그의 이러한 지적대로 통신사들이 배에서 내리면 이 광경을 가까이 가서 구경하려는 사람들을 위해 유료로 태워주는 배까지 등장했다고 한다. 조선통신사들이 지나는 길에도 이른 새벽부터 구경 나온 사람들에게 주먹밥 등 먹을거리를 파는 장사꾼들이 즐비함은 물론 통신사 행렬을 보려고 불원천리(不遠千里: '천 리 길도 멀다고 여기지 않는다'라는 뜻으로 벗이나 친한 사람을 만나는 데에는 먼 거리도 문제가 되지 않는다는 뜻) 마다하지 않고 먼 곳에서 오는 사람이 적지 않았을 정도였다.

▲ 혼렌지 경내 풍경

▲ 해유문화관의 전시물

▼ 혼렌지 사찰 안에 걸린 오래된 족자

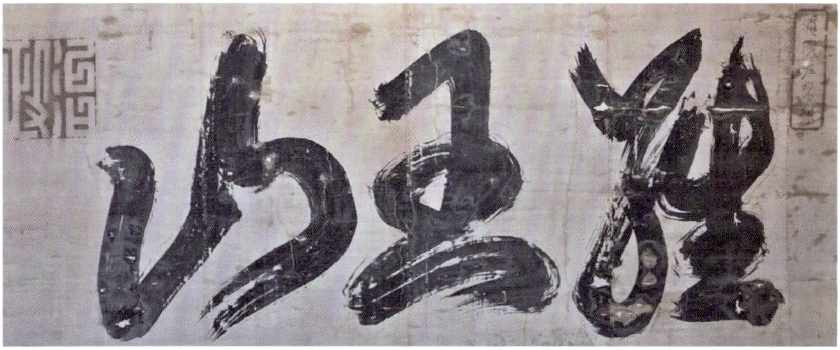

올리브엔이라는 곳에 들러 도시락으로 점심식사를 했다. 이곳은 '일본의 에게해'로 불릴 정도 아름다운 주변 풍경을 자랑한다. 그리스에서 올리브 나무 묘목을 들여와 대규모 농원을 조성해 놓았다. 조금 높은 지대에 있다 보니 아름다운 세토내해 섬들이 손에 잡힐 듯 보였다. 각종 올리브 제품을 판매하는 가게들도 있었다. 좋은 날씨가 이어지니 행운이라는 생각이 들었다.

우시마도를 1시에 출발해서 3시 40분경 '천하의 부엌'이라 불리는 오사카(大阪)에 도착했다. 5시에는 오사카 민단본부가 주최하는 환영 행사가 있어 짐만 방에 올려놓고 서둘러 민단본부로 향했다. 본부에 도착하니 수십 명의 한복을 차려입은 부인들이 입구에 도열해 박수를 치며 뜨겁게 우리를 환영해주었다.

민단 단장의 환영사에 이어 민단 부인 합창단이 노래 세 곡을 불렀고 앙코르를 받자 '고향의 봄'을 우리들과 함께 불렀다. 해방 후 이들이 일본에 남아 사는 동안 얼마나 차별을 견뎌내며 고생했을까 생각하니 절로 눈시울이 붉어졌다.

도시락에 맥주를 마셨고 오늘로써 일정을 마무리하고 귀국하는 유병희·백희선 등 4명의 대원의 작별 인사말을 들었다. 그리고 오사카에서 합류한 일본 신입 대원 6명의 자기소개 인사도 있었다. 마지막으로 모든 참가자가 손을 잡고 아리랑을 함께 부르고 작별 인사를 나누었다.

숙소로 돌아올 때는 일본 대원들의 안내로 지하철을 탔다. 호텔 1층 로비에는 세계 각종 술을 진열해 놓고 있었다. 투숙객들은 무료로 원하는 술을 한 잔씩 마실 수 있었다. 재일동포 이혜미자 대원이 생맥주를 한 잔 따라 주었고 양종실 대원이 마시던 럼주도 조금 맛보았다.

엊그제 시간이 늦어 내어놓지 못했던 세탁물을 1층 코인 세탁기에서 세탁하고 나니 기분이 상쾌했다. 참고로 세탁에는 300엔, 건조에는 100엔이 들었다.

▲ 오사카 민단 단장에게 선물을 증정하는 조선통신사 한·일 우정 걷기 양측 대표

▲ 환영행사 막바지에 오사카 민단 회원들과 아리랑을 함께 부르는
우정 걷기 참가자들

교토 도심을 가로질러 흐르는 가모가와 천변(川邊)의 봄 풍경

제2부

일본 본토 구간 본격적 도보 행진

29일 차(2025년 4월 6일)

김치 한 접시가 4,000원이라니…

일본 본토에서의 걷기를 본격 시작하는 첫날이었다. 이곳 오사카의 상징인 오사카성은 우리에게 철천지 원수인 도요토미 히데요시가 지은 난공불락의 성이다. 그가 1598년에 사망한 이후 후계자인 아들 히데요리의 거성이 되었다. 우리에게는 원수이지만 오사카를 중심으로 하는 관서(關西·간사이) 지방에서 그의 인기는 도쿠가와 이에야스보다 훨씬 높다.

1,600년 세키가하라 전투의 승리로 실권을 장악한 이에야스가 호코지(方廣寺) 종명(鐘銘: 종루 비문)을 구실로 1614년 10월부터 1615년 5월까지 두 차례에 걸친 겨울 여름 오사카 공성전을 벌인다. 참고로 공성전(攻

城戰)은 성이나 요새를 공격하는 전투를 의미하는데 공격 측이 수비 측보다 최소 3배 이상의 병력이 필요한 전략적 전투다.

그 당시 호코지 종루의 비문이 이에야스를 저주하고 도요토미 집안의 번영을 기원하는 뜻을 담았다는 이유로 전투를 벌인다. 그 결과 오사카성은 함락되고 성주 히데요리는 모친 요도도노와 함께 자결한다.

당시 히데요리는 22살이었고 그의 정실 센히메는 다름 아닌 이에야스가 가장 예뻐했던 손녀로서 현역 쇼군 히데타다의 딸이기도 했다. 비정한 센코쿠 시대상의 한 단면이었다. 오사카성의 함락이 임박하자 그녀는 자결하고자 했으나 사랑하는 남편과 시어머니의 만류로 성을 빠져나와 모진 목숨을 이어가게 된다. 이에야스는 히데요리의 숨겨진 어린 자식마저 찾아 죽여 도요토미가의 씨를 말려버린다.

이렇게 세키가하라 전투에서 서군을 격파하였고 2차례의 오사카성 공성전으로 도요토미가를 확인 사살하며 도쿠가와 정권을 반석 위에 올려놓는다. 전투가 끝난 이듬해 도쿠가와 이에야스는 마치 지상에서의 자기 일을 완수했다는 듯 조용히 눈을 감는다.'인생 50년'이라고 하던 당시 그는 75세로 장수한다.

6시에 짐을 내려놓고 점심 도시락을 받아 방으로 올라왔다. 엔도 대장이 마스크를 쓰고 있었다. 기침이 난다고 하니 은근히 신경이 쓰였다. 그가 일본에서 하는 모든 행사의 총괄 책임자인데 무슨 일이 있으면 큰일이었다. 나 역시 마찬가지였다. 감기는 물론이거니와 넘어져 다치는 일이 없도록 바짝 긴장하며 하루하루를 보냈다. 단장의 그 짐이 무거웠다.

오늘 부산-오사카 구간 일정을 끝내고 귀국하는 유병희 등 4명의 대원에게 작별 인사를 했다. 걸어서 출발 지점인 오사카시청 앞으로 갔다. 비가 조금 내려 우산을 쓰고 가다가 도중에 그쳐서 우산을 접었다. 뒤에 걸어오는 우리 대원이 우산을 담을 비닐봉지 하나를 조용히 내게 내밀었다. 그의 배려가 고마웠다.

시청 앞에 도착하니 아사히신문의 기자가 기다리고 있었다. 잠시 서서 얘기를 나누었다. 우리가 행진하는 동안 계속 사진을 찍었다. 내일 조간에 어떻게 실릴지 기대가 되었다. 일본의 보수는 요미우리신문, 진보는 아사히신문으로 양대 산맥을 이룬다.

▲ 오사카시에서의 출발 장소인 오사카시청 앞 플래카드

▲ 오사카시 시청 앞에서의 우정 걷가 참가자들 단체 사진

체조를 하고 간단한 출발 세리머니를 했다. 현지에서 나온 코스 리더가 길을 안내했다. 무릎을 삐끗한 양종실 대원이 이동 차량에 탔다. 일일 참가자가 많아 모두 100여 명의 긴 행렬이 되었다. 화창한 날씨였다. 올해는 4월 13일 개막하는 오사카 간사이 만국박람회가 있어 일정을 3주일 앞당겨 서울에서 출발하다 보니 예전의 통신사 우정 걷기와는 달리 처음으로 오사카의 벚꽃길을 걸을 수 있었다. 벚꽃이 참 아름다웠다. 80% 수준의 만개(滿開: 꽃이 활짝 다 핌)였다. 요도가와(淀川) 강변길이 이어졌다. 일요일이라 시민과 학생들이 강변에 나와 각종 스포츠와 가족 단위 피크닉을 즐기고 있었다.

▲ 오사카 요도가와강 강변(川邊) 벚꽃 길을 걷는 한·일 우정 걷기 참가자들

▲ 오사카의 벚꽃이 만개한 요도가와강 일대 풍경

かもめ CAMOME

뚝방 위의 정비된 길을 달리는 자전거 행렬이 그림 같았다. 강변이 잘 정리되어 있고 쓰레기 하나 발견할 수가 없었다. 줍는 사람이 있냐고 물으니 강변에 나오는 사람들이 기본적으로 자기 쓰레기는 자기가 책임지고 가지고 간다고 했다.

모든 인프라가 편리하게 잘 갖추어져 있고 시민의식이 높았다. 사람들이 마치 미래에 대한 불안 없이 지금 이 순간을 즐기고 있는 것처럼 보였다. 안정된 사회라는 것을 느낄 수 있었다. 일본인들은 과도한 욕심을 부리지 않는다. 우리의 1인당 GDP가 재작년부터 일본을 추월했으나 종합적인 실력이 앞섰다고 생각지는 않는다. 환율 효과가 크다고 본다. 그들이 오랜 세월 선진국으로 갈고 닦은 시민의식의 수준에 도달하려면 상당한 시간이 걸릴 것이라고 본다.

중간에 휴식하며 가져간 도시락 점심을 먹었다. 식사가 끝나고 도시락 케이스 등 쓰레기를 담은 큼직한 비닐봉지를 엔도 대장이 직접 들고 갔다. 주변의 대원들이 자기가 들겠다고 했으나 그는 “솔선수범하겠다”라며 뜻을 꺾지 않았다. 이동 차량이 오면 차에 싣겠다고 했다.

중간 휴게 지점에서 일본 측 사무국이 아이스크림을 사 왔다. 출발할 때 엄마와 함께 참가한 초등학생이 출발 세리머니를 했다. 한 번 가르쳐 주었는데 총기가 있었다. 단 한 번 만에 제대로 했다, 너무 잘해서 다시 한번 시켰다.

“Go Go, Let’s Go!” 구호에 격려를 받고 힘차게 출발했다.

히라카타(枚方)공원에 도착해서 일일 참가한 회원들에게 완보증을 주었다. 모두 매우 기뻐했다. 함께 단체 사진을 찍었다. 이곳 히라카타에 전체 대원들이 다 들어갈 수 있는 숙소가 없어 우리 측 4명을 포함 일본 대원들은 10분 정도 전철을 타고 다른 숙소로 이동했다.

호텔에 돌아와 충숙공이예기념사업회의 이명훈 교수와 4월 8일 일정에 대해 전화로 협의했다. 이날은 대원들의 자유일정임을 감안해 30~40분 규모로 줄여서 행사를 진행하기로 했다. 모처럼 교토에 왔으니 민단 행사가 끝나면 자유시간을 갖도록 하고 원하지 않는 대원은 함께 숙소로 돌아오기로 했다.

저녁에 서울 출발 이후 처음으로 룸메이트가 바뀌었다. 김홍렬 종사관이었다. 다른 방의 김월호·이의선 대원과 함께 근처 식당에서 돌솥비빔밥으로 저녁 식사를 했다. 적은 양의 김치 한 접시를 추가했는데 400엔이나 받았다. 우리 돈으로 4,000원이었다.

내일은 드디어 일본의 천년 수도 교토로 들어간다. 울산에서 오는 김매자 병원장 등 새로운 5명의 대원이 참가한다. 이들은 교토에서 나고야까지 걸은 다음 귀국한다. 옛 조선통신사 일행들은 타고 온 사행선을 오사카항에 정박시켜 두고 막부에서 준비한 '가와고자부네(川御座船)'라는 화려한 배로 갈아타고 요도가와 강줄기를 따라 교토까지 갔다.

이렇게 29일 차 일정이 끝났다. 오늘은 26km를 걸었다.

▲ 요도가와 뚝방 아래 길을 걷는 참가자들

▲ 요도가와 뚝방길에서 "고고 렛츠고!" 구호를 외치는 일일 참가자들 가족

▲ 히라카타공원에 도착해 일일 참가자들과 함께한 필자와 엔도 단장

30일 차(2025년 4월 7일)

영웅은 영웅을 알아보는 법이다

오늘 걷기 여정은 교토까지 32km다. 내일 도시샤대학 윤동주 시비에 참배하러 가는데 모리 대원에게 화환을 부탁하니 일본 사무국에서 이미 준비했다고 한다. 아침 식사하고 1층으로 짐을 내렸다. 7시 50분 출발이라 느긋하게 시간에 맞추어 내려갔는데 이미 다들 떠나고 없었다.

몇 분 늦게 공원에 도착하니 모두 모여 있었다. 김월호 이사에게 한마디 들었다. 단장이 모범을 보여야 한다는 지적에 유구무언이었다. 아침에 아사히신문에 기사가 났다. 김홍렬 종사관과 일본 측의 엔료 교코 대원의 인터뷰 내용이 크게 실려 있었다.

공원에서 시청 직원들이 라디오 음악에 맞춰 체조한다고 해서 우리도 따라 했다. 비교적 단순한 체조였다. 그들은 체조를 끝내고 단상에 올라 월요일 조회(朝會: 학교나 관청 등에서 아침에 모든 구성원이 한자리에 모이는 일)를 했다. 가만히 살펴보니 절도가 있는 게 군국주의 시대의 모습을 보는 것 같았다. 업무가 시작되기 전인 8시인데 벌써 나와 체조를 하고 공무원으로서의 신조와 시민을 대할 때의 기본 인사말을 반복하는데 그 표정들이 진지했다.

엔도 대장의 현역 시절 지인이 피너츠(peanuts: 땅콩잼이 들어 있는) 빵을 대량으로 가져와서 1인당 두 개씩을 나누어주었다. 오늘 점심으로 대신해도 무방한 양이었다. 저녁 유스호스텔에는 또 가마보코(찐 어묵)를 대량으로 보냈다고 했다. 대원들에게 그를 소개하려 했더니 다른 약속이 있다고 사양하며 서둘러 자리를 떴다.

▲ 흐드러지게 만개한 오랜 연식의 벚나무

8시 20분경 오늘 일일 참가하는 세 사람이 나와서 출발 세리머니를 힘차게 외쳤다. "Go Go, Let's Go!" 유채꽃이 아름다운 요도가와(淀川) 강 제방 위를 걸었다. 좋은 날씨에 상쾌한 기분이었다. 허광도·김홍렬·가나이 대원들이 좋은 구도의 사진을 찍겠다고 카메라를 들고 부지런히 언덕을 오르내렸다.

강변을 한참 걸어가니 인근 절에서 벚꽃 축제가 열리는지 엄청난 인파가 몰려갔다. 요도가와강 인근에서 점심을 먹었다. 코스 리더를 맡은 야마다 선생이 제대로 길을 안내하지 못해 엔도 대장이 불안해했다. 그는 80대 후반이었다. 그렇지만 그 연세에 32km를 함께 걷는 것만도 대단한 일이었다. 이 지역 주민으로 이틀째 우리를 안내하고 있었다.

연합뉴스의 장보인 기자가 취재를 위해 서울에서 왔다. 김월호 이사와 연락을 주고받더니 우리 일행에 합류해 함께 걸었다. 오사카 간사이국제공항에 내려 교토역까지 JR하루카를 타고 와서 구글 지도를 택시 기사에게 보여주며 찾아왔다. 요즘 젊은 사람들이 똑똑하다고 생각했다.

양종실·윤인형·이도수 대원이 몸 상태가 좋지 않아 이동 차량에 탔다. 오늘 도착한 울산의 김매자 대원 일행 5명은 바로 숙소로 가서 우리를 기다리기로 했다. 함께 걷고 싶어 했으나 그들이 짐도 있고 걷는 도중이라 합류할 지점을 정하기가 힘들었기 때문이다.

목적지까지 20여 분을 남겨놓고 고죠(五条)대교 근처에서 화장실을 이용했다. '고조대교를 지키는 모임'이라는 팻말이 보였다. 이들이 대교 주변을 평소 청소하며 관리하는 활동을 한다고 했다.

가모가와 하천변으로 내려가 목적지인 산죠(三条)대교를 향해 걸었다. 강변의 벚꽃이 아름다웠다. 데이트 장소로 유명하다는데 강뚝에 발을 내리고 앉아 있는 쌍쌍의 자세가 약속이나 한 듯 비슷했다. 골인 지점에 도착해서 오늘 일일 참가자들에게 완보증을 수여했다.

교토는 일본 관광의 메카다. 시내에는 서양 관광객들이 많이 보였다. 이곳 교토의 벚꽃과 단풍은 일본에서도 손꼽히는 곳인데 지금이 절정기였다. 길을 걸으며 만개한 벚꽃을 눈이 시리도록 보았다.

교토는 일본의 1,000년 수도로 파란만장한 역사를 간직한 곳이지만 나는 이번에 교토에 입성하면서 1605년 3월 이곳 후시미성(伏見城)에서 이루어진 사명대사(泗溟大師)와 도쿠가와 이에야스의 역사적인 담판을 떠올렸다. 사명대사와 이에야스와의 독대는 그 후 조·일 양국 간 200여 년의 평화 시대를 이끄는 단초로 작용했다. 이는 12회에 걸쳐 일본에 가서 조선의 선진 문화를 전한 평화사절단 '조선통신사'가 탄생하는 실질적인 토대가 되었다.

사명대사로 잘 알려진 사명 유정(四溟 惟政: 1544-1610)은 임진왜란(1592~1598) 당시 의승군(義僧軍: 의병활동을 했던 승려들)을 이끈 승병장이었다. 전란 전후에 조선과 일본 양국의 평화를 이끌어내기 위해 노력한 외교승(外交僧)이기도 했다. 결국 사명대사는 1605년 교토에서 도쿠가와 이에야스와 담판을 지어 조선 조정이 원했던 조건들에 대한 합의를 이끌어내 강화를 맺고 조선인 포로 3천여 명을 데리고 함께 귀국했다.

▲ 요도가와 강뚝 위에서 포즈를 취한 참가자들

▲ 알록달록 봄꽃이 만개한 교토 외곽의 마을 오솔길을 지나는 참가자들

三条小橋商店街町定

당시 조선 조정에서 그 누구도 일본에 탐적사(探賊使: 사절단)로 가는 것을 두려워하지 않는 이가 없었다. 하지만 사명대사는 조정의 의사 타진에 대자비(大慈悲)의 일념으로 목숨 걸고 일본으로 향했다. 이후 대사는 일본에서 도쿠가와 이에야스를 비롯해 숱한 승려들과 학자 그리고 정치지도자들을 만나 그들과 교류하며 자연스레 그들을 교화(敎化: 교리로서 사람을 가르쳐 착한 마음을 지니게 하는 것)했다. 그 가운데 '엔지'라는 법명의 엔니 료젠(円耳了然: 1559~1619)은 사명대사의 수법(受法: 불교 법맥을 이어받음) 제자가 되어 교토에서 예로부터 차(茶) 산지로 유명한 우지(宇治)에 고쇼지(興聖寺) 사찰을 세웠는데, 오늘날까지 중요한 선종 사찰로 남아 있다. 이는 사명대사의 높은 법력과 감화가 아니고는 불가능한 일로 평가된다.

교토 우지의 고쇼지에는 사명대사 유묵(遺墨) 일곱 점이 오늘날까지도 남겨져 있는데 이 유묵은 사명대사가 임진왜란 후 강화와 포로 송환 협상을 위해 일본에 갔을 때(1604~1605) 교토에 머물며 남긴 것이다. 사명대사의 유묵은 한시 2점 '최치원의 시구', '벽란도의 시운(詩韻)을 빌려 지은 시'와 '대혜선사의 글씨를 보고 쓴 글', '승려 엔니에게 지어 준 도호', '승려 엔니에게 준 편지' 등이 있다.

'벽란도의 시운(詩韻)을 빌려 지은 시'는 임진왜란부터 10여 년 동안 사명대사의 감회가 담긴 시(詩)다. 이 시에는 일본에서의 사명을 잘 마무리한 뒤 속세를 정리하고 선승(禪僧)의 본분으로 돌아가겠다는 사명대사의 의지가 드러나 있다. '대혜선사의 글씨를 보고 쓴 글'은 사명대사가 스승 서산대사가 남긴 뜻에 따라 백성을 도탄에서 구하기 위해 일본에 왔음을 밝힌 글이다. 이 밖에도 '승려 엔니에게 지어 준 도호', '승려 엔니에게 준 편지'는 사명대사가 교토에서 일본 승려들과 교류한 모습을 잘 보여주는 자료들로 평가되고 있다.

참고로 우지의 고쇼지(興聖寺) 사찰은 매년 11월 하순을 전후로 절정을 이루는 단풍 풍광 명소로도 잘 알려져 있다.

당시 사명대사는 일본의 조선에 대한 재침(再侵: 다시 침략함) 의사가 없음을 확인했으며 조선왕릉을 훼손한 일본인의 본국 소환과 피로인 쇄환 등을 이루어내었다. 이에야스는 한·일간의 지속적인 우호 관계를 유지하기 조선통신사의 파견을 요청했다. 조선 조정은 사명대사의 귀국 2년 후인 1607년 여우길을 정사로 하는 제1차 통신사를 파견했으며 이후 1811년까지 12회에 걸쳐 파견되어 200여 년 간 조·일 및 동아시아의 평화 시대를 열었다.

당대 양국 최고의 두 영웅이 한자리에 앉아 서로의 인격과 범접할 수 없는 도력을 인정하고 존경하는 마음을 가졌기에 통 큰 합의를 이끌어내며 국교 재개의 단초를 만들어낼 수 있었다. 예나 지금이나 영웅은 영웅을 알아보는 법이다. 임진왜란으로 피폐해진 조선 땅에 사명대사와 같은 영웅이 건재했다는 것은 당시 조선에는 홍복(洪福: 큰 행복)이었고 그는 당시 조선 민중의 가슴 속에 영웅으로 아로새겨졌다.

오늘 숙소인 우타노 유스호스텔은 산 위에 있는데 일본에서는 유명하

▲ 늦가을 11월 하순의 교토 우지 지역의 고쇼지(興聖寺) 입구
(사진: 신수근 편집인)

다고 했다. 주변에 가게가 없어 저녁에 필요한 술 안주거리 등을 구매하는 일본 대원들을 다시 태우느라 버스가 근처를 한 바퀴 돌았다. 7시에 도착해서 세탁물을 내놓고 엔도 대장의 지인이 보내온 가마보코 등 세 종류의 식품 세트를 대원들의 식탁 위에 배분했다. 그 지인의 손이 컸다. 아침나절의 빵에 이어 이번에도 무려 100인분을 보내왔다. 대원들은 40명인데 말이었다.

젊은이들을 위한 시설이라 식당은 8시까지라고 하니 번갯불에 콩 구워 먹듯 30분 만에 식사를 끝냈다. 장거리를 걸은 뒤라 역시 생맥주 맛이 최고였다. 뜨거운 대욕실의 물에 몸을 담궜다. '이 맛에 일본을 찾는다'라는 생각이 들었다. 가나이 대원이 욕실을 나가면서 하코네까지는 이런 큰 탕이 없으니 천천히 즐기라고 했다.

방으로 돌아오면서 보니 술을 즐기는 엔도 대장이 7~8명의 양측 대원들과 즐겁게 술을 마시면서 환담을 나누고 있었다. 그는 "이 맛으로 걷는다"라고 했다. 오늘 문화일보에 5번째 연재 기사가 실려 지인들에게 전송했다. 이렇게 30일 차 일정도 무사히 마무리되었다.

▲ 고쇼지(興聖寺)의 늦가을 단풍 풍광의 매력에 마음을 빼앗긴 여행자들 (사진: 신수근 편집인)

31일 차(2025년 4월 8일)

윤동주 시인께
한국 신문지로 싼 꽃다발을

새벽에 일어나 보니 룸메이트 장용준 대원이 어디를 갔는지 보이지 않았다. 오늘은 걷기가 없는 날이다. 교토 시내 문화탐방 일정이 있었다. 나중에 돌아온 장 대원에게 물어보니 숙소에서 멀지 않은 우지(宇治)시에 있는 윤동주의 시비에 가서 사진을 찍어 왔다고 했다. 윤동주 시인이 귀국을 앞두고 우지시의 유원지에 친구들과 놀러 가서 찍은 그의 생애 마지막 사진이 그의 급우에 의해 우연히 발견되었다.

이것을 알게 된 우지시의 시민들이 성금을 모아 우지시의 유원지에 시비를 세웠다. 우지시의 시민 7,000여 명이 성금을 모았지만 시 당국이 허락하지 않아 10여 년의 투쟁 끝에 시인 탄생 100주년이던 2017년에 세웠다고 한다. 시인은 이 사진을 찍은 후 일시 귀국길에 일본 경찰에 체포되었고 후쿠오카 형무소에서 해방을 보지 못한 채 27살의 나이로 병사했다.

연합뉴스 장보인 기자와 오늘의 취재 일정에 대해 협의했다. 그녀도 우리와 일정을 같이 하고 민단 행사까지 마치면 숙소로 돌아와 기사를 쓸 것이라고 했다. 아침에는 9시 출발이라 마음이 느긋했다. 장용준 대원이 얘기를 하는 것을 좋아해서 그의 얘기를 재미있게 들었다.

그는 전남의 사립고의 교장을 명예퇴직하고 이후 1년의 절반 가까이 여행하며 책을 집필하고 있었다. 그동안 30여 권의 책을 출간했는데 100만 권 이상 팔린 밀리언셀러도 있다고 했다. 교토를 6~7차례 여행하며 샅샅이 훑어 오히려 교토 시민들보다 더 교토를 잘 안다고 자부했다. 그 결과물이 [교토 갈까]라는 베스트셀러다. 그는 교토에 다니는 동안 몸과 마음의 힐링을 얻었다고 했다.

오늘도 교토 민단에서의 환영식 이후 2시간여 버스를 타고 안토쿠 천황의 어머니 묘소가 있는 절에 다녀올 것이라고 했다. 그의 얘기를 듣다 보니 어느새 출발 10분 전이었다. 아침 식사 후 양치질도 못 했는데 정신없이 로비로 나갔다. 9시에 숙소를 출발했다. 시내버스를 두 번 갈아타고 첫 번째 견학 장소인 고려미술관으로 갔다. 우리 측 23명 그리고 일본 측이 15명이었다. 몸 상태가 좋지 않은 양종실·윤인형 대원이 숙소에 남기로 했고 감기로 목소리가 거의 나오지 않는 김월호 이사도 빠지기로 했다.

▲ 교토 우타노 유스호스텔 현판

어제 이곳에 도착한 이명훈 교수와 유선으로 오늘 민단에서의 환영 행사 일정에 관해 재확인했다. 버스 정류소에서 버스가 오기까지 5분여 시간이 있어 어제 새로 참가한 김매자 대원 등 5명의 울산팀을 양측 대원들에게 소개했다.

갈아탄 버스에서 옆에 앉은 젊은 여성과 얘기를 나누었다. 중국에서 유학 온 대학교 2학년 유학생이다. 외모만 봐서는 한중일 삼국 사람들은 구분하기가 어렵다. 나도 작년부터 중국어를 배우고 있어서 재미있게 그녀와 얘기를 나누었다. 물론 중국어가 아닌 일본어였다.

버스를 내리니 바로 근처에 고려미술관이 있었다. 설립자 정조문은 재일동포로 개인재산을 털어 1,700여 점의 미술품을 모아 1988년 미술관을 설립했다. 조선통신사 행렬도·마상재 그림 등의 진품이 전시되어 있었고 고려청자 조선백자를 비롯해 회화 목공예 청동거울 등이 1층과 2층에 빼곡히 전시되어 있었다.

설립 2년 후 작고한 아버지의 뒤를 이어 아들이 이사장을 맡아 미술관을 운영하고 있었다. 그의 아들은 정조문 선생의 평생소원이자 유언에 대해 '모든 사람이 조국의 문화와 역사를 올바르게 이해하고 동포들이 조국의 평화통일에 관해 대화하는 자리를 마련하고 싶다'라는 것이었다고 전했다. 아들은 아버지의 유지에 따라 통일 조국에 모든 미술품을 기증할 것이라고 했다.

일본에는 조선의 각종 문화재가 20만 점이 있다고 하는데 대부분 개인이 소장하고 있다고 한다. 우리들이 일제가 약탈해 갔다고 생각하는 문화재는 일제 강점기 개인들이 미술품의 가치를 잘 모르는 조선인으로부터 헐값으로 사들인 것이 대부분이라 했다. 단체 사진을 찍고 가까운 도시샤대학으로 걸어갔다.

▲ 고려미술관 뒤뜰 정원 입구

▲ 교토 고려미술관 설립자 고(故) 정조문(鄭詔文) 선생

앞에서 일본 대원 와타나베가 꽃다발을 들고 가는데 꽃을 싼 종이가 우리나라 신문 용지였다. 그녀에게 물으니 한국 구간을 걸을 때 식당에서 얻은 것이라고 했다. 비가 와서 신발이 젖었을 때 요긴하게 사용할 수 있는 것이 신문 용지다. 나도 산티아고 순례길을 걸으며 여실히 경험했다. 신문지를 신발 속에 구겨 넣으면 물기를 흡수해 다음 날 기분 좋게 신을 수가 있었다. 한국 신문지를 보면 윤동주 시인도 하늘에서 기뻐할 것으로 생각했다.

도시샤대학 후문 쪽에 있는 윤동주 시비로 가서 헌화하고 묵념을 올렸다. 우리 국민 시인의 시는 이제 일본의 국어 교과서에도 실려 일본인들의 사랑을 받고 있다. 울산에서 온 김매자 그리고 또 한 명의 대원이 그의 시를 일행 앞에서 일본어로 낭송했다.

그녀가 낭송한 '처음 걷는 길'은 우리에게 잘 알려지지 않은 시라 그녀가 우리말로 먼저 그리고 일본어로 낭송했다. 옆에 있는 정지용 시인의 시비에는 따로 꽃을 준비하지 못해 단장이 대표로 묵념했다. 그는 윤동주의 도시샤 대학 선배다.

이곳 출신인 마쓰이 전 부산총영사가 도쿄에서 일부러 내려와 우리를 교토 민단본부까지 안내해 주었다. 가는 길에 시장 안 슈퍼에서 각자 점

▲ 고려미술관에 전시되어 있는 조선백자와 조선통신사 인형 등의 전시품

▲ 고려미술관에 전시되어 있는 조선통신사 행렬도 진품

심 먹거리를 구입해서 마쓰이씨가 추천한 가모가와 천변으로 가서 만개한 벚꽃을 감상하며 먹었다. 많은 시민이 돗자리를 깔고 삼삼오오 꽃놀이를 즐기고 있었다. 우리의 모습을 신기해하는 여대생들과 얘기를 나누고 같이 사진도 찍었다.

작년에 신축했다는 교토 민단본부는 근처에 있었다. 작년에 신축건물 개관과 동시에 준공식을 했다는 충숙공 이예 선생의 동상 앞에서 단체

▲ 고려미술관 뜰 봄 풍경

▲ 고려미술관 앞에서의 우정 걷기 참가자들의 단체 사진

사진을 찍었다. 먼저 도착한 이예 선생의 후손인 이명훈 전 고려대 교수가 함께했다. 3층 강당으로 올라가 환영식에 참석했다.

▲ 교토 도시샤대학의 민족시인 정지용 시비

교토 국제고등학교에서 온 젊은 두 분의 선생님께 울산고등학교 학생들이 부탁한 선물과 편지를 전달했다. 재일동포 자제들을 위해 설립된 학교로, 작년 여름에는 재학생 겨우 160명의 이 학교 야구부가 고시엔을 제패해서 일본 국민을 놀라게 했다.

그들도 작년 고시엔 야구대회 우승 후 만들었다는 페난트 등 기념품을 선물로 준비했다. 내일 귀국하는 이 교수가 울산고등학교에 전달키로 했다. 행사 후 대부분의 대원은 교토 시내를 개별 관광키로 하고 몇몇 대원들은 나와 함께 버스를 타고 숙소로 돌아왔다. 민단의 여성 부단장이 숙소로 바로 가는 버스를 탈 수 있도록 정류소까지 안내해 주었다.

우타노 유스호스텔로 돌아와 느긋하게 뜨거운 물에 몸을 담그고 피로를 풀었다. 천국이 따로 없었다. 내일부터 아침 일찍 걷기를 시작하니 식사 후 이른 취침에 들어갔다. 걱정을 했으나 교토 시내 관광을 마치고 대원들이 무사히 숙소로 돌아왔다고 단톡방에 보고를 해왔다. 이렇게 31일차 일정을 마무리했다.

▲윤동주 시비

▲ 교토의 윤동주 시비에 헌화하고 그 앞에 모인 참가자들

▲ 도시샤 대학 구내 봄 풍경

▲ 교토 가모가와 천변(川邊)의 여유로운 봄 풍경

▲ 가모가와 천변(川邊)에 놀러 나온 여대생들과 함께한 필자

▲ 교토국제고등학교 선생님들께 울산고등학교 학생들의 편지를 전달하고 나서의 단체 사진

▲ 처용무 공연

▲ 교토 료안지(龍安寺) 경내 정원 풍경

▲ 교토 킨가쿠지(金閣寺: 금각사) 경내 풍경

32일 차(2025년 4월 9일)

도대체 축지법을 쓰나?

오늘은 우정 걷기 32일 차다. 6시에 짐을 내려놓았다. 어제 합류한 울산팀 5명의 짐이 늦었다. 어제 처음 이곳에 도착해서 행사 진행 방식에 익숙하지 않았다. 무릎을 다쳐 차를 타고 다니면서 운전하는 가나이 대원을 돕고 있는 양종실 대원이 한 마디 따끔하게 얘기했다. 10분 전까지 반드시 짐을 가지고 내려오라고 했다.

아침 식당에서 준비가 되기를 기다리는데 오늘 귀국하는 배성동 대원이 1만 엔을 주면서 대원들에게 아이스크림을 사주라 했다. 부산에서 합류해서 10여 일을 같이 걸으며 정이 들었는데 떠난다니 서운한 마음이 들었다. 식사 시간에 완보증을 전달하며 4명의 대표로 배성동 대원이 인사

▲ 부산에서 합류해 일본 열도 구간 10여 일을 소화하고 먼저 귀국하는 배성동 회원 등 울산팀과 함께한 필자

하고 내가 통역했다.

7시에 대절한 시내 버스를 타고 출발 지점인 산죠(三条)대교 아래로 갔다. 몇 사람의 일일 참가자가 있었고 새로운 지역 코스 리더가 나왔다. 이틀간 코스 리더를 했던 87세의 야마다 씨가 오늘은 코스 리더의 어드바이저로 앞장섰다. 8시 30분 목적지 구사츠(草津)역을 향해 출발했다. 오늘은 29km로 만만치 않은 거리다.

밀양에 산다는 울산팀 박영화 대원과 걸으며 얘기를 나누었다. 어제 윤동주 시비에서의 추도식을 끝내고 일행이 떠난 후 그녀를 비롯한 울산팀은 남아서 가져간 수건으로 비석을 닦았다고 했다.

그런데 비석이 깨끗해서 닦을 필요가 없더란다. 아마 윤동주를 좋아하는 시민단체의 회원들이 비석을 닦거나 주위를 청소하는 등 평소 관리를 꾸준히 해온 결과였다. 울산팀은 그곳에서 김매자 대원의 주도로 윤동주의 서시를 함께 낭송하고 근처 정지용의 시비 앞에서는 '향수'를 합창했다고 한다.

길을 걷다가 오른발을 접질렸다. 어제 교토 민단본부에 갔을 때는 계단

▲ 교토의 봄 이른 아침 개울가 풍경

을 헛디뎌 '아차!' 하는 순간도 있었다. 몸에 피로가 누적되고 있다는 징조였다. 30년 넘게 덕당 국선도 수련으로 몸을 단련해 왔기에 다행히 부상으로 이어지지는 않았다. 더욱 긴장해 걷기 일정을 소화하기로 다짐했다.

좁은 길을 오르는데 스포츠카 한 대가 전속력으로 달려 내려왔다. 대원들이 놀라 길 좌측으로 바짝 붙어 피했다. 엔도 대장이 아마 조폭일 것이라고 했다. 지난해 교토국제고등학교가 고시엔에서 우승했을 때도 우익세력의 협박 전화가 많이 학교 당국이 경비원을 늘렸다고 한다.

우리가 깃발을 들고 일본열도를 걸어가는 것이 못마땅한 모양이다. 최근 우리가 1인당 GDP에서 일본을 앞지르자 한국인에 대해 시각이 불편해진 것이다.

▲ 혼초지 내부에 걸린 편액

오쓰(大津)의 혼쵸지(本長寺)라는 절에 들렀다. 주지 스님이 반겨 맞아 주었다. 이곳 마당에 벚꽃이 만개했다. 스님이 법당에서 이 절과 조선통신사와의 인연에 관해 설명했다. 에도시대 조선통신사 일행이 이곳에 들러 휴식을 취했다고 했다. 에도에서 국서를 전달하고 귀로에 올랐을 때 부사가 병에 걸려 이 절에서 요양을 한 적도 있었다고 했다.

병이 나아 절을 떠나면서 그 일행이 선물한 그림이 걸려 있었다. 명나라 화공이 그린 보물이라며 그림의 용 발톱이 다섯 개라고 했다. 명나라 황제가 인정하는 화가의 작품이라는 의미라고 했다. 법당에는 1차부터 조선통신사 우정 걷기로부터 받은 페난트들이 걸려 있었다. 엔도 대장이 주지 스님에게 제10차 페난트와 봉투를 전하고 스님은 우리를 위해 손타올 100개를 나누어 주었다.

각자가 편의점에서 구입한 음식을 비와코(琵琶湖: 비파호) 옆 잔디에 앉아 먹었다. 어느 대원이 "바다냐?"라고 물을 정도로 엄청난 규모다. 둘레가 무려 241km로 제주도와 크기가 비슷하다. 일본 시가현에 위치한 이 호수는 면적 670km^2(서울시 면적의 1.7배)의 일본 최대 호수로 평균

▲ 오쓰(大津)의 혼쵸지(本長寺) 경내 풍경

▲ 혼쵸지 주지 스님과 법당 내부

수심 41.2m, 최심부 103.4m를 자랑한다. 호수 이름은 비파(琵琶) 모양에서 유래했고 약 400만 년 전 형성된 세계에서 가장 오래된 호수 중 하나로 알려져 있다.

우리가 예년과 다른 길로 오는 바람에 11시부터 기다리고 있었다는 시가현 민단본부 교민들을 허탕 치게 했다. 교민들은 나중에 우리가 다른 길로 가서 비와호 호숫가에서 식사하고 있다는 것을 알고 찾아왔다. 밥을 허겁지겁 먹고 일어나서 환영식을 하고 함께 사진을 찍었다. 과거에도 이 장소에서 환영식을 하고 교민들과 식사를 함께하며 얘기를 나누었다고 한다. 그렇다 보니 오늘도 민단 단장이 여러 차례 전화를 걸었는데엔도 대장이 큰길을 걸으며 차량의 소음 등으로 전화를 받지 못한 것 같았다.

요즘 일본에서는 등록된 전화번호가 아니면 받지 않는다고 했다. 보이스 피싱이 기승을 부리고 있기 때문이란다. 기대하며 우리를 기다린 교민들께 미안했다. 민단 단장이 금일봉을 건네주었다. 우리가 보이지 않을 때까지 손을 흔들고 있는 교민들에게 몇 번이나 뒤돌아보며 손을 흔들어주었다.

비와호 연변을 걷는 도중 지역 코스 리더가 장딴지에 쥐가 나는 일이 있었고 사이타마(埼玉)현에서 온 요코다가 넘어져 작은 상처를 입었다. 코스 리더를 보조하는 역할을 하는 80대 후반의 야마다 회원이 참 잘 걸었다.

우리 대원 중 누군가 그를 가리켜 "축지법을 쓰는 게 아닌가?"라고 신기하단 듯이 말했다. 내가 물어보니 시간당 6km를 걷는다고 했다. 젊은 사람의 걷기 속도였다. 시력도 양쪽 모두 1.2라고 했다. 작은 키에 몸이 가벼워 보였다. 몸에 어디 나쁜 부분이 없냐고 물었더니 머리 빼고는 나쁜 부분이 없다고 농담했다. 얼굴이 온화한 기인이다.

오늘은 몹시 힘이 들었다. 구사쓰역에 5시30분경 도착해서 일일 참가자에게 완보증을 주고 체조를 했다. 김매자 팀이 단체행동에서 벗어나는 행동을 한다고 오구마 대원이 내게 항의했다. 그는 오사카-도쿄 구간 걷기의 총책임을 맡고 있었다. 마무리 체조를 할 때도 참가하지 않고 바닥에 퍼져 앉아 있었다고 했다. 서울과 부산에서 참가한 대원에 비해 아직 걷기에 적응을 못하고 있었는데 오늘 걷는 거리가 길었던 탓도 있었을 게다.

울산팀의 대표를 맡고 있는 김매자 대원에게 단속을 부탁했다. 그런데 열차를 타고 숙소로 올 때도 그녀가 반대편 홈으로 갔다는 이야기를 전해 듣고 일순 긴장했다. 후미의 오구마 대장이 잘 인도해 와서 안도했다.

호텔이 두 군데로 나뉘는데 아까 전철을 탈 때도 그렇지만 일본 측이 제대로 대원들을 안내하지 않았다. 전철을 타고 이동하는데 일본 사무국 담당이 안 보였다.

우왕좌왕하는 것이 그동안의 일사불란한 대응 자세와 달랐다. 전철을 내렸는데 누가 어느 호텔로 가는지 또 우왕좌왕했다. 두 군데 호텔로 나뉘기 때문이었다.

▲ 시가현 지방본부 김동범 단장 등 교민들과 함께한 필자

도요코인 호텔에 도착하니 가나이 대원이 수심이 가득한 얼굴로 내 방으로 왔다. 그는 이동 차량을 운전하며 몸이 불편한 대원들을 차에 태우는 역할을 맡았다.

오후부터 차를 탄 김정현 대원의 상태가 좋지 않다며 내일 걷기는 건너뛰게 하고 오전에 호텔에 방을 잡아 쉬게 하는 것이 좋겠다고 했다. 김정현 대원은 오전에 잘 걸었고 점심 식사도 함께했다. 다만 어제 잠을 제대로 못 잔 데다 감기 기운이 있어서 식후 감기약을 2회분이나 한꺼번에 먹었다고 했다. 남편 정문호 대원과 저녁 식사를 나왔다는 그녀와 통화를 했다. 조금 오한이 있지만 내일 아침에는 걷겠다고 강한 의지를 보였다. 가나이 대원에게 호텔 예약은 취소하도록 했다.

엔도 대장 그리고 키도 회원과 꽤 떨어진 쇼핑몰 3층 이자카야에서 식사했다. 이곳은 주택가라 주변에 식사할 만한 마땅한 곳이 없었다. 먹는 도중에 백남권 대원이 이곳에 우연히 들러 함께 사케를 시켜 마시며 즐거운 시간을 가졌다.

▲ 힘차게 출발 구호를 외치고 있는 민단 시가현 지방본부 김동범 단장 등 교민들

단체행동에 아직 적응을 못하는 김매자 대원 등 울산팀 그리고 몸이 불편해서 대원들과 함께 걷지 못하고 차를 타고 이동하는 양종실 윤인형 윤소영 김정현 대원이 걱정이었다. 매일 걸으며 피로가 누적되고 있고 환자마저 발생하니 마음이 불편하기 그지없었다. 하지만 "끝이 좋으면 모든 게 좋다"라고 했듯이 잘 되어 나갈 것이라고 마음을 다잡았다. 이번 제10회 조선통신사 옛길 걷기는 하늘이 돕는다고 엔도 대장이 말했는데 나도 그렇게 생각했다.

내일은 우리가 출발하는 구사쓰 역으로 시가(滋賀)현 지사가 나와 환영식을 열어준다고 했다. 이렇게 32일 차 일정이 불안한 가운데 종료되었다.

▲ 비와호 호반 주변 산책로를 따라 전진해 나아가는 대원들

▲ 오쓰의 어느 신사

▲ 오쓰 길거리의 어린이들

▲ 구사츠역에서 일일참가자에게 완보증을 수여하고 나서의 기념 사진

33 일차(2025년 4월 10일)

출세의 길 '조선인가도(朝鮮人街道)'를 걷다

오늘은 우정 걷기 33일 차다. 새벽 2시 30분경 일어나 블로그 글을 정리해 올리고 6시에 짐을 내려놓고 6시 30분에 내려가서 식사했다. 7시15분 전철을 타고 이동했다. 김정현 대원의 상태가 호전되어 함께 전철을 탔다. 7시 40분 경 미카즈키 타이조(三日月 大造) 시가(滋賀)현 지사가 와서 격려 인사를 하고 출발 구호를 소리높이 외쳐주었다. 인상이 좋았다. "Go Go, Let's Go!"

체조를 하고 8시에 출발했다. 예보된 비는 내리지 않았다. 나카센도(中山道)를 거쳐 '조선인가도(朝鮮人街道)'를 걸었다.

조선인가도는 조선통신사가 통행한 길 중 시가현 야스(野洲)시에서 히코네(彦根市)시까지 이어지는 42km를 말한다.

도쿠가와 막부는 조선통신사가 비와호를 잘 볼 수 있도록 특별한 길을 내주었다. 1600년 세키가하라(関ヶ原) 전투에서 승리한 도쿠가와 이에야스가 천황을 보러 달려간 '신성한 길(御所街道)'이기도 하다. 역대 쇼군이 교토의 천황을 만나러 갈 때만 이용하는 루트였기에 '출세의 길'이라고도 불렸다. 이후 그 길은 '조선인가도(朝鮮人街道)'가 되었다. 이 길은 100여 년의 피비린내나는 전국시대를 종식시키고 260년간의 번영과 평화의 에도시대를 연 길이기도 하다. 쇼군만 다니는 길을 유일하게 조선통신사가 지나가도록 허락한 것은 그만큼 그 대우가 각별했다는 의미다.

출발하고 얼마 되지 않아 차를 타고 가던 김정현 대원이 합류했고 그동안 차를 타고 다니던 양종실 대원도 16km를 함께 걸었다.

▲ 구사츠역에서 미카즈키 시가현 지사와 함께한 단체 사진

▲ 구사츠역에서 일일 참가자들과 함께한 필자(앞줄 중앙)

그녀도 적극적인 노력으로 무릎의 상태가 조금씩 나아지고 있다니 하루속히 대원들과 함께 씩씩하게 걷기를 기대했다. 울산에서 온 대원 한 사람이 스마트폰을 두고 왔다고 호텔에서 연락이 왔다. 국내 구간을 걸을 때 엔도 대장은 대절 버스에 전화기를 두고 내린 적이 있었다.

다리가 아파서 먼저 호텔로 돌아가고 싶다는 가네코 대원에게 휴대폰을 찾아 오늘 투숙할 호텔로 먼저 가 있으라고 지시했다. 오미하치만 시청까지 24km 남았다. 비교적 가벼운 일정이었다. 날씨도 구름이 끼어 걷기에 적당한 날씨였다. 이곳에 와서 동행 취재한 장보인 기자의 기사가 인터넷에 떴다.

휴식 시간에 읽어보니 글에서 그녀의 따뜻한 마음이 전해왔다. 현장에서 함께 걸으며 쓴 글이라 박진감이 넘쳤다. 사진에 기수를 맡은 정문호 대원의 얼굴이 크게 실려 있어 그가 기뻐했다. 복사해서 대원들의 단톡방에 올렸다.

점심은 대형 슈퍼마켓 점장의 양해를 얻어 건물 뒤의 주차장에서 각자가 구입한 것을 먹었다. 정문호 부부가 이것저것 골고루 구입한 음식으

▲ 우정 걷기 행로 주변에 흐드러지게 만개한 벚꽃 풍경

로 포식했다. 50명에 이르는 대원 및 일일 참가자가 바닥에 앉아 식사하는 모습이 장관이었다. 비 걱정이 있었는데 한 방울도 떨어지지 않았다.

한참을 걸은 후 어느 작은 공원에서 휴식했다. 이 동네에 산다는 나이 드신 아주머니가 와서 우리말로 말을 걸었다. 그녀는 동네의 문화센터에서 재일 한국인 선생님으로부터 한국 전통춤을 배우고 있다고 했다. 한국 드라마가 너무 재미있다며 요즘은 한국의 뉴스도 재미있게 보고 있다고 했다. 우리말을 써보려고 애를 쓰는 마음이 느껴졌다. 그녀가 우리의 부탁으로 떠날 때 격려 구호를 외쳤다. 허광도 대원이 짧게 지도했는데 단 한 번에 성공했다. 오미하치만(近江八幡)성 해자를 둘러보았다.

▲ 벚꽃 등 다채로운 봄꽃이 흐드러지게 만개해 운치를 더하는 조선인가도를 걸어가는 한·일 우정 걷기 참가자들

▲ 조선인가도 어느 주택가 정원 풍경

이 성은 16세기 도요토미 히데요시 누님의 아들인 히데쓰구(豊臣秀次: 1568년~1595)의 거성이었다. 자식이 없는 히데요시가 누님의 아들인 그를 양자로 받아들여 간파쿠(関白)의 지위를 물려주고 본인은 상왕에 해당하는 타이코(太閤)가 되었다. 그러나 뒤늦게 아들 히데요리가 태어나자 생각이 변했다. 없는 죄를 씌워 그를 고야산으로 유배 보내더니 결국 할복하게 했다. 그의 피붙이인 가족 38명도 참혹하게 처형했다. 이른바 삼족을 멸한 거였다. 권력의 정점에 선다는 게 예나 지금이나 인정사정 볼 것 없이 비정한가 보다.

▲ 조선통신사가 하룻밤 묵어 갔던, 조선인가도 모리야마(守山)시의 사찰 도모인(東門院) 입구

이러한 그의 비극을 아는지 모르는지

오늘 오미하치만성 해자길은 벚꽃이 만개했고, 해자에는 관광객들을 실은 유람선이 유유히 떠다니고 있었다.

▲ 조선인가도 표시판

이번 제10회 조선통신사 옛길 걷기는 4월 13일 개막하는 오사카 간사이 만국박람회 때문에 3주간을 앞당겨 출발했는데, 앞서도 지적했듯이 이는 신의 한 수였다. 벚꽃 유채꽃 개나리 진달래 수선화 등 온갖 봄꽃들이 흐드러지게 핀 일본 열도의 꽃길을 걸으며 우리는 마냥 행복했다.

예정된 시간보다 이른 3시 30분경 오미하치만 시청 청사 앞에 도착해서 체조를 하고 숙소로 돌아왔다. 서울신문 이종락 상임고문이 문자를 보내왔다. 그는 시즈오카로 들어와 일부 구간을 함께 걸을 예정이었는데 도쿄의 '진로 저팬'에서 소주와 맥주를 협찬하고 싶다는 뜻을 전해왔다고 했다. 술을 좋아하는 엔도 대장에게 의견을 물어보니 대찬성이었다. 이 상임고문은 지난 국내 구간을 며칠 함께 걸었다.

오늘은 느긋한 일정이어서 여유 있게 욕탕에 몸을 담그고 빨래를 내놓았다. 저녁 6시에 호텔 1층에서 식사했다.

어제 이곳 시가현 민단본부에서 받은 금일봉으로 양측 대원들에게 맥주를 대접했다. 이렇게 33일 차 일정도 무사히 마무리되었다.

▲ 조선인가도 주변 봄 풍경

朝鮮人街道
朝鮮人街道（京街道）

▲ 오미하치만 성 해자(垓子: 적의 침입을 막기 위해 성 주위를 따라서 파놓은 구덩이) 주변 풍경

34일 차(2025년 4월 11일)

아즈치(安土)성터에서 인생무상을 보다

오늘은 오미하치만시를 떠나 히코네(彦根)로 향한다. 아침에 로비에 짐을 내려놓고 동네를 잠시 산책했다. 7시 30분 도보로 시청 앞으로 이동해서 시청 관계자들과 인사. 간단한 세리머니를 가졌다. 시의 담당 부장이 시장의 메시지를 대독했는데 상당히 공을 들여 쓴 글이라는 것을 알 수 있었다. 8시 체조를 마친 다음 시청 직원들의 구호 소리를 뒤로하고 출발했다. 구호의 목소리가 작아 한 번 더 시켰다.

'조선인가도'를 다시 걸었다.

가는 길에 오다 노부나가(織田信長)의 거성이었던 아즈치 성터에서 휴식을 취하며 화장실에도 다녀왔다.

▲ 출발 구호를 외치는 오미하치만시 시청 직원들

노부나가가 에치젠(越前)과 다케다 가쓰요리(武田勝頼)를 정리한 후 스스로 '천하인'이라는 위용을 과시하기 위해 1579년 아즈치산에 세운 산성이었다. 기존 성곽에는 없는 5층 천수각 등 호화로운 외관을 자랑하던 거성이었는데 이제는 폐허가 되어 돌무더기만 남아 있었다. 황성옛터다.

이곳에서 인생무상을 실감했다. 노부나가가 이곳으로 이주하고 겨우 3년 뒤 1582년 측근 아케치 미쓰히데(明智光秀)의 혼노지(本能寺)의 반란으로 천하통일을 목전에 두고 죽자, 히데요시의 세상이 열렸다. '센코쿠 시대의 영웅 노부나가가 혼노지에서 변을 당하지 않았더라면 우리 조선의 역사도 달라졌을텐데'라는 생각이 들었다.

히코네시로 들어오는 다리에서 어떤 여성을 만났다. 작은 양국의 국기와 간식 비닐봉지를 들고 있었다. 그녀는 오츠(大津) 민단에서 한국어를 배우고 있다고 했다. 그곳에서 우리가 지나간다는 정보를 얻고 아즈치성터로 갔으나 우리 일행이 이미 지나가 버린 것을 알고는 차를 달려와 이곳에서 우리를 기다리고 있었다. 엔도 대장에게 간식 보따리를 건네주고

▲ 목적지인 히코네를 향해
개천 옆길을 걸어가는 대원들

▲ 길가의 야생화

는 떠나는 우리에게 손을 흔들어 주었다.

바람이 강했다. 깃발을 걷어 차에 싣고 모자도 벗어서 손에 들고 걸었다. 바람이 조금 잠잠해져서 모자를 썼는데 또 불어온 강한 바람에 모자가 날아갔다. 다행스럽게도 전봇대 앞에 멈추어 섰다.

뒤에 따라오던 사토 대원이 앞으로 고꾸라지며 입술에 상처를 입고 피를 많이 흘렸다. 흰 목도리가 붉은 피로 물들었다. 목적지를 앞두고 다리에 힘이 빠진 탓이었다. 손을 잡고 같이 걸었다. 며칠 전에는 걸으며 테레사 텐의 노래를 그녀가 불렀는데, 가사를

▲ 조선인가도 표지석 옆에서 포즈를 취하는
백남권 대원과 일본인 일일(日日) 참가자

▲ 아즈치 성터

잘 모르지만 노래는 알고 있는 내가 뒤에서 허밍으로 따라 부르기도 했었다. 다들 피로가 누적되어 한계상황으로 치닫고 있었다. 더욱 긴장해서 특히 넘어지지 않도록 주의를 기울여야겠다라는 생각이 들었다.

히코네성 조금 못 미쳐 조선통신사가 투숙했던 소안지(宗安寺)가 나타났다. 오늘부터 함께 하게 된 시마 대원이 이곳의 흑문(黑門)에 관해 설명해주었다.

에도시대의 일본은 불교를 국교로 삼았기에 소·돼지 등의 육류 섭취를 금기시하였다. 히코네에서 통신사는 소안지에서 머물렀는데 사찰측에서 정문으로 수육이 들어오는 것을 꺼렸기에 통신사에게 제공되는 이들 육류의 출입문을 별도로 만들어 흑문(黑門)이라 하였다.

히코네성의 천수각에 올랐다. 벚꽃이 만개했다. 이곳 천수각은 국보로 지정된 곳이라고 했다. 멀리 바다 같은 비와호가 보였다. 천수각의 계단이 가팔라서 손잡이를 잡고 겨우 오르내렸다. 히코네성에 여러 번 왔다

▲ 아즈치 성터 표지석 주변 봄 풍경

▲ 비와호가 보이는 신사'라는 의미의 '망호신사(望湖神社)'

는 엔도 대장 등 일부 대원들은 먼저 호텔로 갔다.

마당발 나카니시 대원이 우리 대원들을 위해 식당을 안내하겠다고 했다. 그런데 우리 대원들은 구글 지도를 보고 다들 식당을 자력으로 잘 찾아갔다. 그녀만 해도 60대 중반이다. 그녀와 갈 수 있는 우리 대원이 없지만 그녀의 성의를 무시할 수가 없어 내가 같이 가기로 했다.

감기로 몸이 안 좋아 호텔 방에서 컵라면이라도 끓여 먹겠다는 김월호 이사를 강권해서 함께 갔다. 내일 걷기가 마지막이라는 키도 대원도 함께했다. 그에 앞서서 로비에서 엔도 대장을 만났는데 이번 10회로 조선통신사 옛길 걷기 대장정의 마지막을 책임진 그를 응원하기 위해 과거 조선통신사 우정 걷기에 참여했던 OB여성 6~7명이

▲ 조신인가도 길가의 텐만텐진구(天滿天神宮) 신사

▲ 조선인가도 표시석

이곳을 찾아왔다.

내가 6년 전 일본 열도를 도보로 종단할 때 홋카이도 삿포로에서 만나 함께 걷고 식사도 했던 유키 등 2명은 구면이라 반갑게 인사를 나누었다. 나도 김 이사도 같이 가자는 권유를 받았지만 사정이 있다고 사양했는데, 찾아간 식당에서 맞닥뜨렸으니 어디 가나 세상은 좁다는 생각이 들었다. 쑥스럽고 어색했다. 간단히 저녁 식사를 마치고 나왔다. 그렇게 34일째 밤이 깊어 갔다.

▲ 조선통신사가 묵었던 소안지(宗安寺)

▲ 소안지(宗安寺) 입구

▲ 히코네 번주 이이 나오스케 전신상 유물

▲ 히코네성 천수각

▲ 히코네성 해자 주변 봄 풍경

35일 차(2025년 4월 12일)

'야생화 천지'
평화로운 길 걸으며 힐링

새벽 1시 20분경 일어나 블로그에 글을 올리고 탕에 뜨거운 물을 받아 몸을 데웠다. 그리고 누워 1시간 이상 꿀잠을 잤다. 오늘이 3월 9일 서울을 떠난 지 35일 차였다. 피로가 누적되니 신경이 예민해지고 감기 기운도 조금 있었다.

건강을 지키고 안전사고가 없도록 각자 신경을 써야 했다. 지금 이 순간 우리 모두의 가장 큰 당면 목표는 도쿄까지 안전하게 그리고 건강한 몸과 마음으로 탈락자 없이 도착하는 일이었다.

히코네 시청 앞에서 환영 인사를 해준 시청 간부 일행이 출발 세리머니인 구호를 힘차게 외쳤다.

삿포로에서 온 유키·칸·다테 씨가 오늘 홋카이도로 돌아간다. 이번이 마지막이라고 멀리 홋카이도에서 비행기를 타고 엔도 대장을 격려하러 온 그들의 진심 어린 열정이 대단하다는 생각이 들었다. 이들은 1회와 2회 조선통신사 옛길 우정 걷기에 참가해서 서울에서 도쿄까지 완보한 베테랑들이었다. 그뿐만 아니라 홋카이도 일주도 했다. 1시간 남짓 같이 걸은 후 이동차를 타고 가까운 역으로 돌아갔다. 유키 씨와 잠시 걸으며 얘기를 나누었는데 99세까지는 살 수 있을 것 같다고 말했다. 그녀는 올해 82세였다.

'조선인 가도' 42km 걷기가 끝나고 나카센도로 들어섰다. 후쿠이 등 북쪽으로 가는 길의 최초 출발점 표지 앞에서 관련 해설을 들었다. 그런데 느닷없이 집주인이 나타나 우리 대원들에게 화를 냈다. 자기 집 울타리 근처 사적 영역을 우리 대원이 침범했다고 했다.

▲ 홋카이도에서 불원천리 엔도 대장을 격려하러 온 조선통신사 OB 유키 씨(좌측)

우리 통신사 일행이 마지막으로 비와호를 보았다는 숙소에 들렀다. 화재로 옛날 건물과 통신사의 글들은 불타버렸지만 멀리 바다 같은 비와호가 보였다.

▲ 엔도 대장을 격려하러 일일 참가자로 걷기에 참가한 조선통신사 한·일 우정 걷기 OB들과 일본 여성 대원들

계속 걸으며 나카니시 대원과 대화를 나누었다. 이번 시즈오카의 세이켄지에서 우리에게 조선통신사에 대한 강의해줄 강사에 대한 정보를 얻었다. 몇 사람의 전문가가 있는데 이 분은 '조선통신사'가 조선 측에서는 한·일 문화교류 목적보다 일본의 국정을 살피기 위한 게 주요 목적이었다는 입장을 가진 학자라고 했다. 통역 없이 우리말과 일본어를 번갈아 구사한다고 했다.

오구마 대원과 걸으며 얘기를 나누었다. 기업에서 영업업무를 오랫동안 담당했다고 했다. 술을 너무 많이 마셔 42세의 젊은 나이에 심근경색으로 쓰러져 5분간 죽었다가 살아났다고 했다. 내가 속이 좋지 않다고 했더니 집락 봉지에 정제 오타위산(太田胃散)을 잔뜩 담아 주었다.

추도사 원고를 선상규 회장이 보내왔다. 2024년 1월 타계한 다루이관광협회 하야세 회장의 추도식을 오늘 교류회 시간에 갖기로 했다고 전해줬다. 걸어가는 시골길이 참 좋았다. 잘 정비되고 평화로운 모습이 세상일을 다 잊게 만들어 주었다. 길가에 피어 있는 야생화들이 참 아름다웠다. 스페인 산티아고 순례길 못지않았다.

사메가이(醒ヶ井)마을의 공회당 뒤뜰에서 점심을 먹었다. 벚꽃이 만개해 마치 소풍 나온 기분이었다. 마을을 흐르는 개울물이 깨끗했다. 주민들이 대나무 통발로 이곳의 특산물 송어를 잡고 있었다. 일본에서 최초로 송어를 양식했다는 곳이다.

길가의 돌에 아메노모리 호슈(雨森芳洲)의 글이 새겨져 있었다. 일본의 단가(短歌)다.

사메가이 물이 맑으니
사람들의 마음이 깨끗하고
시내의 깔린 돌들이 옥과 같구나

1990년 5월 노태우 전 대통령이 일본 국빈 방문 시 궁중 만찬회에서 한·일 우호를 강조하며 일본의 역사적 인물 한 명을 언급했다. 그런데 그 말 한마디 때문에 일본에서는 난리가 났다. 당시만 해도 '아메노모리 호슈'라는 이름을 아는 일본인들이 거의 없었다.

그는 에도시대의 저명한 유학자이자 외교관이었으며 임진왜란을 대의명분이 없는 살상극으로 규정한 사람이었다. 그는 조선과의 외교의 기

▲ 미노국과 오미국을 가르는 국경표지석

본이 성신교린(誠信交隣) 즉 “서로 속이지 않고 다투지 않으며 진실되게 교류하는 것”이라고 말했다. 그는 동래 왜관에서 오래 근무를 해서 조선어가 유창했고 조선어 사전을 최초로 편찬하기도 했다.

노태우 전 대통령의 말 한마디가 일본에서 조선통신사와 ‘아메노모리 호슈’에 대한 지대한 관심을 환기시켰다. 결국 양국의 민간단체가 주도해서 조선통신사 제반 기록물이 2017년 유네스코 세계 기록유산에 등재되기에 이르렀다. 공식 석상에서 대통령 발언의 무게를 새삼 실감했다.

일본의 명운을 가른 기후(岐阜)현 세키가하라(関ヶ原) 전투의 현장을 지나갔다.

▲ 북해도 등에서 온 조선통신사 OB 4명의 응원단과 함께

▲ 나카센도 길이 시작되는 지점을 지나는 참가자들

▲ 메이지 천황이 휴식을 한 장소라는 표지판

▲ 기타노 신사

1598년 히데요시의 사후 그 권좌를 둘러싸고 벌어진 이에야스의 동군과 이시다 미쓰나리(石田三成)의 서군의 싸움이었다. 동군의 승리로 도쿠가와 이에야스는 확고부동한 패자의 자리에 올랐다. 이 전투를 끝으로 일본의 센코쿠 시대가 사실상 막을 내렸다.

1600년 음력 9월 15일. 이 세기의 전투는 세 시간 만에 어이없이 끝났다. 이에야스의 동군보다 미쓰나리의 서군의 군사 수가 월등히 많았지만 결속력 면에서 서군은 참담했다. 구심점이 없었다. 일단 총대장으로 있던 모리 테루모토가 아예 전투에 참가하지 않았고 고바야카와 히데키 등 수많은 무장들이 이미 이에야스에 사전포섭되어 있는 상태였다.

히데요시의 사후 도쿠가와 이에야스는 대놓고 정권 획득 활동을 시작해 여러 다이묘들과 그들의 자식에게 자신의 양녀를 시집보냈다. 또한 자기 마음대로 여러 다이묘들의 영지를 늘려주며 많은 다이묘들을 자기 편으로 끌어들였다. 세키가하라 전투 이전에 도쿠가와 이에야스가 도요토미 히데요시 계열의 다이묘들에게 보낸 회유 편지는 실로 179통에 이르렀다고 한다.

도쿠가와 이에야스에게 수많은 도요토미 히데요시 가문의 무장들이 가세했다. 동군의 태반은 히데요시의 가신(家臣: 높은 벼슬아치의 집에 딸

▲ 나카센도 길

▲ 한적한 시골 주택가를 지나는 참가자들

▲ 다루이로 이어지는 벚꽃길을 걷는 참가자들

94.5

려 있으면서 그 벼슬아치를 받드는 사람)군으로 세키가하라 전투는 히데요시 가신 대 히데요시 가신의 전투였다. 도쿠가와 이에야스의 진정한 동군의 본진은 이에야스의 삼남 히데타다가 이끌고 에도에서 출발했으나 도중에 사정이 있어 전투에는 참여하지 못했다. 도쿠가와 이에야스는 결국 승리를 전제하고 전투를 시작한 셈이다.

각 번주들이 진을 쳤던 현장을 깃발로 표시를 해놓았다. 책에서 읽었던 역사의 현장을 직접 두 눈으로 보니 감개무량했다.

35km를 걸어 다루이(垂井)에 도착했다. 다루이관광협회 회장이 캔맥주와 안줏거리를 준비하고 기다리고 있었다. 역시 걸은 후에 마시는 맥주 맛이 최고였다. 대규모 공회당에 들어서니 탁자 위에는 도시락이 놓여있었다. 이곳 중요 인사들과 주민들이 다수 참석했다. 어린 남녀 학생들의 가야금 연주가 감동적이었다.

그동안 양국 간 민간교류에 애를 쓰고 3회나 조선통신사 일행을 위해 홈스테이를 알선해 주었던 고 하야세 회장을 위한 제단이 꾸며져 있었다. 그는 2024년 1월 타계했다고 했다. 엔도 대장이 제단에 참배하고 그와 조선통신사 옛길 우정 걷기와의 인연을 얘기했다. 이어서 내가 선상규 회장이 보내온 추도사를 대독하고 오늘 환영에 감사하는 답사를 하며 행사가 마무리되었다.

다루이는 작은 마을이라 전철로 한 정거장을 이동해서 오가키(大垣)시의 호텔에 투숙했다. 내일은 많은 비가 예보되어 있었다. 아침에 전철을

▲ 세키가하라 전투 도쿠가와 이에야스 최초 진지가 좌측으로 580m 지점에 있다는 안내판

타고 다시 다루이로 돌아와서 걷기로 되어 있었다. 몸이 불편한 대원들은 그냥 호텔에서 대기하다가 합류하기로 했다.

내일은 오가키(大垣)시의 젠쇼우지(全昌寺)에서 제10회 21세기 조선통신사 우정 걷기 기념 식수 행사에 참석하고 오와리 이츠노미야(尾張一宮)까지 걷는다. 39km로 장거리 코스다. 이렇게 35일 차 긴 하루가 무사히 끝났다.

▲ 다루이를 향해 걸어가는 대원들

▲ 일렬종대로 다루이에 도착하는 한·일 우정 걷기 참가자들

▲ 한·일 우정 걷기 참가자들을 격려차 마중 나온 다루이관광협회 관계자들

36일 차(2025년 4월 13일)

일본의 혹독한 최악의 날씨를 경험하다

아침 5시 40분 로비에 짐을 내려놓았다. 나가보니 비가 많이 오고 바람이 강했다. 서울을 떠나온 이후 날씨 덕을 적잖게 봤는데 오늘은 최악의 조건이었다. 7시 30분 호텔을 출발해서 전철 한 정거장의 다루이역으로 갔다. 역 앞 천막 아래에서는 여러 종류의 간식을 준비하고 다루이 관광협회장 등 지역 관계자들이 나와 있었다.

그들의 격려 구호를 들으며 빗속에 힘차게 출발했다. 우의에 우산을 썼으나 소용이 없었다. 옷과 신발이 다 젖었다. 추위를 이기기 위해 뛰다시피 걸었다. 10km를 걸어 호텔에 잔류한 팀과 합류해서 인근에 있는 젠쇼지(全昌寺)로 가서 환영 및 기념식수 행사에 참석했다.

오늘이 이곳 오가키시의 시장 선거일인데 현역 시장이 직접 참석해서 환영사를 했다. 이 절은 조선통신사 일행이 머물렀던 곳이다. 간단한 환영사에 이어 기념식수를 했다. 이번으로 지금과 같은 형식으로는 막을 내리게 되는 21세기 조선통신사 한·일 우정 걷기를 기념하기 위한 식수 행사였다.

수종(樹種)은 산수유로 '지속'의 의미를 지니고 있다고 주지 스님이 설명했다. 심은 나무가 쑥쑥 자라고 양 국민의 우정도 함께 자라기를 마음으로 기원했다. 행사장에서 시간을 많이 지체했다. 더욱 거세진 빗줄기 속에 다시 걸어 어느 공공기관의 로비에서 각자 준비한 점심을 먹었다.

▲ 제10회 조선통신사 한·일 우정 걷기 기념 식수(植樹) 장면

▲ 빗속 우정 걷기 주변 풍경

▲ 환영회에서 인사말을 하는 일본측 엔도 대장

애당초 예정된 39km를 다 걸으면 호텔 도착 시간이 7시를 넘길 것 같았다. 엔도 대장을 중심으로 관계자 협의를 통해 전철역이 있는 26km 지점에서 일부는 귀가하기로 했다. 하지만 대다수의 대원들은 애당초 예정된 코스를 걷기로 했다. 나는 감기 기운으로 목이 잠겨와 26km팀에 합류해서 전철역까지 8km를 더 걸었다. 엔도 대장도 이 팀에 합류했다.

오는 길에 좌측에 스노마타(墨俣)성이 보였다. 이곳은 기후현 오가키시의 나가라가와(長良川)강 서쪽 지역이었다. 도요토미 히데요시가 하룻밤 사이에 이 성을 지었다고 전해진다. 그는 이 일로 주군 노부나가의 신임을 얻고 출세 가도를 달렸다. 꾀돌이 히데요시는 누가 뭐래도 '축성(築城·성을 쌓음)의 귀재'였다.

조금 더 걸어가다 보니 길가의 표지석에 "조선통신사가 왕래한 길"이라는 내용이 들어 있어 반가웠다. 사진을 찍었다. 비바람이 강해서 우산이 뒤집어지기 일쑤였다. 그동안 수백 차례 일본을 다녔지만 늘 대중교통을 이용했기에 이런 혹독한 일본의 날씨는 난생 첫 경험이었다. 힘들게 전철역에 도착해서 열차를 기다리는 동안 고민이던 스마트폰의 문제점을 찾아내고 해결하는 쾌거(?)를 경험했다.

갤럭시 삼성의 노트에 글을 쓰는데 며칠 전부터 한자를 지원하는 기능이 자판에서 사라져 버렸다. 일본 관련 글을 쓰다 보면 한자로 변환해야 하는 경우가 많았다. 무엇을 잘못 만진 것 같았다. 걸으며 우리 일행 중 가장 젊은 박영화 대원에게 물으니 네이버나 유튜브에 질문하면 답을 얻을 수 있다고 했다. 속으로 쾌재를 불렀다.

호텔로 돌아와 비에 젖은 세탁물을 내놓았다. 13층에 있는 대욕탕의 뜨거운 물에 몸을 담그니 행복했다. 도시락을 받아 방으로 와서 시원한 캔맥주와 함께 맛있게 먹었다. 저녁 식사 후 본부의 선 회장께 저간(這間: 바로 얼마 전부터 이제까지의 무렵)의 상황을 보고했다.

4월30일 도쿄 도착 환영식에는 오고 싶어 했으나 지금의 건강 상태로는 도저히 올 수가 없을 것 같다고 귀띔해줬다. 안타까운 일이었다. 대원들에게 이번 행사에 참여한 소감을 준비해서 제출해달라고 미리 단톡방에 공지했다.

이렇게 36일 차 일정이 끝났다. 문화일보의 K 기자가 남은 일정 건강에 특히 유의하라는 격려 문자를 보내왔다.

▲ 빗길을 걷는 메이코 등 일본 여성 대원들

▲ 센고쿠 시대의 도요토미 히데요시가 하룻밤 만에 축성했다는 일화로 유명한 스노마타성(墨俣城)

▲ 빗속에 나가라가와강 철교를 건너는 참가자들

37일 차(2025년 4월 14일)

'권력 세계'라는 게 허망하고 무상하다

아침에 짐을 내리는 시간이 겨우 30분이 늦춰졌는데도 마음에 여유가 생겼다. 어제 물투성이가 된 신발도 아침에 확인하니 뽀송뽀송했다. 신문지를 구겨 넣는 일을 밤새 두 번 반복했었다. 산티아고 순례길을 걸을 때 충분히 효과를 본 방법이었다.

요미우리 신문의 일본에서의 영향력이 여전히 크기는 하지만 옛날 같지가 않았다. 로비에 대량으로 쌓아놓고 누구나 무료로 가져가게 했다. 인터넷의 등장으로 종이신문의 구독자 수가 많이 줄었다. 어제와 달리 오늘 날씨는 상쾌해 걷기에 좋았다. 호텔에서 걸어서 나고야역 앞으로 갔다. 민단에서 간식거리를 들고 찾아왔고 이곳 요미우리 지국의 기자도 나와 부지런히 취재했다. 체조를 하는데 출근하는 시민들이 신기한 듯 쳐다봤다.

옛날 산티아고 순례길을 걸을 때나 그 후 일본 열도 1,111km 대장정을 도보로 종단할 때 비하면 이번 여행은 참 편하다는 생각이 들었다. 차량으로 큰 짐은 다음 숙소로 옮겨줬다. 숙소도 이미 예약되어 있어 저녁에 잘 곳에 관한 걱정도 할 필요가 없었고 하루 세 끼 식사에 수시로 간식까지 챙겨줬다. 대원들은 본인의 건강관리와 안전사고에 유의하면서 오직 걷는 일에만 신경 쓰면 만사형통이었다.

기요스(清州)성이 눈앞에 나타났다.

이곳 나고야는 옛날 오와리국(尾張国)으로 센코쿠 시대의 영웅 노부나가의 거성 가운데 하나였다. 승승장구하던 노부나가도 통일을 눈앞에 두고 측근인 아케치 미쓰히데의 반란으로 자결하고 이때 장남도 함께 죽었다.

이 성은 노부나가 사후 후계자 지명 및 영지 재분배 문제를 다루기 위한 기요스 회의가 열렸던 역사적인 장소이기도 했다. 이 회의에서 꾀돌이 도요토미 히데요시는 모두의 예상을 뒤엎고 차남이 아닌 장남의 아들 즉 노부나가의 장손인 3살짜리 산보시를 후계자로 결정했다.

노부나가는 아들 셋을 두었는데 용맹했던 장남은 측근의 반역 때 같이 죽고 3남은 히데요시의 계략에 의해 차남 손에 죽었다. 주군의 불행을 이용해 전국 통일의 꿈을 이룬 히데요시도 사후 이에야스에게 당해 가문이

뜬구름처럼 사라졌다.

권력 세계라는 게 예나 지금이나 무상하고 허망하다.

10여km를 더 걸어가니 나고야성이 멀리 보였다. 조금 걸어가다 보니 공원에 대형 동상이 서 있었다. 엔도 대장은 도쿠가와 이에야스의 동상일 것이라고 했는데, 막상 가보니 가토 기요마사(加藤清正) 동상이었다. 그는 임진왜란 당시 고니시 유키나가(小西行長)와 함께 한양(漢陽) 선점을 다투었던, 우리에게는 악명이 높았던 장수로 축성의 귀재로 불리었다.

▲ 가토 기요마사 동상

이후 일본의 명운을 건 세키가하라 전투에서 도쿠가와 이에야스의 편에 선 그는 이후 승승장구 출세 가도를 달렸다. 반대편에 섰던 가톨릭 신자 유키나가는 자살을 죄악시하는 종교적 계율에 따라 할복이 아닌 참수형을 택했다. 나고야성은 패배한 서군의 인력을 동원해 기요마사가 현장을 지휘하며 완성했다고 한다.

"지텐샤(자전거)!", "구루마(자동차)!"를 외치는 일본 대원들의 목소리

▲ 나고야성 해자

▲ 나고야 시내 공원 곁을 걷는 참가자들

가 귀에 쟁쟁했다. 자전거를 타고 보도를 가는 사람이나 도로변을 걸을 때 주위를 환기하려는 일본 대원들의 외침이었다.

걸으며 여러 사람들과 얘기를 나누게 되었다. 그중 기억에 남는 분은 80세라고 하는 쓰루조 오사무 씨였다.

'쓰루'는 '학(鶴)'이라는 뜻인데 그의 고향 가고시마는 '학의 도래지'라고 했다. 일본인의 성에는 원숭이·멧돼지 등 동물의 이름이 들어간 사례가 많다. 그는 정년퇴직하고 나서 걷기를 시작해 그동안 8만km를 걸었다고 하는데 지구 두 바퀴를 걸은 셈이었다. 걷는 걸음걸이가 경쾌했다.

그가 이에야스의 출생지인 오카자키(岡崎)에 살고 있다고 해서 더 관심이 갔다. 이번에 우리도 39일 차인 4월 16일 오카자키로 가서 하루를 묵게 되어 있었다. 오늘의 목적지 모토카사데라(本笠寺)에 도착해서 일일 참가자들에게 완보증을 수여하고 내일 귀국하는 울산팀의 김매자 대원 등의 소감 인사를 들었다.

전철을 타고 나고야역 인근의 호텔로 왔다. 최악의 컨디션이었다. 오늘은 34km를 걸었다. 감기로 목소리가 제대로 나오지 않았다. 김월호 이사가 소주나 한잔하자고 전화를 걸어왔지만 사양했다. 내일은 나고야에서 자유시간이다. 늦잠을 자고 오후 1시 30분에 행사가 열리는 시내 사찰로 이동하기로 되어 있다.

삼사는 택시로 모신다고 했다. 서울에서 출발하고 처음으로 정사 복장을 입게 되었다. 스피치를 해야 하는데 목이 잠겨서 제대로 말이 나올지 걱정스러웠다. 오사카 간사이 만국박람회가 전날 개막식을 했는데 많은 비가 내려서 곤욕을 치렀다고 했다. 이렇게 해서 37일 차 하루도 끝났다.

▲ 나고야시 시내의 한 신사 입구

▲ 일정을 소화하고 귀국하는 울산팀과 함께한 필자 (맨 좌측)

38일 차(2025년 4월 15일)

묘젠지에서 열린 감동적 환영 세리머니

오늘은 교류의 날이 열린다. 걷지 않으니 마음이 오랜만에 느긋하기는 한데 목감기로 소리가 제대로 나오지 않으니 오늘 묘젠지(妙善寺) 환영 행사가 걱정이었다.

7시경 내려가서 아침 식사를 했다. 진로 저팬의 지사장과 통화했다. 협찬으로 시즈오카 투숙 호텔로 소주와 맥주로 보내주기로 했다. 그런데 맥주는 찬 맛으로 마셔야 제격인데 박스로 보내올 맥주를 어떻게 차게 할 수 있을지 묘수가 떠오르지 않아 걱정되었다. 무슨 방법이 있을 것이라고 위안삼았다.

장용준 대원이 어제 문화일보에 실린 기사에 일부 오류가 있다는 지적을 해와서 서울의 K기자와 연락해서 수정했다. 윤동주의 시비가 옛 하숙집터가 아닌, 윤 시인이 도시샤대학 급우들과 놀러 간 우지 강변에 있다고 했다. 그가 이곳에서 찍은 생애 마지막 사진이 발견되었다고 했다. 이발하러 호텔을 나섰다.

우리는 쉬는 날이지만 일본은 평일이라 나고야역 주변은 엄청난 인파가 바쁘게 움직이고 젊은이들은 표정이 밝고 활기가 있었다. 한때 미국을 위협하던 경제 대국의 여유가 남아 있었다. 평화스럽고 개인의 자유가 보장되는 나라지만 정치에는 상대적으로 관심이 없는 일본이다.

나고야역 주변이 대부분 대형 상업빌딩이라 이발소를 겨우 찾아 머리를 잘랐다. 메이데츠 백화점 지하에 있었다. 기요스크로 1,400엔을 결제하고 내 순번을 기다렸다. 5~6명이 장의자에 앉아 차례를 기다리고 있었다. 이발사는 4명인데 내 순서는 할머니 이발사였다. 세심하고 친절했다. 자른 머리 스타일이 마음에 들었다.

▲ 노리다케 전시관의 일본 여자 인형

오는 길에 일본인들이 가성비가 좋다며 즐겨 찾는 요시노야에서 규동 정식을 먹었다. 값이 많이 올랐다. 거의 900엔에 육박했다. 호텔 현관에서 시마 대원과 임은 대원을 만났다. 점심 식사

▲ 나고야 노리다케 가든 풍경

▲ 오스칸노 사찰 불단

하러 가는 길이라고 했다. 임은 대원이 내 목 상태를 걱정하며 약국에서 약을 사오겠다고 했으나 방에 약이 있어 사양했다.

1시경 모두 모여 근처에 있는 주 나고야 대한민국 총영사관으로 갔다. 경찰 4~5명이 영사관 외곽 경비를 하고 있었다. 엔도 대장이 방문 취지를 설명하고 전체 대원이 영사관 건물로 들어갔다. 총영사가 출장 중이어서 예방은 불발되었지만 젊은 영사와 직원이 나와 친절하게 응대해 주었다. 대원들이 1층 로비에 걸린 조선통신사 행렬도와 '성신교린(誠信交隣)'이라고 쓰인 액자를 구경했다. 조선통신사의 핵심 철학이다.

1시 30분경 대기 중인 택시에 삼사가 함께 탔다. 묘젠지에 도착해서 삼사 복장으로 갈아입고 대원들을 기다렸다. 이곳까지 걸어오는 동안 두 번 정도 입을 기회가 있었지만 경복궁 행사는 출발 당시의 긴박한 국내 정세로 인해, 그리고 울산 태화루에서의 행렬 재현은 산불로 인한 지역민의 정서를 고려해 취소한 바가 있다. 처음 입어 보는데 입는 방식이 까다로워 누가 도와주어야 했다. 도움을 받아 입기는 했는데 머리에 쓴 익

선관이 조여 머리가 아팠다.

차를 한 잔 마시고 대기를 하다가 시간에 맞춰 호텔에서부터 걸어온 대원들을 삼사가 서서 맞이했다. 삼사 복장으로 차려입은 모습을 처음 보는 대원들이 놀라워하며 사진을 찍느라고 분주했다. 환영 행사가 시작되었는데 이곳 다치바나(橘)쵸의 주민회가 중심이 되어 준비했다고 했다.

1682년 제7차 조선통신사가 이곳을 지날 때 오와리국 번주 미쓰토모(光友)는 행렬을 구경하고 싶었다. 하지만 번주의 체면도 있고 해서 묘젠지 담장 옆의 큰 녹나무 밑에 작은 건물을 짓게 하고는 그곳에 앉아 행렬을 지켜보았다고 했다. 오늘날은 그 녹나무의 그루터기만 남아 있다.

통신사 일행이 에도에서 국서 교환을 끝내고 갈 때도 은(銀)을 선물로 보내는 등 극진하게 대접했다고 한다. 묘젠지가 있는 동네 이름 다치바나도 미쓰토모 번주가 지어주었다고 한다.

한·일관계가 정치적으로 악화되었을 때도 이곳의 주민들은 한결같이 한국인들을 환대하는 전통을 지금까지 이어오고 있었다. 이곳 묘젠지가 지금은 자그마한 규모지만 태평양 전쟁 말기 미군의 공습으로 소실되기 전에는 지금 규모의 10배에 달했다고 했다.

환영식이 끝나고 그들이 준비한 다과를 함께했다. 날이 갑자기 추워져 그들은 일본 사케를 데워서 준비해놓았다. 이웃의 숭각사에도 들러 조선통신사 행렬도 진품을 구경했다. 젊은 주지 스님이 중학교 2학년 딸을 데리고 나와 우리를 환영해 주었다. 일본의 스님들은 대부분 결혼을 한다. 중학생 딸은 몇 년 전 초등학교 6학년 때 부모님과 2박 3일 한국에 다녀왔다며 한국이 너무 좋다고 했다.

5시 반에 교류 모임을 가까운 중국 식당에서 가졌다. 걸어가는 동안 갑자기 찾아온 한파로 몸을 웅크리고 걸었다. 교류회에서는 중국요리와 따뜻하게 데운 소흥주(紹興酒)가 잘 어울렸다. 식사가 끝나고 가라오케로 노래를 하는 타임을 가지려고 했으나 식당 종업원들이 조작 방법을 몰랐다.

결국 누가 스마트폰으로 가사를 보여주어 엔도 대장은 <청춘시대>를 나는 <나가사키에는 오늘도 비가 내렸다>를 불렀다. 끝내며 <아리랑>과 <후루사토>를 같이 불렀는데 홀의 다른 테이블에 앉아 식사하던 젊은 남녀 3명도 같이 손을 잡고 즐겁게 노래를 불렀다. 목이 쉬어 제대로 노래가 나오지 않았으나 대원들이 박수를 보내주었다. 올 때는 전철을 한 번 갈아타고 나고야역에 내려 호텔로 돌아왔다.

▲ 환영 인사하는 묘젠지 주지 스님

김정현 대원이 감기

로 목이 잠겼을 때 효과가 있었다며 소금을 내 방으로 보내왔다. 물에 타서 가글을 하라는 것이다. 고마웠다. 이렇게 38일 차 하루도 저물어갔다.

▲ 묘젠지에서의 단체 사진

39일 차(2025년 4월 16일)

역사의 현장 '오케하자마'를 지나다

오늘은 39일 차. 어제 교류회를 끝내고 돌아와서 누웠는데 눈을 뜨니 1시 30분경이다. 블로그 글을 정리해서 올리고 나니 새벽 4시였다. 다시 누워 잠을 청했으나 눈은 말똥말똥하기만 했다. 요 며칠 수면을 제대로 취하지 못했다. 토막잠을 자고 잠이 깨면 제대로 잠을 이어 자지 못했다.

7시 30분에 호텔을 출발 나고야역에서 전철을 타고 어제 도착 지점인 모토카사데라역으로 갔다. 이곳이 오늘 출발 지점이다. 오늘은 오카자키까지 32km를 걷는다.

오카자키성은 이에야스가 태어난 곳이었다. 그의 생모 오다이는 정략

결혼으로 14살의 어린 나이에 오카자키 성주 히로타다에게 시집을 왔다.

히로타다의 아버지 기요야스는 아들과 달리 강력한 무장이었다. 그는 미즈노의 아내 게요인에게 반해 관심을 전달했는데 당시 약세 미즈노는 가문의 안녕을 위해 오다이의 생모인 게요인과 이혼하고 그녀를 기요야스의 후처로 보냈다.

그러니 게요인은 오다이에게는 생모인 동시에 시어머니가 되는 셈이었다. 센코쿠 시대상이다. 게요인은 후일 출가해서 비구니가 되며 손자 다케치요(이에야스의 아명)가 슨푸에서 인질 생활을 할 때 슨푸로 옮겨가서 생모 오다이 대신 손주를 음으로 양으로 보살폈다.

오다이가 태어난 미즈노 가문이나 히로타다의 마쓰타이라 가문은 당시에 가장 강력한 세력인 이마가와 요시모토와 젊은 신진 세력인 오다 사이에서 중립을 유지하고 있었다. 그러나 두 가문의 압박으로 중진들 사이에 내분이 일어나고 어느 편을 들어야 할지에 대한 압박이 컸다.

처음에는 오다이를 거부했던 히로타다였지만 마음이 착하고 지혜로운 오다이에게 마음을 열고 그녀에게 난세를 헤쳐나갈 수 있는 강한 아들을 낳아달라고 부탁을 한다. 오다이는 매일 새벽에 우물가에 나가 찬물로 몸을 정결히 하고 훌륭한 아기를 낳게 해달라며 천지신명에게 기원을 했다. 그녀의 간절한 기도와 태교로 호랑이 해 호랑이 날 태어난 다케치요는 보현보살의 화신이라는 소문이 돌았다.

다케치요는 성민의 기대를 한 몸에 모으지만 3살의 나이에 생모 오다이와 헤어진다. 그녀의 친정이 오다 편으로 돌아섰기 때문에 이마가와 가문

▲ 나고야 전통주택 거리 아리마츠

에서 이혼을 강요해 온 것이다. 이에야스의 고난의 인생이 시작되었다. 생모 오다이는 친정으로 돌아가 19세의 나이에 히사미쓰 도시카스와 재혼하며 3남 3녀를 낳았지만 첫아들 이에야스를 음으로 양으로 돕는다. 그녀는 나중에 장성한 이에야스를 만났고 남편의 사후 불교에 귀의해서 74세까지 장수했다.

아침에 호텔 앞에서 임은 대원이 햇빛 가리개를 하나 구해서 내 모자에 달아주었다. 그동안 무방비로 햇빛에 노출돼 살이 많이 타 있었다. 오늘부터라도 이것을 쓰고 걷도록 하자는 생각이 들었다. 모토가사데라 경내에서 함께 체조를 하고 출발했다.

도카이도(東海道) 길을 걸어가는데 거대한 소나무 가로수가 있었다. 에도 시대에 방풍(防風·바람을 막는 일)용으로 심었다고 했다. 엔료 대원에게 오늘 목표 지점인 오카자키성은 내가 꼭 한번 들러보고 싶은 곳이었는데 오늘 드디어 그 꿈을 이루게 되었다고 말했다.

가는 길에 '오케하자마(桶狭間)전투'

▲ 오케하자마 전투현장 표식

▲ 치류 신사 전경

지역이라는 표지판이 있었다. 이 전투는 이에야스에게는 매우 의미가 있는 전투였다.

▲ 정문호·김정현 부부

1560년 6월 12일의 일이었다. 이마가와의 25,000 대군은 오다의 작은 성들을 손쉽게 공략하며 호기롭게 교토를 향해 진격했다. 그는 약소국 오와리의 노부나가를 가볍게 생각했다.

오케하자마에서 비가 쏟아지는 밤이었다. 주민들이 헌상한 술과 안주로 해이해진 그들의 막사로 노부나가의 별동대가 기습 공격을 가해 총대장 요시모토의 목을 날려버렸다. 주군을 잃은 대부대는 우왕좌왕 자중지란을 일으키며 노부나가 군에게 도륙당했다. 이 전투의 승리로 노부나가는 일약 세상의 주목을 받으며 서서히 권력의 정점으로 올라가게 된다.

이마가와의 일개 무장으로 위험한 선봉을 맡았던 이에야스는 이 소식을 듣고 소식의 진위 여부를 재삼 확인한 다음 가까운 오카자기 성으로 철군했다. 이마가와 가문의 중신인 성주가 성을 버리고 도망을 가 텅 빈 오카자키성으로 그는 들어갔다. 13년의 인질 생활에서 벗어나 독립을 이룬 순간이었다. 이때 도쿠가와 이에야스의 나이는 19세였다.

당시 도쿠가와 이에야스는 떠오르는 별 노부나가 그리고 비록 이마가와가 죽었지만 여전히 강군을 소유하고 있는 후계자 우지자네 사이에서 갈등했다. 중신들도 반반으로 의견이 엇갈렸다. 그렇지만 어린 시절 2년간 오와리에서 인질 생활을 하면서 노부나가에게서 영웅의 자질을 간파한 이에야스는 결국 노부나가를 선택했고 1562년 기요스 성에서 비밀리에 노부나가와 군사동맹을 체결했다. 이 동맹은 노부나가가 혼노지의 변으로 죽을 때까지 계속 유지되었다.

비밀동맹을 알아차린 우지자네가 이에야스를 슨푸로 소환했으나 이에야스는 병을 핑계로 이에 불응했다. 그러자 분노한 우지자네는 인질로 잡고 있던 미카와 중신들의 처자를 기둥에 세우고 창으로 찔러 죽이는 책형이라는 만행을 저질렀다.

다만 이에야스의 정실 쓰키야마는 이마가와의 중요한 혈족이었기에 그녀와 자식들은 죽이지 못했다. 후일 이에야스는 이마가와 변방의 성을 공격하게 해서 이마가와 요시모토의 측근이자 처남의 아들들을 사로잡아 인질 교환 방식으로 가족을 오카자키로 무사히 데려왔다.

노부나가와의 군사동맹이 유지되는 동안 우여곡절도 많았다. 이에야스의 정실 쓰키야마 부인은 이에야스보다 5살 연상으로 이마가와의 조카딸이었다. 결혼 당시 이에야스는 약소국의 인질 신분이었으니 쓰키야마의 콧대가 얼마나 셌을지 짐작할 수 있다. 그녀는 이에야스 사이에서 딸과 아들을 낳았지만 철이 없었다. 그녀는 연하의 남편 도쿠가와 이에야스의 그 큰 꿈을 제대로 이해하지 못했다.

군사동맹을 확고하게 하기 위해 노부나가는 9살짜리 딸을 이에야스의 장남 노부야스에게 시집보냈다. 쓰키야마에게는 원수의 딸이 며느리로 온 셈이다. 그것도 자기와는 아무런 상의도 없이 말이다. 이후 이에야스도 그녀의 원수가 되었다.

▲ 오카자키성 입구

결국 심각한 고부갈등과 노부야스의 과격한 성격으로 촉발된 일련의 불상사 그리고 쓰키야마 부인의 불륜 행각과 적 다케다 가쓰요리 진영과의 내통 등이 노부나가에게 알려지게 된다. 결국 노부나가의 지시로 스키야마 부인은 자살을 강요당하고 아들 노부야스의 할복으로 사태가 마무리된다. 당시 아직 충분한 힘을 축적하지 못했던 이에야스로서는 때를 기다리며 가족의 희생을 감수할 수밖에 없었던 엄혹기였다.

거의 1시경 배부된 점심 도시락을 먹었다. 일일 참가자 야마다 씨가 "주니치신문 조간에서 내 기사를 읽었다"라며 자기는 얼마든지 신문을 구할 수 있다며 조간신문을 내게 선물로 주었다.

걷다가 휴식을 하는 장소에서 사무국이 준비한 아이스크림을 먹었다. 그런데 그곳은 태평양 전쟁 말기 카미카제 자살 특공대의 훈련시설이 있

▲ 오카자키성을 배경으로 우정 걷기 참가자들의 단체 사진

었던 곳이었다. 당시 목숨을 잃은 청년들의 영혼을 위로하는 위령비가 높이 서 있었다. 제국주의 일본이 일으킨 무모한 전쟁에 젊은이들이 희생양이 된 것이다.

오늘은 이상하게 걷는 게 힘이 들었다. 그래서 가장 뒤로 쳐졌다. 정민정 대원이 병원에서 처방해 온 약이 있다고 내게 가져다주기로 했다. 감기로 목소리가 나오지 않는 것과 요 며칠 잠을 제대로 자지 못한 것이 원인인 것 같았다.

김정현 대원도 일전에 상태가 좋지 않았는데 전날 잠을 제대로 자지 못한 것이 원인이었다. 그녀는 다음날 반나절을 차를 타고 이동했으나 남편과 함께 저녁 식사를 하며 와인을 한잔하고 잠을 푹 자고 나서 정상 컨디션을 회복했다고 말했다.

결국, 오구마 대원의 권유로 목적지까지 가지 않고 오카자키성을 지나쳐 바로 호텔로 왔다. 그래도 31km를 걸었다. 1km를 덜 걸은 셈이다. 방에 들어와 뜨거운 물에 몸을 담그니 조금 살 것 같았다. 정민정 대원이 출발 전 병원 처방으로 조제한 감기약 3일 치를 가지고 왔다.

이 처방에 '히스타민'이라고 잠을 유도하는 약도 들어 있으니 먹고 푹 자라고 했다. 고마웠다. 40일 가까이 걸으니 피로가 누적된 것이다. 누워서 잠을 청하는데 김월호 박해룡 백남권 대원이 소주를 한잔했다며 삼각김밥과 우유 그리고 생수를 들고 찾아와 격려하고 돌아갔다.

이렇게 39일 차 일정이 지나갔다. 이제 최종 목적지 도쿄까지 2주일을 남겨놓고 있었다.

▲ 도쿠가와 이에야스 동상 앞에서의 단체 사진

40일 차(2025년 4월 17일)

걸으면 살고 누우면 죽는다

오늘은 도요하시(豊橋)까지 33km를 걷는다. 만만치 않은 거리다. 엊저녁에는 정민정 대원이 준 목감기약 2회분을 먹고 새벽 3시까지 한 번도 깨지 않고 6시간을 내리 잤으니 만족스럽다. 일어나서 블로그 글을 수정해서 올렸다. 5시 40분에 짐을 내려놓았다.

식사하러 내려가기도 번거로워 빵과 우유 그리고 삶은 계란으로 방에서 아침을 해결했다. 식당에서 내 모습이 안 보이니 정문호 대원이 방으로 찾아왔다. 고마웠다. 사람이 한 번 아파보니 마음이 보다 관대해지고 다른 사람에 대한 이해심도 커지는 것 같다.

오늘의 코스 리더는 노자와 가즈하루씨로 이곳 오카자키의 주민이다.

현재 78세인데 몸이 가볍고 군살이 없었다. 퇴직 후 65세 때 3개월간 서울에 어학연수를 다녀왔을 정도로 한국을 좋아한다. 서울에서 우연히 한국체육진흥회 선상규 회장을 만났다고 했다. 동갑인 선 회장과 함께 걷기운동에 참여하면서 걷기의 매력을 알게 되었다고 했다.

어제 도착 지점이었던 오카자키역 이에야스 동상 앞에서 체조하고 출발했다. 어제 잠을 오랫만에 푹 자서 그런지 몸의 컨디션이 좋았다. 어제와 달리 다리가 가볍다. 최근 일주일 동안 하루에 2~3시간 정도 토막잠을 잤는데. 오늘 같은 컨디션이면 하루에 100km도 걸을 수 있겠다는 생각이 들었다.

▲ 도쿠가와 이에야스 기마 동상

▲ 시마. 이성임 대원

엔도 대장이 나의 컨디션에 대해 걱정스러운지 차를 타는 것이 어떠냐고 해서 사양했다. 출발에 앞서 이경수 대원이 오늘 일정을 설명하며 우리가 걷는 거리가 얼마나 먼지 예를 들어 설명해 주었다. 흔히 우리나라를 삼천리 금수강산이라고 표현한다. 부산에서 함흥까지를 말하는데 이 거리가 3,000리 즉 1,200km다. 그 말을 듣고 보니 비로소 우리가 얼마나 먼 거리에 도전하고 있는지 실감이 가고 이해할 수 있었다.

이시카와 대원이 걷는 도중 호흡곤란을 일으켜 사무국 요원이 인근 병원으로 데리고 갔다. 다행히 상태가 호전되어 잠시 쉬었다가 오후에는 다시 합류했다. 노자와씨가 단골 한식당에서 구입했다는 김치를 가져와서 대원들이 환호성을 질렀다. 양도 충분했고 맛도 좋았다. 우리에게는 최고의 선물이었다.

서울의 선 회장과 통화하도록 연결시켜 주었더니 그가 놀라며 반가워했다. 2025년 10월25일부터 27일까지 서울에서 열리는 국제걷기대회에 참석해달라는 부탁을 받았다며 가능하면 참석하겠다고 했다. 걸으며 모리 대원과 얘기를 나누었다. 그녀는 시마 그리고 엔료와 함께 엔도 대장을 보좌하는 여성 삼총사였다.

그녀가 49세 때 남편이 심근경색으로 갑자기 세상을 떠났다고 했다. 일주일이라도 간병을 할 수 있었더라면 하는 아쉬움이 아직도 마음속에 남아 있다고 했다. 그녀에게는 자식이 없다. 70대 중반인데 군살이 없고 몸이 가벼워 보였다.

재일동포 이성임씨는 20여 년 일본에 살고 있는데 영주권은 없다고 했다. 남편은 직장에 다니고 있고 아들 둘을 길렀는데 장가갈 생각을 하지 않아 걱정이라 했다. 두 아들이 30살, 33살이라는데 오늘날 한국의 사정과 비교하면 아직 걱정을 할 나이는 아닌 것 같다고 귀띔해줬다.

그녀는 자식만 짝을 맺어주고 나면 마음 놓고 귀국해서 남편의 고향인 해남에 가서 살 것이라고 했다. 일본에 처음 와서는 친척이나 지인이 없었는데 동네에서 훌라댄스를 같이 배우는 회원들과 친해져서 같이 식사도 하며 지낸다고 했다. 그러다가 조선통신사 우정 걷기 행사를 우연히 알게 되어 친구 따라 참가했는데 시마 대원이 마치 친정엄마같이 다정스럽게 대해주어 그간 서울에서 도쿄까지 전 코스를 4번이나 걸었다고 했다.

▲ 교토와 에도 방향을 가리키는 도카이도(東海道) 길 표지판

▲ 소나무 방풍림(防風林) 도카이도길

▲ 도로로 올라서기 위해 계단을 오르는 대원들

걸어가는데 뒤에서 한국가요가 들려왔다. 진성의 <안동역>이다. 일본 땅을 걸으며 들으니 새로운 맛이었다. 김월호 이사가 스마트폰으로 노래를 튼 것이다. 한국 노래 일본 노래를 번갈아 들으면서 걸으니 지루하지 않았다. 나중에는 여러 대원이 따라서 불렀다.

도카이도 길에 에도시대의 소나무 가로수길이 군데군데 남아 있었다. 엄청나게 줄기가 굵은 흑송은 에도시대에 심었다고 한다. 어느 정도 자란 소나무와 심은 지 1~2년밖에 안 되어 보이는 어린 소나무도 있었다. 큰 나무가 고사하거나 바람에 쓰러질 때를 대비해서 미리 심어 놓은 것이다. 고목 혹은 강한 태풍에 쓰러진 나무는 잘라내어 그루터기가 군데군데 남아 있었다. 그것만 봐도 얼마나 큰 나무였는지와 얼마나 강한 태풍이었는지 짐작이 갔다.

가는 길에 어느 회사에 들러서 환대를 받았다. 음료수와 간식거리 그리고 아이스크림까지 준비하고 직원들이 마당에서 우리를 기다리고 있었다. 덕분에 대원들이 화장실에도 다녀오고 잠시 휴식을 취했다. 도로 가드레일과 태양광을 설치하는 회사인데 부산의 어느 기업과 비즈니스 관계가 돈독하다고 했다.

현관 액자의 글은 이철 전 국회의원이 쓴 글이었다. 회장이 뒤늦게 외부에서 돌아와 반겨주었다. 그는 재일동포인데 일본어로 환영 인사를 하고 이어 우리말로 통역했다. 그가 직원들과 함께 "Go Go, Let's Go!"를 외쳤다. 회장님이 성공한 재일동포로 그동안 꾸준히 우리 일행을 따뜻하

▲ 한·일 우정 걷기 일일 참가자들

게 맞아주었다고 했다.

우리의 나이에 장거리 도보 여행을 하는 것을 이해하지 못하는 사람들이 주위에 적지 않다. 하지만 걸으면 살고 누우면 죽는다는 말도 있다. 모든 것을 차치하고 극한상황에 처하게 되면 우리 몸 안의 모든 기능이 살아남기 위해 최선을 다하며 활성화된다.

33km를 걷고 도요하시역 공원에서 체조했다. 신기하게 보고 있던 여중생으로 보이는 4~5명의 여자아이들이 깔깔거리면서 동작을 함께 따라 했다.

5시에 숙소에 도착했다. 세탁물을 내어놓고 뜨거운 욕탕에 몸을 담그니 살 것 같았다.

내일은 벤텐지마까지 26km의 비교적 짧은 코스다. 저녁에는 맥주를 마시고 절반의 대원들이 방으로 돌아갔지만 남은 대원들끼리 스마트폰에 나온 가사를 보며 노래를 불렀다. 이렇게 40일 차 하루를 마무리했다.

41일 차(2025년 4월 18일)

오누이처럼 보기에 참 아름다웠다

오늘은 걷기 시작한 지 41일 차다. 벤텐지마(弁天島)까지 걷는 거리는 26km로 비교적 가벼운 일정이다. 도요하시역 광장에서 체조를 하고 출발했다. 오늘 코스 리더는 다카하시 미키오로 조선통신사 우정 걷기 서울-도쿄 구간에 4회나 참가한 베테랑 대원이다.

오늘 일일 참가자로 나카가미 모녀가 있었다. 딸이 고등학생처럼 보이는데 물어보니 21살에 대학 4학년에 재학 중이라는데 한국에 무려 6번이나 다녀왔다고 해서 놀랐다. 특히 음식이 맛있다고 우리 음식 이름을 열거했다. 한국이 좋다며 서울에서 보톡스 주사도 맞았더니 얼굴이 작아졌다고 했다.

▲ 도요하시의 어린이 동화 관련 조형물

가는 길에 돌산 위에 관세음 보살 입상이 서 있는 곳에서 잠시 휴식을 했다. 아래 사찰에서 무슨 행사가 있는지 동네 사람들이 많이 모여 있었다. 우리의 취지를 알고는 놀라며 따뜻한 아마자케(식혜)를 대원들에게 나누어 주었다. 맛이 있어 두 잔이나 마셨다. 걷는 도중 코스 리더 다카하시가 고로케로 유명한 어느 가게에 들러 우리 대원들에게 고로케를 사서 나누어 주었다.

일본팀의 여성 최 고참 시마 대원이 오미하치만에서 중도 합류했는데 그녀는 엔도 대장의 오른팔이라 불리는 사람이다. 딸의 암 투병을 수발하느라 이번 10회에는 불참한다 했는데 이번에 참가하지 못하게 된 선상규 회장께 인사를 드린다고 서울에 와서 하루를 함께 걷고는 귀국했었다.

그런 그녀가 엔도 대장을 돕겠다고 도중에 합류한 것이다. 그동안 걷기 연습할 시간이 없었는지 걷는 게 매우 힘들어 보였다. 자주 차를 이용했는데 걸을 때 보면 자꾸 오른 쪽으로 몸이 기울었다. 코스 리더인 다카하시가 그녀의 손을 잡고 걸었다. 누님을 모시듯이 걷는 그 모습이 참 아름다웠다.

걸으면서도 도쿄에 도착한 저녁에 열릴 환영 만찬에 정사 및 단장으로 어떤 메시지를 전할까를 곰곰이 생각했다. 엔도 대장은 이번 제10회 통신사의 심볼로서 두 가지를 꼽았다. 하나는 아침과 저녁마다 이의선 대원이 지도하는 체조다.

▲ 일일(一日) 참가자 일본인 모녀

그리고 또 하나는 출발 시 외치는 "Go Go, Let's Go!"라는 구호라고 했다. 지금까지 걸어오며 우리 대원들 외에도 여러 사람이 이 구호를 외치며 우리를 격려해 주었다. 지사·군수·시장·식당 주인·동네 주민 등 다양한 사람들이 외치는 이 구호를 들으며 우리는 용기를 얻었다. 기자 출신인 엔도 대장의 눈이 날카로웠다. 늘 정곡을 찔렀다.

▲ 구 도카이도 후카가와숙을 알리는 표지판

▲ 벤텐지마의 숲길 오르막길을 걷는 한·일 우정 걷기 참가자들

▲ 벤텐지마역을 향해 걸어가는 대원들

스페인 산티아고 순례길을 걸을 때도 우리가 습관처럼 외치는 구호가 있었다. "부엔 까미노!"였다. "힘든 산티아고 순례길 안전하게 걸으세요. 성공하세요!"라는 격려의 말이었다.

▲ 돌산의 관음보살 입상으로 이어지는 돌계단

우측으로 태평양 바다가 보이기 시작했다. 뒤에 오던 김홍렬 종사관이 "야! 태평양이다"라고 소리를 질렀다. 나도 이심전심으로 감동스러웠다.

점심은 2시경 식당에 앉아 도시락을 먹었는데 일본 된장국 미소시루가 나왔다. 체질식을 하는 양종실 대원이 먹지를 않아 내가 두 그릇을 먹었다. 내용물이 풍부한 것이 아주 맛이 있었다. 시즈오카현 하마마쓰(浜松)시 민단의 이강성 단장이 와서 인사를 했다. 그가 대원들에게 찬 음료수와 간식을 가져왔다.

오늘의 목적지 벤텐지마역에 도착해서 체조하고 숙소로 이동했다. 오늘의 숙소는 바로 길 건너의 리조트호텔이다. 신칸센이 총알처럼 지나갔다. 물어보니 자기부상열차가 2045년 개통·운행될 예정으로 한참 관련 터널 공사 등이 진행 중이라고 했다. 개통이 되면 서울-부산보다 먼 도쿄-오사카를 한 시간이면 주파하게 된다니 놀라웠다.

이곳은 리조트호텔이다. 우리 대원들은 2인 1실 아니면 3인 1실인데 일본 측은 6명이 한방에서 자기도 했다. 그들의 손님 대접이 철저했다. 조선통신사 접대의 전통이 살아있다는 생각이 들었다. 나는 김홍렬 종사관과 두 번째로 룸메이트가 되었다.

그곳에 대형 욕탕이 있어 몸의 피로를 풀었다. 노천탕도 있었다. 코앞이 태평양 바다다. 저녁 식사를 할 때 물어보니 우리 이외에도 2인실에 배정된 대원들이 있었다. 이렇게 41일 차도 하루가 저물어 갔다. 오늘 하루도 감사합니다.

▲ 시내 가게의 전국시대 갑옷 전시품

▲ 도카이도숙 마을 관광포스터

▲ 점심 식당에서 음료수와 간식을 가져온 민단관계자와 함께한 필자

▲ 완보증을 받고 기뻐하는 일일참가자 모녀

▲ 태평양 바다와 연결되는 샛강

42일 차(2025년 4월 19일)

스즈끼 씨 가족의 뜨거운 환대에 큰 감동

오늘은 42일 차로 텐류가와(天竜川)까지의 21km에 이르는 걷기 여정이다. 비교적 가벼운 일정이다. 수면제의 도움을 받아 비교적 충분한 수면을 취했다. 아침 벤텐지마역에서 출발했다. 시즈오카 걷기협회 전현직 회장을 비롯해 관련 협회원들의 일일 참가자가 많았다.

스즈끼 씨 댁에 11시에 도착했다. 이분이 우리들을 위해 무려 50인분의 도시락에 과일 간식 등을 준비했다. 스즈키 씨는 2년마다 오는 조선통신사를 학수고대하며 언제나 집으로 초청해서 점심을 대접하고 있다고 엔도 대장이 말했다. 스즈키씨 본인은 이제 연로해서 간단한 인사만 하고 거실로 들어갔다. 부인 며느리 딸 손주들에 16살 되었다는 애완견까지

▲ 일일 참가자들과 함께한 필자와 엔도 대장

▲ 벤텐지마 리조트 앞 태평양 바다 풍경

▲ 스즈키 씨 댁에서 스즈키 씨 가족과 망중한을 즐기는 한·일 우정 걷기 참가자들

나와서 우리들을 정성으로 환대해 주었다.

이번에 오지 못한 선상규 회장께 대신 안부를 전하겠다고 하니 스즈키씨는 "이번으로 끝나는 것이 아니고 일시 중지되는 것"이라며 강한 미련을 보였다. 근처에 오면 들리라고 하며 이곳의 유명한 관광지를 안내하겠다고 부인이 말을 거들었다. 감동적인 시간이었다. 가족들과 단체 사진을 찍고 떠났다.

▲ 구 도카이도(東海道) 소나무 가로수길

걸어가는 데 하마마쓰성이 보였다.

이 성은 도쿠가와 이에야스의 거성으로 1570년 오카자기성을 아들 노부야스에게 물려주고 이곳으로 옮겨왔다. 1572년 다케다 신겐이 교토를 향해 진군하며 하마마쓰 성을 무시하고 지나가자 자존심이 상한 이에야스는 부하들의 반대를 무릅쓰고 무려 3배에 달하는 신겐의 대군을 추격했다.

하지만 이에야스는 결국 미카타가하라(三方原) 전투에서 병력의 태반을 잃고 대패해서 하마마쓰 성으로 쫓겨왔다. 이때 얼마나 놀랐으면 말안장 위에서 똥을 지렸다고 한다. 하지만 성으로 들어와서는 여유를 찾아 성문을 활짝 열어놓고 불을 밝히도록 한다. 이를 수상히 여긴 신겐의 군대는 그냥 돌아가고 만다.

이런 상황에서도 이에야스는 밥을 세 그릇이나 맛있게 먹고는 코를 골고 잤다고 하니 과연 센코쿠 시대의 영웅 3걸 가운데 한 사람이라 할 만하다. 이에야스는 이때의 패배를 평생 잊지 않기 위해서 고뇌에 찬 당시의 모습을 초상화로 그리게 하여 두고두고 바라보았다고 한다.

교토를 향하던 다케다 신겐이 급사함에 따라 교토로의 진격은 중단되고 이후 이에야스는 오다 도쿠가와의 연합으로 후계자 다케요리를 멸망시킨다. 이로서 이에야스는 미카와(三河)·도토미(遠江)·스루가(駿河)까지 아우르는 150만 석의 큰 세력으로 성장해 나간다. 1586년 슨푸성으로 옮겨가기까지 이곳에서 17년을 보냈다. 이후 이에야스가 정권을 잡은 후 이 성 출신들이 요직을 대부분 차지해서 세상 사람들은 하마마쓰성을 '출세의 성'이라고 불렀다.

▲ 마을 축제 참가자들

▲ 하마마쓰시 국제과장 주최의 환영 행사 후 단체 사진

하마마쓰시의 국제과장이 우리를 따뜻하게 영접해 주었다. 텐류가와역에 도착해서 체조를 하고 호텔로 왔다. 1인 1실이다. 1층의 넓은 대욕실에서 뜨거운 물에 몸을 담갔다. 저녁은 일본측 사무국이 스시 도시락을 준비해 각자 방에서 저녁을 해결했다.

서울에서 40여 일을 걸어와 피로가 누적되니 조그만 일에도 신경이 곤두서고 공개적인 언쟁이 벌어지기도 했다. 그래도 대원들이 잘 인내하고 있었다. 우리의 제1 덕목은 건강한 몸과 마음으로 도쿄까지 완주하는 일이다. '마지막 순간까지 화합을 잃지 않고 도쿄에 도달할 수 있도록 대원들과 최선을 다하도록 하자'라고 마음 깊이 다짐했다.

43일 차(2025년 4월 20일)

이렇게 맛있는 다꾸앙은 처음이다

오늘은 걷기 여정 43일 차로 이제 도쿄까지 열흘을 남겨두고 있었다. 아침에 프런트 직원에게 이유야 어떻든 우리 대원이 소란스럽게 한 것에 대해 정중하게 사과했다. 그녀는 전혀 아무렇지 않다고 하며 한국을 좋아한다고 했다. 서울에도 여러 차례 다녀왔다고 했다.

걸어서 가까운 텐류가와(天竜川)역으로 이동에서 체조를 한 다음 8시에 가께가와(掛川)역을 향해 출발했다. 오늘은 32km를 걷는다. 하늘에 구름이 끼어 걷기에 딱 좋은 날씨였다. 2년 전 9회 때는 큰비가 내려 걸으며 고생이 많았다고 하는데 날씨가 우리를 도와줬다.

일본의 가정집은 어느 집이나 바깥에 화초를 가꾸고 있었다. 다양한 봄

꽃이 환하게 피어 있으니 걸으며 눈이 즐거웠다. 이와타(岩田)시의 시장·시의원 선거가 있는 날이었다. 현직 시장으로 2선에 도전하는 43세의 구사치(草地) 시장이 우리를 격려하러 왔다.

전날까지 선거운동을 하느라 목이 쉬어 있었다. 메이지 시대에 지어졌다는 일본 최초의 서양식 초등학교 교정에서 설명을 듣고 있는데 시장이 나타났다. 잘생긴 호남형의 젊은 시장이 즉석에서 환영 연설을 했다. 메시지가 정확하게 전달되는 멋진 연설을 들으며 대원들의 얼굴이 환해졌다.

오늘 저녁 선거 결과가 나오겠지만 내일도 시장실로 출근하고 싶다는 그의 얼굴에서는 자신감이 묻어났다. 지난번 오가키 시장 선거일에 젠쇼지에서 기념 식수를 했을 때도 현직 시장이 참석했는데 압도적인 득표로 당선되었다고 나중에 전해 들었다. 구사치 시장은 4년 전 시의원으로서 시장 선거에 처녀출마했는데 워낙 인기가 높아서 대항마가 나서지 않아 무투표로 당선되었다고 한다.

그가 이번 재선에서도 압도적으로 당선될 것이라고 현지인들이 말했다. 향후 중앙무대에 진출해서 일본 정치계에서 큰 역할을 할 것으로 기대되었다. 그가 한 번에 "Go Go, Let's Go!" 구호 선창을 성공시켜 대원들로부터 큰 박수를 받았다. 그는 떠나가는 대원들과 일일이 하이파이브를 했다.

▲ 하마마쓰 시내를 걸어가는 대원들

후쿠로이(袋井)시의 어느 신사에서는 부녀회 회원들이 냉장한 밀감에 따뜻한 차와 단무지를 준비해 놓고 우리를 환영해 주었다. 땀을 많이 흘려서 그랬을 것이다. 그렇게 맛있는 다꾸앙은 생전 처음 먹어 보았다.

43일 차라 서울에서부터 쌓인 피로가 느껴졌다. 식사 후 멍하니 걸어가다가 돌부리에 걸려 앞으로 고꾸라질 뻔했다. 다행히 중심을 잡을 수가 있어 천만다행이었다. '끝까지 더욱 안전관리에 신경쓰자'라고 스스로 다짐했다.

점심을 마치고 현관으로 나서는데 일일 참가자 규시마 씨가 아직도 도시락을 먹고 있었다. 하마마쓰에 거주하는 91세 어르신이었다. 70대의 건강을 유지하고 있었다. 잘 걸으셔서 그 비결에 관해 물어보니 하루에 평균 5km를 걷는다고 했다. 목소리에 힘도 있었다. 그를 보며 우리는 용기를 얻었다.

▲ 일일(하루) 코스 리더 핫토리 씨의 안내로 길을 걷는 대원들

한참을 걸어가니 길 건너에서 한 남자가 대형 태극기를 흔들며 우리를 환영하고 있었

▲ 구사치 시장과 함께 한 한·일 우정 걷기 회원들

다. 건너가 인사를 하니 선 회장이 카톡으로 소개한 다카기 씨였다. 과거 이곳 가케가와시의 시의원을 지냈고 지금은 신체장애인 재활시설의 이사장으로 활약하고 있었다. 근처에 그가 운영하는 시설이 있어 휴일임에도 그가 문을 열어주어 대원들이 화장실을 사용했다. 이 지역에서는 재력가이자 명망가로 알려진 인물이다.

▲ 출발 구호를 외치는 구사치 시장

오늘의 목적지 가케가와역에 도착해서 체조를 하고 오늘 일일 참가자들에게 완보증을 수여하고 함께 사진을 찍었다. 저녁 6시 30분에 호텔 2층 연회장에서 교류회를 가졌다. 처음으로 외부 인사 10명이 참석했다. 준비된 무용팀의 공연으로 분위기가 고조되었다. 몇몇 대원이 나와서 노래도 불렀다. 가라오케 설비가 없어 생음악 아니면 스마트폰으로 노래 가사를 띄워서 불렀다.

▲ 도쿠가와 이에야스가 세키기하라 전투를 시작하기 전 승리를 기원한 오코네 신사

엔도 대장과 오구마 대원의 생일이 곧 있어 축하 모임을 한꺼번에 했다. 준비된 두 개의 케익에 불을 붙이고 다 같이 축하 노래를 불렀다. 마지막으로 모든 참석자가 손을 잡고 <아리랑>과 <후루사토>를 부르며 하루 여정을 마무리했다. 이렇게 흥겨운 가운데 43일 차 일정이 모두 마무리되었다.

▲ 도쿠가와 이에야스가 오코네 신사를 찾았을 때 앉아 휴식을 취했던 돌

▲ 오코네 신사 경내의 신목(神木: 신성시되는 나무)

▲ 한·일 우정 걷기 참가자들을 열렬히 환영하는 길거리 시민들

▲대형 태극기를 들고 환영하는 다카기 전(前) 가케가와 시의원

▲ 도카이도를 걸어가는 참가자들

▲ 다카하시 씨와 김월호 대원

▲ 일일 참가자들과 함께

44일 차(2025년 4월 22일)

푸른 차밭에서 불어오는 바람이 시원했다

오늘은 서울을 떠난 지 44일 차다. 드디어 남은 일정이 한 자리 숫자인 9일이 되니 마음이 가벼웠다. 출발 장소인 가케가와역에 부시장이 격려차 나와 기다리고 있었다. 드물게 여성 부시장이었다. 인상이 좋고 활달하다는 생각이 들었다.

전날 밤 교류회에서 내가 이시카와 사유리의 <쓰가루 해협의 겨울 풍경>이라는 노래를 불렀는데 같은 성의 부시장을 만나니 이것도 인연인 것 같다고 말하자 그녀도 웃었다. 전날 밤 교류회에 참석했던 인사들이 배웅차 많이 나와 주셨다. 그 가운데 한 분이 본인의 책이 한글로 번역되었다며 사인을 해서 가지고 오셨다.

▲ 시마 대원과 다카기 전(前) 가케가와시 시의원

이시카와 부시장 등의 힘찬 구호 속에 출발했다. 고개를 올라가는 힘든 길도 있었지만, 좌우에 펼쳐지는 차밭을 보니 눈이 시원했다. 2~3일 지나면 새순을 딴다고 했다. 일본도 이제 농가는 모두 노인들만 있다고 했다. 군데군데 황폐해진 차밭의 흔적도 보였다.

멀리 건너편 산에 한자로 차(茶)라는 글자를 만들어 놓은 차밭이 보였다. 휴식을 하는데 불어오는 바람이 유난히 시원했다. 고개를 넘어 한참

▲ 구호를 외치는 하루 참가자들

▲ 가케가와 시내를 걸어가는 대원들

▲ 시가지 가로수 봄 풍경

을 걸어가니 다카기 전 의원이 옆에 대형 태극기를 걸어놓고 이곳의 전통 떡과 차가운 음료수를 준비해 기다리고 있었다. 그의 한국 사랑은 대단하다는 생각이 들었다. 어떤 사연으로 한국과의 인연이 시작되었는지 궁금했으나 물어볼 기회가 없었다.

떡을 싼 나뭇잎 채로 먹다가 나중에 떡만 꺼내 먹었다. 옆에서 일본 대원이 먹어도 되는 잎사귀라고 했다. 다카기 전(前) 의원이 김치까지 준비를 해와서 몇 점을 먹었는데 맛이 좋았다. 근처 농가에서 차가운 차를 무료로 나누어주고 있어 한 잔 얻어 마셨다. 차 맛은 잘 모르지만 시원하니 좋았다.

우리의 여정을 줄곧 따라다니며 취재를 하는 지역 방송사의 인터뷰에 응했다. 어제도 우리를 다룬 내용이 보도가 되었다는데 걷느라고 볼 시

▲ 이름 모를 텃새

▲ 시가지 육교를 건너는 걷기 참가자들

간이 없었다. 그동안 일본 방방곡곡을 수없이 다니면서 시즈오카 차를 마셨지만 현지에서 먹는 차 맛이 각별하다고 말했다.

바닥에 돌을 깔아놓은 길을 오르내렸다. 꽤 긴 코스였다. 모두 조심조심 미끄러지지 않도록 걸었다. 주위를 돌아볼 여유가 없었다. 오오이가와(大井川) 강변에서 주워온 돌을 깔았다고 했다. 이런 고지대까지 돌을 가지고 와서 사람들이 걸을 수 있게 한 분들의 노고를 생각했다.

오오이강을 건넜다. 긴 다리였다. 강폭이 넓었다. 2km나 된다고 했다. 하지만 세 지류로 나뉜 강줄기의 평균 수심이 70cm 정도로 사람들이 자

▲ 가케가와 일대를 뒤덮은 녹차 밭이 펼쳐지는 구 도카이도를 걷는 대원들

▲ 스와하라의 구 도카이도를 걷는 대원들

▲ 가마를 타거나 목말을 타고 오오이강을 건너는 사람들을 그린 풍속화

▲ 시마다시의 어느 공원의 '영앙경술(永仰景述)' 표지석

력으로 못 건널 정도의 강은 아니었다. 문제는 이 강의 물이 높고 깊은 산골짜기 사이를 흘러와 유속이 빨라 잠시만 방심해도 건너는 사람이 물살에 휘말려 죽을 수도 있다는 점이었다.

그러다 보니 오이가와강은 강 주변의 사람들이 품삯을 받고 강을 건너려는 사람들을 가마 또는 목말을 태워 건네주었다고 한다. 조선통신사 일행도 이 강 때문에 상당히 애를 먹었다고 했다. 1636년 통신사 행사 당시 쓰시마 번주의 짐을 실은 말 다섯 마리가 강물에 휩쓸려 떠내려가며 2마리가 익사했다고 한다.

강을 건너며 다카하시 대원이 우리가 지나왔던 일본 최대의 담수호 비와호로 흘러 들어가는 강줄기가 몇 개나 되는지 아느냐고 물었다. 자기도 최근에 알았는데 400개나 된다고 했다. 그런데 나가는 강줄기는 오사카시와 교토시를 흐르는 요도가와강 하나뿐이라고 했다. 그러니 비와호가 그렇게 연중 풍부한 수량을 유지하고 있다는 생각이 들었다.

▲ 오오이대교와 오오이강 풍경

▲ 우정 걷기 참가자들을 환영하는 시마다 시 직원들과 하라다 전 의원도 보인다

어느 대원이 우리가 지금 인생 최고의 황금기를 보내고 있다고 했는데 나도 그 말에 동의했다. 그와 나는 갑장이다. 가장 좋은 시기에 일본을 방문해서 꽃길을 걸어가고 있었다. 3주일을 앞당겨 서울에서 출발한 것은 정말 신의 한 수라는 생각이 거듭 들었다.

다리를 건너니 시마다(島田)시다. 시청 남녀 직원 십수 명이 손에 작은 태극기를 들고 개량 한복을 입고 우리를 기다리고 있었다. 도시락을 먹는데 여직원들이 차를 따르고 간식을 나누어 주었다. 2시 10분경 근처의 옛 가옥에서 시장이 주최하는 환영 세리머니가 열렸다,

여성 시장이 이미 와서 우리를 기다리고 있었다. 시장을 비롯해 양측 대표 그리고 전 중의원 하라다 씨가 상석에 앉았다. 시장 인사에 이어 답사를 했다. 나는 옆에 앉은 노인이 전 중의원 의원으로 NHK 서울 특파원을 지낸 하라다씨란 것을 나중에 알았다. 나보다 적은 나이로 알고 있었

▲ 시마다시 전통가옥에서의 환영식

는데 보지 못한 사이에 무슨 일이 있었는지 노인이 되어 있었다. 그의 부친도 시즈오카에서 중의원을 지냈는데 이곳에서는 알아주는 가문이었다.

소메야 시장 등 직원들이 외치는 구호를 들으며 시마다시를 떠났다. 다리가 무거웠다. 오늘은 31km를 걸었다. 후지에다(藤枝)역에 5시 30분에 도착해서 간단한 세리머니를 하고 호텔로 향했다. 호텔이 코 앞인 것이 다행이었다.

서둘러 샤워하고 로비에 집합해서 저녁 식사 장소인 이자카야로 갔다. 하라다 전 의원의 단골집이라고 했다. 재작년에도 서울에 온 그를 선상규 회장과 같이 송파구 의회 의장을 예방했는데 짧은 기간에 사람이 이렇게 변할 수 있다는 사실에 사뭇 놀랐다.

어제는 문화일보에 7번째 르포 기사가 실려 대원 단톡방에 올리고 지인들에게도 보냈다. 장용준 대원이 댓글을 달고 오타를 지적해 주었다.

역시 걷고 난 다음에 마시는 생맥주의 맛은 최고였다. 세 번째 룸메이트가 된 김홍렬 종사관은 술을 마시지 않으니 오늘 같은 자리는 불편하지 않았을까 싶다. 앞으로 사무국에서 일정을 수립할 때 참고해야 한다는 생각이 들었다.

그렇게 44일차 일정도 잘 지나갔다. 내일은 시미즈(清水)까지 38km다. 일본 내 코스 중 최장 코스일 것이다. '마음을 단단히 먹고 길을 나서자'라고 다짐했다.

▲ 시마다 시장과 함께한 단체 사진

▲ 하루 참가자 완보증을 전달하고 나서의 기념 촬영

▲ 교류회에서 걷기 강행군의 여독을 푸는 한·일 우정 걷기 참가자들

45일 차(2025년 4월 22일)

"아직 나의 때가 오지 않았다"

후지에다역 광장에서 간단한 환영 세리머니를 하고 출발했다. 오늘 일일 참가를 한 할머니 일행 5~6명이 뒤에서 따라오는데 무엇이 그렇게 즐거운지 웃음소리가 끊이지 않았다. 동네 노인들이 10여 명 모여 있는 공원 옆을 지나는데 그들이 반갑게 인사를 했다. 조선통신사라는 깃발을 본 것이다. "안녕하세요!"라고 반갑게 말을 건넸다.

여러 지역을 거쳐오면서 항상 놀라는 것은 일본의 하천 관리 실태다. 깨끗하게 정비가 되어 있고 물이 맑았다. 그들도 산업화 시대 폐수 오염으로 고통을 겪었을 텐데 잘 극복하고 원래의 모습으로 되돌려놓았다. 우리가 따라가려면 많은 재정 그리고 세월이 필요할 거라는 생각이 들었다. 지나가는 아주머니 한 분이 우리 대원에게 간식을 담은 비닐봉지를 건넸다. 알고 보니 며칠 전 이 지역 TV가 관련 보도를 해서 주민들이 우리에 대한 정보를 알고 있었다.

'오카베숙(岡部宿)'이라는 곳에 도착해서 휴식을 취했다. 에도에서 교토까지 53개의 숙소가 있었는데 이곳이 21번째 숙소라고 했다. 다이묘 등 고위 인사들만이 묵을 수 있었던 지금으로 말하자면 영빈관 같은 곳이다. 옛 모습을 한 무사들의 마네킹이 있었다. 들어가 보려면 입장료가 필요했다. TV 방송국 기자들이 부지런히 걸어가는 우리를 취재했다. 4월 24일에 방영한다고 했다.

대형 '고이 노보리(鯉幟: 일본의 전통으로 남자아이가 건강하게 자라기를 기원하며 단오날에 물고기 모양으로 바람에 나부끼게 매달아 놓는 장식물)' 앞에서 단체 사진을 찍었다. 오늘도 전날에 이어 하라다 전 의원이 함께했다. 우쓰노야(宇津谷) 고개를 지났다. 도카이도의 험한 고개 가운데 하나였다. 그러나 중턱에 메이지 시대에 만들었다는 터널이 있어 생각보다 그렇게 힘들지는 않았다. 150년 전에 만든 터널이라는데 벽돌로 튼튼하게 만들어 놓았다.

언덕길을 오르는데 엔도 대장이 힘들어했다. 정민정 대원이 달려가서 부축을 했다. 그녀의 마음 씀씀이가 아름다웠다. 곧 83세가 되는 엔도 대장은 발이 상처투성이였다. 서울에서부터 함께 걸었는데 놀라운 정신력으로 주위를 놀라게 한다. 어느 일본 대원이 힘들어하는 그를 보고 그만

▲ 오카베숙의 고이노보리 아래서의 단체 사진

▲ 구 도카이도 산길을 걸어가는 대원들

▲ 한·일 우정 걷기 여정 하루 참가자 여성

차를 타라고 하자 차라리 할복하겠다고 말했다. 웃으며 하는 농담 속에 뼈가 있었다.

다카하시 미키오 대원이 오늘 일일 참가한 할머니 중 최연장자의 손을 잡고 즐겁게 걸어갔다. 함께 걷는 다른 할머니들이 연신 웃었다. 그의 배낭에 달린 헝겊 명찰에는 '재미있게 걷자'라는 글귀가 쓰여 있었다. 엇그

제는 시마 대원의 손을 잡고 걸어가는 모습에 마음이 훈훈했는데 그의 마음에서 인정이 흘러넘쳤다.

점심에는 편의점에서 산 유부초밥을 맛있게 먹었다. 이곳 시즈오카에 집이 있는 나카니시 대원이 또 나타나서 간식거리를 대원들에게 일일이 나누어주었다. 그녀는 한국 구간을 걸었는데 이후 일본 구간에도 틈틈이 나타났다. 김월호 이사가 가나이 대원이 주었다는 종갓집 김치를 꺼내놓아 점심을 맛있게 먹었다.

양종실 대원이 옆에 오더니 내가 문화일보에 연재하는 글이 술술 읽힌다며 칭찬했다. 쉽게 읽히며 감동까지 주니 타고난 재능이라고 나를 추켜세우니 과장이라는 생각이 들면서도 격려를 받았다.

시즈오카(靜岡)시로 넘어가는 다리 직전에서 북소리가 들렸다. 횡단보도를 건너가니 3명의 사물놀이패가 북·꽹과리·징을 치며 우리를 환영했다. 시즈오카 민단에서 나왔다.

오랜만에 이국땅에서 듣는 우리의 소리에 피가 끓고 신명이 났다. 흥겨운 기분으로 그들의 선도에 따라 다리를 건넜다. 공원으로 들어서니 민단 관계자들이 대거 나와 우리를 환영해 주었다. 그들이 수박과 음료수 그리고 사탕을 준비해 놓았다. 수박이 보기와 달리 몹시 달았다. 민단의 어느 여성이 내 명찰을 보더니 놀라며 내 블로그의 글을 재미있게 읽고 있다고 했다. 고마웠다.

시즈오카 시청 앞에서 환영 행사가 열렸다. 많은 직원이 나와 있었다.

시즈오카현은 조선통신사와의 연고가 많은 지역이라 어느 지역보다도 환영의 열기가 뜨거웠다.

이곳 시즈오카의 옛 지명은 '슨푸(駿府)'로 원래 이마가와 요시모토의 영지였다. 요시모토의 저택이 있는 슨푸(駿府)성에서 이에야스는 8살부터 19살까지 인질 생활을 했다. 그동안 이마가와 집안에 동화시키려는 요시모토의 책략으로 5살이 많은 요시모토의 조카딸 세나히메와 결혼까지 했다. 오케하자마 전투에서 요시모토가 죽자 비로소 이에야스는 오다가(家)에서 2년을 포함해 13년간의 인질 생활에서 벗어나 오카자키 성으로 들어가며 웅지를 펼치기 시작했다.

떠오르는 별 노부나가와의 기요스 동맹을 맺은 그는 이마가와 그리고 다케다 가문을 멸망시키며 동쪽의 강자로 부상한다. 1582년 혼노지의 변으로 노부나가가 죽자, 아케치 미쓰히데를 진압한 히데요시와 양강 구도를 형성했는데도 아직 때가 아니라는 판단에 도쿠가와 이에야스는 둘째 아들을 히데요시에게 양자로 보내며 히데요시와 강화에 응했다. 그렇지만 상경하지는 않았다.

이에야스에게 상경해 신하의 예를 올리도록 끈질기게 요구한 히데요시는 이에야스를 안심시키기 위해 이미 남의 아내가 되어 있는 44세의 여동생 아사히히메를 강제로 이혼시켜 이에야스의 정실로 들여보냈다. 그래도 이에야스가 움직이지 않자 마지막 카드로 그의 노모까지 이에야스에게 인질로 보낸다. 효자로 알려진 히데요시로서는 할 수 있는 최대의 양보였다.

이에야스는 결국 1586년 10월 26일 6만의 군사로 대형을 편성하고 서쪽으로 향했다. 그를 맞이한 히데요시의 기쁨을 말로 다할 수 없었다. 이에야스는 지난 3년에 걸친 히데요시와의 대결을 깨끗이 청산하고 그의 천하통일 사업에 적극적으로 협조하기로 한다. 아직 본인의 때가 오지 않았다고 판단했기 때문이다.

1586년 이에야스는 슨푸성으로 거처를 옮기며 영지 경영에 힘을 쓴다. 이후 1590년 사돈 관계인 관동의 호조 가문의 정벌에 나서는 히데요시를 위해 이에야스는 선봉을 자처해서 오다와라성 공격에 나선다. 호조 가문을 멸망시킨 히데요시는 1590년 경쟁자 이에야스의 영지를 변방인 관동 지방으로 옮길 것을 지시한다.

이에야스는 흥분해서 펄펄 뛰는 부하들을 진정시키고 히데요시의 지시에 순응한다. 그는 훗날을 기약하며 당시 황무지에 가까운 어촌 마을 에도로 가서 새로운 도시 건설에 매진해 영지의 규모를 250만 석까지 끌어올린다. 2년 후 히데요시의 무모한 임진왜란에 그는 새로운 영지를 개척하느라 여유가 없다는 이유로 출병하지 않았다.

히데요시도 경쟁자인 이에야스를 내심 조선으로 보내고 싶지 않았다. 무모한 7년 전쟁은 1598년 히데요시의 사망으로 끝이 났고 출병하지 않아 군사와 자원을 온존(溫存: 소중하게 보존한)하게 한 이에야스는 이후 세키가하라 전투에서 서군에 승리를 거두고 실질적인 통일 일본의 주인으로 등극한다.

▲ 구 도카이도(東海道)를 걷는 대원들

▲ 우츠노야 고개를 오르는 대원들

▲ 노변에 활짝 핀 야생화

▲ 시즈오카 민단 풍물패의 선도로 아베가와 대교 다리를 건너가는 대원들

▲ 메이지 터널 출구 쪽에서의 단체 사진

▲ 메이지 터널 아랫마을 풍경

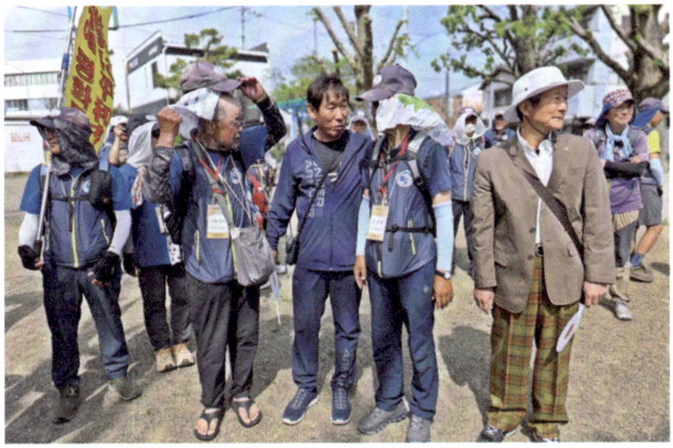

▲ 공원 환영행사장

김정현 대원이 두 번째로 힘들어하는 기색을 보였다. 휴식 시간이 다소 길어져 목적지인 시미즈 역을 7km 남겨놓고 우리는 거의 뛰다시피 걸었다. 그녀가 차 타기를 사양하고 그 속도를 따라잡아 우리를 놀라게 했다.

도쿄의 진로 재팬에서 협찬한 소주와 맥주를 차게 하는 문제로 약 일주일 동안 일본 측이 고민한 모양이었다. 결국 우리 대원들이 나누어 각자 방의 냉장고에 넣어두기로 했다. 어둑어둑해서 시미즈역에 도착했다. 시간이 늦어 완보증만 수여하고 체조는 생략했다. 전철을 타고 시즈오카역으로 이동했다. 전철 안에서 카톡을 여니 체육진흥회 백익 수석부회장이 격려하는 문자를 보내왔다. 답글을 적으며 격려를 받았다.

대원들은 호텔에 도착하자마자 맥주와 소주를 프런트에서 찾아 각자의 방 냉장고에 넣었다. 장용준 대원이 앞장서서 수고했다. 세탁물을 내어놓고 급하게 샤워를 한 다음 백남권 대원의 지인이 운영하는 한식집에 가서 저녁 대접을 받았다. 오랜만에 김치찌개 삼겹살에 소주를 마시니 힘이 솟았다.

▲ 시즈오카 민단 교민들과 함께

▲ 시즈오카 시청 앞 계단에서의 단체 사진

내일은 46일 차. 걷기가 없는 날이지만 오전에 시즈오카현청에서의 환영회에 이어서 조선통신사의 흔적이 많이 남아 있는 세이켄지(淸見寺)를 견학한다. 오늘은 38km를 걸었다. 내일은 시즈오카-도쿄 구간을 걷는 대원 8명이 본대에 참가한다. 서울신문 이종락 상임고문도 3박4일 일정으로 우리와 함께 걸으러 입국한다.

▲ 시즈오카 민단에서 준비한 과일 간식

▲ 시즈오카 야구장 앞 풍경

46일 차(2025년 4월 24일)

빗속의 슨푸(駿府)성이 고즈넉했다

오늘은 46일 차로 걷기가 없는 이른바 '교류의 날'이다. 그렇지만 일본 측 사무국에서 우리를 편하게 쉬도록 내버려 두지 않았다. 느긋하게 아침 식사하고 우산을 쓴 후 시즈오카현청으로 걸어서 이동했다. 15분 정도의 짧은 거리였지만 신발이 다 젖었다. 비 오는 슨푸성 공원은 고즈넉했다. 현청 건물은 이곳에 있었다.

통일 일본의 실질적인 주인이 된 도쿠가와 이에야스는 1601년 도카이도를 정비하고 1603년 쇼군(정이대장군)이 되어 에도막부를 수립하며 에도시대를 열었다. 1605년에는 쇼군의 지위를 아들 히데타다에게 물려주고 순푸성을 대대적으로 건설했다.

천하인을 자처하던 노부나가가 아즈치성을 대대적으로 신축하고 히데요시 역시 노부나가 사후 실권자라는 것을 천하에 과시하기 위해 거대한 오사카성을 지었다. 이에야스 역시 몰락한 요시모토의 저택이 있던 자리에, 어찌 보면 어린 시절에 눈물을 흘리고 눈칫밥 먹던 바로 그 자리에 세상에 보란 듯이 출세의 상징물을 건설한 것이다.

이에야스는 1607년 순푸성으로 옮겨와서 상왕(上王)격인 '오고쇼(大御所)'로서 막후 정치 실세로 정국을 좌지우지했다. 슨푸에서 이에야스는 에도 막부의 미래를 위한 각종 제도를 만들고 유럽 등과도 외교무대를 확대했다. 이에야스가 그 막을 연 슨푸는 인구 12만 규모의 대도시로 발전하며 당시 에도와 어깨를 나란히 겨루는 도시로 도약했다.

1607년에 일본에 첫발을 내디딘 제1차 조선통신사 여우길 정사 일행은 교토의 후시미성에서 히데타다 쇼군과 국서를 교환하고 돌아가는 길에 슨푸성의 이에야스를 예방했다. 이에야스는 스루가만에서 통신사 일행을 유람선에 태우는 등 극진하게 환대했다. 히데요시에 의해 끊어진 조선과 국교를 재개한 것에 대한 자부심이 컸던 그는 자신의 의중을 자연스럽게 표출했다.

야마오카 소하치의 대하소설 32권 짜리 [대망]을 읽은 후 이곳을 언젠가 한 번 방문하고 싶었는 데 장대비를 뚫고 시즈오카 현청을 향해 걸어가는데 감개무량했다.

현청에 도착해서 조선통신사 연구가로 저명한 오바타 씨와 인사를 나누었다. 그가 오늘 나와 엔도 대장의 답사를 통역하기로 되어 있었다.

10시부터 환영식이 시작되었다. 오늘 행사 주재자인 히라키 부지사가 미리 착석했는데도 정각 10시가 되어서야 비로소 행사를 시작했다. 멍하니 앉아서 5분 이상 행사 시작만을 기다리는 게 답답했다. 일본인들은 원칙을 중요시하지만 그만큼 융통성이 부족하다는 생각이 들었다.

반면 우리는 원칙보다는 융통성을 발휘하며 임기응변에 능하다. 그러니 정확성을 요하는 제조업에서 일본이 강했으나 빠른 변화에 대응해야 하는 정보화 산업에서는 우리의 비교우위 경쟁력이 우위를 점했다. 재빨리 정보화 물결에 올라탄 덕분에 이 분야에서 일본과 크게 격차를 벌렸다.

부지사가 젊었다. 아마 총무성 본청에서 내려온 분 같았다. 의례적인 환영사에 이어 한·일 양측 대표의 답사 그리고 선물 교환이 있었다. 출발에 앞서 엔도 대장의 부탁으로 부지사가 직원들과 함께 구호를 힘차게 외쳐 우리를 격려해 주었다.

현관에서 고 여사를 만났다. 그녀가 오늘 부지사의 통역을 멋지게 했다. 그녀가 내 블로그 글을 재미있게 읽고 있다고 해서 놀랐다.

▲ 시즈오카현 환영식에서 답사하는 필자

▲ 손푸성 해자의 봄 풍경

▲ 시즈오카현 환영식 이후 단체 사진

시즈오카역에서 전철로 오키츠(奧津)역으로 이동해서 10분 정도 걸어가니 세이켄지(淸見寺)가 나타났다.

세이켄지는 시즈오카현의 3대 사찰 가운데 하나다. 안으로 들어가니 이에야스가 이마가와의 볼모로 잡혀 있었던 어린 시절 이곳에서 공부했던 방이 그대로 보존되어 있었다. 이에야스가 집권한 후 어릴 적 추억이 서려있던 이 사찰을 각별하게 여겼던 것으로 알려진다. 조선통신사 일행들이 이 사찰에 11차례나 들러 묵거나 휴식을 취했던 곳으로, 이

▲ 시즈오카현 부지사와 현정 직원들의 출발 구호 선창

곳에는 유네스코 세계 기록유산에 등재된 많은 보물이 소장되어 있다.

점심을 스시 도시락으로 먹었다. 역시 바닷가에 자리 잡은 시즈오카답게 스시의 구성과 내용이 훌륭했다.

시즈오카에 머무른 당시의 조선통신사들이 그 일대 풍광에 대해 절경이라고 감탄했다는 역사적 기록이 있다. 그런데 지금은 과거의 풍광이 온데간데 없다. 당시 조선통신사들이 묵었던 사찰 주변의 바다는 매립되었고 그 사찰 앞으로 도로가 생기고 철길이 들어섰다. 메이지 시대까지만 해도 사찰 주변 일대는 일본 최고의 해수욕장 지대로 명성을 떨쳤고 그 주변에 유명 인사들의 별장도 즐비하게 들어섰다고 한다.

식사 후 오바타 씨의 조선통신사 관련 특강 그리고 대원들과의 질의응답이 있었다. 진지한 분위기가 이어져 출발시간이 30분이나 늦어졌다.

1763년(영조 39) 11차 조선통신사행 당시 실학시파 관료들이 대거 포함되어 있었는데 그 가운데 통신사행의 서기(書記)였던 원중거(元重擧: 1719~1790)가 일본을 다녀와서 [화국지(和國志)]라는 기록물을 남겼다. 조선 후기 박지원을 중심으로 하는 '연암학파(燕巖學派)'의 일원으로 북학파 실학자들과 활발하게 교유했던 원중거는 이 책에서 다양한 분야의 일본의 모습을 사실적으로 그렸다. 책 이름도 당시 일본을 비하해서 부르는 '왜(倭)'가 아닌 '화(和)'라는 글자를 사용했다.

그는 사행에서 돌아온 후 [승사록(乘槎錄)]·[화국지(和國志)]·[일동조아(日東藻雅)] 등 3부작의 일본 사행록을 저술했다. 이 가운데 [화국지]

▲ 세이켄지 경내 풍경

▲ 세이켄지 내부 이모저모

는 단순한 '견문록' 이 아닌 종합적인 '일본국지(日本國志)'라는 성격의 저술이다. 그는 이 책에서 관념적인 주자학 중심의 일본관에서 벗어나 있는 그대로의 일본을 소개하려고 심혈을 기울였다. 그는 이 책에서 "한·일관계의 중요성을 깊이 인식하고 과거 역사에 비추어 일본을 경계할 것"을 강조하면서도 일본과의 관계를 서술한 논평에서는 일본에 대한 경계심과 우리의 반성을 촉구하기도 했다.

이 책은 '와신상담의 마음으로 일본을 기록하다'라는 제목으로 일본에서 번역 출간되었다. 나는 번역본의 표지 사진을 찍었다. 순간 '그와 같은 노력이 계속되었더라면 오늘의 우리의 일본관에도 큰 변화가 있었을 터인데 아쉽게도 11차로 통신사의 방문은 끝이 났다'라는 아쉬운 마음이 들었다. 참고로 12차 조선통신사행은 양국의 국내 정치사정으로 쓰시마에서 국서를 교환하는 것으로 자족해야 했다.

도쿠가와 이에야스가 어린 시절 공부했던 방과 뒷뜰의 아름다운 정원도 둘러보았다. 현지 지방 TV의 인터뷰 요청이 있어 조선통신사 우정 걷기가 어떤 형태로든 계속되어야 함을 강조했다.

저녁 5시 30분 시내 노동회관에서 이곳 시즈오카의 관계자들과의 교류 모임이 있었다. 시즈오카-도쿄 구간을 걷는 새로운 대원 8명이 합류했다. 국내 구간을 일부 함께 걸었던 이종락 서울신문 상임고문도 합류했다. 그도 3박 4일간 함께 걸으며 우정 걷기 행사를 취재한다.

오늘 교류 모임은 후쿠로이시 의원을 역임한 다케노씨가 진행을 맡았

▲ 세이켄지 앞에 놓인 철길 주변 풍경

▲ 세이켄지 입구 계단에서의 단체 사진

다. 양측 대원들이 한 사람 한 사람 그동안 함께한 소감을 발표했다. 시즈오카 민단 단장도 참석했는데 그는 충북 제천 출신이라고 했다. 어제 시즈오카 도착 시에는 사물놀이패를 투입해 흥겹게 우리를 선도해 주었고 공원에서 많은 교민들과 맛있는 수박 등을 준비해서 우리들을 뜨겁게 환영해 주었다. 오늘도 고급 사케를 두 병이나 가지고 왔다.

오늘 도착해 현지에서 합류한 류동수 대원은 동양화를 그려 넣은 접이부채를 엔도 대장과 내게 선물했다. 국전에도 입선한 경력이 있는 허백련 유파의 작품이라고 했다.

저녁 8시 20분경 호텔로 돌아왔다. 엔도 대장이 그동안 쌓인 피로에다 과음해서 우리 대원들이 그를 부축해 택시로 호텔까지 모셔 왔다. 83세의 연세에 서울에서부터 걸어왔던 그다. 피로가 누적되다 보니 술에 장사가 없다.

내일은 삿타 고개를 넘는다. 돌파해야 하는 거리가 32km로 만만치 않은 코스라니 단단히 각오하고 나서야겠다는 생각이 들었다.

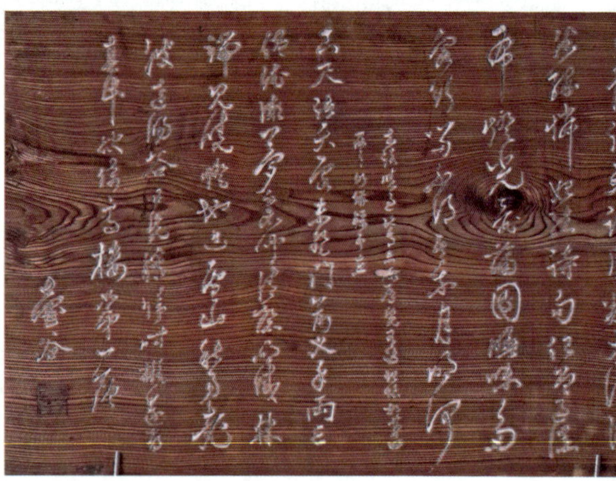

▲ 세이켄지에 붙어 있는 조선통신사가 남긴 글

47일 차(2025년 4월 24일)

그 유명한 삿타 고개를 넘었다

오늘은 47일 차다. 최종 목적지인 도쿄까지 6일을 남겨놓고 있었다. 그 먼 거리를 어떻게 걸어왔는지 꿈만 같았다. 우산을 펴들고 시즈오카역으로 가서 시미즈행 전철을 탔다. 세 정거장이었다. 등교 시간이라 학생들로 붐볐다.

시미즈역에서 출발했다. 비가 내리다 보니 체조를 생략하고 8시에 출발했다. 배낭이 젖지 않도록 앞으로 맸다. 윤소영 대원이 여분이 있다며 배낭 커버를 빌려주었다. 다행히 금방 비가 그쳤다. 정민정 대원이 편의점 앞에서 휴식할 때 커피를 사서 나누어 주었다. 마음이 참 고운 여성이었다. 고갯길에서 힘들어하는 엔도 대장을 부축해 주고 스틱도 빌려주었다.

오늘 후지(富士)시청 청사에 도착해 환영회장에 들어가는데 얼른 달려와서는 엔도 대장의 스틱을 회수하기도 했다. 81세의 일일 참가자 일본 할머니의 손을 잡고 걷기도 했다. 어제 이곳에 도착한 강호갑 대원은 길가의 토끼풀꽃으로 팔찌를 만들어 내게 메어 주었다. 그는 육사 출신인데 소녀의 감성을 지니고 있었다.

가는 길에 있는 메이지 시대 정치인 사이온지 긴모치(西園寺公望)의 별장에 들렀다. 그는 일본제국의 제12대 14대 총리를 역임했다. 천황의 측근으로 리츠메이칸(立命館)대학을 설립한 교육자이기도 했다. 해외유학파로 군국주의자들의 암살 위협에 늘 시달리기도 했다.

이곳 목조 별장에도 계단을 오를 때 소리가 나게 하는 등 각종 방어 시설이 갖추어져 있다고 별장을 지키는 시민모임의 아메미야 회장이 설명해 주었다. 그녀는 조선통신사 팬으로 어제 우리가 시즈오카 시청에 도착했을 때도 차가운 요구르트를 가지고 찾아왔다.

어제 방문했던 세이켄지를 지나갔다. 오늘 세이켄지에 박철희 주일대사가 들렀다는 정보가 있었다. 모처럼의 기회라 대원들이 만나 격려를 받았으면 했는데 서로 시간이 맞지 않았다. 세이켄지를 지나 조금 걸어가니 그 유명한 삿타 도오게 고개가 나타났다. 엔도 대장이 이 길의 유래를 대원들에게 설명해 주었다.

조선통신사를 위해 에도막부가 위험한 바닷길을 피해 이곳에 새로 만든 길이라고 했다. 절경이었다. 우측 깎아지른 듯한 절벽 너머로 태평양

▲ 메이지 시대 정치인
사이온지 긴모치(西園寺公望) 별장 표지석

바다가 펼쳐져 있었다. 그리고 노랗게 익은 큼직한 밀감이 주렁주렁 달린 밀감나무들도 아름다웠다. 길에 떨어져 썩어가는 밀감도 많았다. 자연산이 아니라 재배하는 농가가 있어 무단으로 따먹으면 절도죄로 경찰에 통보한다는 경고판이 붙어 있었다.

이곳에 기념비를 세우려고 한국체육진흥회 선상규 회장 등이 노력하

▲ 사이온지 긴모치 별장에서 잠시 휴식하는 대원들

▲ 삿타도오게 고개를 향해 걸어가는 대원들

▲ 삿타도오게 고개를 오르는 대원들

▲ 삿타도오게에서 바라보는 태평양 풍경

고 있었는데 이곳 행정당국의 반응이 신통치 않다고 했다. 절경을 보며 감탄을 아끼지 않았을 조선통신사 선조들을 생각했다. 구름이 끼어 후지산을 볼 수 없다는 것이 참 아쉬웠다.

삿타도오게 고갯길을 내려가니 이곳의 명물인 사쿠라에비(桜えび·벚꽃 새우: 봄·초여름 한철에 잡히는 작은 새우) 거리가 펼쳐지고 JR유히역이 그 가운데 있었다. 도카이도 길의 숙사 중 하나인 유히숙(由比宿)에서 점심을 먹었다. 김월호 이사의 김치 덕분에 더욱 맛이 있었다.

김홍렬 종사관이 어제 방영된 NHK 시즈오카방송의 뉴스를 단톡방에 올렸다. 시즈오카현청에서의 환영 세리머니를 중심으로 이번 조선통신사 활동을 보도하고 있었다. 김홍렬 종사관이 서울 출발 시의 영상을 방송국에 제공해 주었다. 같이 걷는 어느 일일 참가자가 집에서 뉴스를 보며 아내에게 자랑했다고 했다. 걸으며 자기와 얘기를 나눈 사람이 나왔다며 즐거워했다. 그는 이곳 사람으로 도쿄까지 걷는다.

오후 5시가 조금 못 되어 후지 시청에 도착했다. 11층 전망대 회의실에서 부시장이 주재하는 환영식이 있었다. 부시장이 인사말에서 "날씨가

▲ 도로변에 피어 있는 야생화

▲ 삿타도우게 고개를 내려가는 대원들

좋았더라면 정면으로 아름다운 후지산이 보였을 텐데"라며 아쉬워했다. 그는 일본 에도시대 말기 우키요에 작가로 이름을 떨친 가스시카 호쿠사이(葛飾 北斎)의 그림을 준비해 우리에게 보여 주었다. 호쿠사이는 평생 3만 점 이상의 판화 등 그림을 그린 화가로 서양의 모네 고호 등 인상파 화가들에게 영향을 끼쳤다고 한다.

오늘의 숙소는 바닥이 다타미로 된 일본의 전통 여관이었다. 우선 1층의 대욕탕에 가서 뜨거운 탕에 몸을 담그고 피로를 풀었다. 일본 여행은 이런 온천이 곳곳에 있는 것이 매력 포인트이다. 저녁 교류회에서는 이곳저곳에서 보내온 다양한 술들이 준비되어 있었지만 걸은 다음이라 뭐

▲ 유희숙 방향으로 걸어가는 대원들

니 뭐니해도 시원한 맥주가 단연 인기였다.

하마마쓰의 주류제조업체 사장이 보내온 인동주(忍冬酒)도 있었다. 엔도 대장이 일어나서 이 술의 유래에 관해 설명해 주었다. 하마마쓰성의 도쿠가와 이에야스가 즐겨 마신 술이라고 했다. '인동초(忍冬草)'의 향이 나는 달콤한 술인데 조선통신사를 대접할 때도 이 술을 사용했다고 한다.

▲ 붉은 꽃으로 뒤덮인 어느 주택의 화단 풍경

도쿠가와 이에야스는 50세 전후해서 비만 체질이 되었는데 아랫배가 나와 혼자서는 훈도시(에도시대의 펜티)를 찰 수 없어 시녀에게 조이게 했다고 한다. 신장이 155~158cm 정도였다고 하니 역시 영웅은 나폴레옹처럼 키가 작은 모양이다.

그는 슨푸성에서 만년을 보내며 직접 한약을 조제해서 복용하고 건강을 위해 매사냥을 1,000회 이상 나갔다고 한다. 그래서 그런지 센코쿠 시대 또 다른 두 영웅 노부나가나 히데요시와 비교해 장수하며 오래도록 살았다. 인간 수명 50년이던 시대에 그는 75세까지 살았다. 참을 인(忍)자를 화두로 들고 평생을 살은 영웅호걸이었다.

그가 남긴 유훈으로 우리에게 익숙한 구절로는 "인간의 일생은 무거운 짐을 지고 먼 길을 가는 것과 같다. 서두르지 말라", "무슨 일이든 내 마음대로 되는 게 아니라는 걸 알게 되면 불안은 사라진다", "마음에 욕망이 생기면 곤궁했던 때를 생각하라", "인내는 무사함의 기반이며 노여움을 적이라고 생각하라" 등등이 유명하다.

이에야스의 측실은 10명 이상이었고 다이묘나 고귀한 집안의 딸을 동경했던 천출 히데요시와는 반대로 하층계급의 딸이나 미망인이 많았다. 그는 말년까지 정력이 절륜했다고 한다. 그런 사실을 입증이라도 하듯 슬하에 11남 5녀를 두었다. '고산케(御三家)' 즉 쇼군에 지명 자격이 있는 도쿠가와 세 집안 즉 오와리(尾張)의 9남은 59세 때, 기슈(紀州) 가문의 10남은 61세 때, 미토(水戶) 가문의 11남은 62세 때 본 자식이었다.

어제 피로와 과음으로 필름이 끊어졌던 엔도 대장이 오늘은 조심하는 모습을 보였다. 술자리를 좌우하는 호탕한 성격의 그가 있는 회식 자리는 언제나 분위기가 흥겨웠다.

오늘은 31km를 걸었고 이렇게 47일 차 하루도 저물어 갔다.

▲ 구호를 외치는 후지시청 부시장 등 후지시청 관계자들

▲ 후지시청 부시장 등 관계자와의 단체 사진

48일 차(2025년 4월 25일)

드디어 오매불망 후지산을 보았다

오늘은 조선통신사 옛길 걷기 48일 차다. 최종 목적지 도쿄까지 6일을 남겨놓고 있었다. 드물게 6시간 가까운 수면을 취했다. 아침에 료칸을 나서니 대원들의 환호성이 들려왔다. 후지산이 보여서였다.

흐린 날이라 기대하지도 않았는데 눈 덮인 후지산이 선명하게 보였다. 감동이었다. 일본을 오가며 기내에서 수차례 내려다본 적은 있지만 이렇게 눈앞에서 바라보는 것은 정말 오랜만이었다. 후지산을 배경으로 단체 사진을 찍었다.

요시와라(吉原)역까지 거의 30분을 걸었다. 오늘은 일일 참가자를 포함 거의 70명에 육박하는 인원이 함께 걷게 되었다. 넓은 잔디밭에서 일

▲ 후지산을 배경으로 한 단체 사진

▲ 누마즈 석수문(石水門) 유적지 기념비

▲ 요시와라 공원에서 출발 전 인원점검

일 참가자도 함께 체조를 했다. 오늘은 한국어로 번호를 셌다. 재일동포 이경수 대원의 지도로 서툰 발음으로 한국어를 말하는 일본인들이 재미가 있었다.

오늘은 미시마(三島)까지 32km를 걷는다. 남은 도쿄까지의 일정 중 마지막 장거리 코스였다. 출발에 앞서 오늘 83회 생일을 맞은 엔도 대장을 위해 리영수 대원의 제안으로 '해피 버스데이 투유!'를 제창했다.

제방 위를 우측으로, 태평양 바다를 바라보며 걸었다. 날씨가 흐려 후지산을 보며 걸을 것이라는 예상은 빗나갔다. 다행히 바람은 없어 깃발을 들고 제방 위를 힘차게 2시간 남짓 걸었다. 이 정도 2중으로 만든 제방으로도 향후 도깨비처럼 엄습해올 것으로 예상되는 난카이 대지진의 대비책으로는 어림도 없다고 했다.

누가 뭐래도 일본은 여러모로 자연재해가 많은 나라다. 연중 들이닥치는 강한 태풍으로 지나가는 지역이 초토화 뒤고 지진은 수시로 대지를 흔들어댄다. 지난 2011년 3월 11일 동북대지진 당시에는 쓰나미로 한꺼번에 2만 명의 주민들이 희생되었다. 오늘날의 일본인들은 이런 자연재해를 견뎌내며 살아남은 사람들이다. 부드러운 듯 보이면서도 강한 면모의 그들의 정신력에 대해 지난 40여 일 24시간을 그들과 함께하며 여실히 느꼈다. 이종락 서울신문 상임고문이 도쿄 특파원 당시 겪었던 공포의 순간들에 대해 생생하게 체험담을 들려주었다.

점심은 마침 근처에 식당이 있어 이종락 고문, 김월호 이사와 함께 스시를 먹었다. 역시 바닷가라 내용이 훌륭했다. 식사를 마치고 나오니 상가 건물 너머로 후지산의 정상이 선명하게 보인다. 마치 아이스콘 같았다. 사진을 찍었다.

소나무 숲길을 걸었다. 운치가 있었다. 일본은 강수량이 많아 나무가 많다. 후지산의 눈 녹은 물이 지하에서 솟구쳐 나오는 곳이 있다고 해서 잠시 들렀다. 이곳 누마다(沼田)시를 대표하는 관광상품이라고 했다. 초등학교 6학년 여자아이들이 옷을 입은 채 물놀이를 하며 잔디밭을 뛰어다니는 모습이 싱그러웠다.

제1·2 전망대로 가서 물이 보글보글 솟아오르는 광경을 지켜보았다. 하루에 120만 톤이나 솟아오른다고 했다. 화산의 분화구처럼 보이는 동그랗고 어두운 깊은 수원(水源)에서 끓어오르듯 부글부글 솟아오르는 광경을 보니 무서우면서 왠지 섬뜩한 느낌이 들었다.

▲ 방조제 둑길을 걸어가는 대원들

▲ 센본하마(千本浜) 송림(松林) 숲길을 걷는 대원들

▲ 후지산 전경

▲ 센본하마(千本浜) 소나무 숲 오솔길

목적지 미시마(三島)신사에 도착했다. 오늘의 코스 리더를 맡은 시즈오카 걷기협회 회장이 준비해 놓은 캔맥주를 시원하게 마셨다. 15분을 걸어서 숙소인 도요코인 호텔로 가는데 맥주를 마셔서 그런지 오늘은 유난히 피곤했다. 한참을 기다려 프런트에서 키를 받고 큰 배낭을 찾아 매고 방으로 올라갔다. 세탁물을 서둘러 꺼내놓고 로비로 내려갔다.

이 고문이 호텔 바로 옆의 작은 이자카야에 자리를 확보해 놓았다. 가까워서 좋았다. 이자카야 홀에는 사토 와타나베 등 여성 대원들의 모습도 보였다. 엔도 대장이 내일 귀국하는 이종락 고문과 자리를 만들려고 했는데 그가 도쿄의 옛 동료 그리고 현지의 여성 특파원과 선약이 있어 같이 동석하기로 했다. 이자카야에서 이들과 함께 생맥주에 사케를 몇 잔 나누고 방으로 올라왔다. 가나이 대원의 글이 실린 민단신문을 사토

▲ 미시마 신사에서 우정 걷기 여정 하루 참가자들과 함께한 필자

▲ 미시마 신사 경내 봄 풍경

▲ 우정 걷기 여정 하루 참가자로 일정을 소화하는 시즈오카 걷기회 회원

대원이 이 고문을 위해 구해주었다고 했다. 그가 귀국해서 기사를 쓰는 데 도움이 되겠다는 생각이 들었다. 일본 대원들은 작은 부탁이라도 이를 소홀히 하지 않고 들어주려고 애썼다. 그녀는 일전에 걸으며 넘어져 입술이 찢어지는 부상을 입었는데 오랜만에 일일 참가한 그녀를 보니 완전히 회복해 있었다.

그때 내가 손을 잡고 함께 걸어준 것이 고마운 모양이었다. 오늘은 걸으며 그녀의 배낭에 쓰인 메시지 '함께 걸으면 친구'라는 글이 멋지다고 칭찬을 해주었다. 그랬더니 그녀는 다음에 기회가 되면 사용할 메시지도 미리 준비해 놓았다며 스마트폰을 꺼내 보여 주었다.

'넘어지면 멋진 친구가 생긴다'라는 메시지에 절로 웃음이 나왔다. 목적지를 앞두고 그녀 그리고 나카니시 대원과 함께 노래를 부르며 걸으니 힘이 났다.

48일 차도 이렇게 저물어 갔다. 내일은 일본 구간 중 가장 난코스라는 하코네 고개를 넘는다. 시즈오카(靜岡)현을 지나 가나가와(神奈川)현으로 들어간다. 힘은 들겠지만, 하코네에서의 온천욕을 기대하며 미끄러지지 않도록 조심조심 걷도록 할 것이다.

49일 차(2025년 4월 26일)

난코스 하코네 고개를 넘었다

오늘은 49일 차다. 전 일정 중 가장 난코스라는 하코네 고개를 넘는 날이다. 출발지는 미시마 신사다. 시장이 나와서 격려 인사를 했다. 하코네 고개 초입에서 휴식하는데 모리 대원이 어떤 부인을 내게 모시고 왔다. 한국 대원들을 위해 차게 냉장한 밀감(천혜향을 닮았다)을 가져왔다고 했다. 어제도 가져왔는데 이틀째였다. 감사하게 받아 대원들에게 나누어주었다. 일일이 예쁘게 까서 냉장한 그녀의 정성에 감동했다.

두 번째 휴식 시간에는 일본 기상청장을 지낸 마키노씨가 딸기를 가져와서 맛있게 먹었다. 그는 조선통신사 OB다.

험한 코스에다 돌을 깔아 만든 길이라 아래만 보고 미끄러지지 않도록

▲ 출발 구호를 외치고 있는 미시마 시장(중앙)과 우정 걷기 행사 참가자들

신경을 곤두세우며 걸은 생각밖에 기억나지 않았다. 가끔 보는 경치가 절경이었다. 이런 높은 지역에 주택이 들어서 있었고 사람이 살고 자동차가 다니고 있다는 게 신기했다. 아시노코호수가 나타났다.

하코네 아시노코는 일본의 대표적인 칼데라 호수 중 하나로 '해적선' 유람선으로 유명하다. 토요일이라 서양 관광객들이 많이 보였다. 하코네 고개를 넘으며 미끄러지지 않으려고 용을 쓰며 땀을 흘린 탓인지 추웠다. 다행히 여름용 파카(parka: 모자가 달리고 흔히 안이 모피로 된 웃)를 배낭에 넣어 와서 도움이 되었다. 조선통신사 일본 측에서 가장 나이가 많은 시마 대원의 두 딸이 이곳에서부터 같이 걸었다. 엔도 대장이 두 딸을 내게 소개해 주었다.

▲ 하코네 고개를 향해 걸어가는 대원들

▲ 하코네 고개를 걸어가는 대원들

▲ 하코네 구가도(舊街道·옛길) 삼나무 오솔길을 걸어가는 우정 걷기 참가자들

▲ 본격적으로 하코네 고개로 들어서는 우정 걷기 참가자들

엄마 손을 잡고 서로 부축하며 조심조심 걷는 모녀의 모습이 아름다웠다. 이미 소개를 받았는데 시마 대원이 이를 모르고 두 딸을 데려와 내게 다시 소개했다. 둘째 딸이 췌장암에 걸려 투병 중이라고 담담하게 말했다. 딸의 간병을 하느라고 이번에는 전 구간 참가를 못하고 오미하치만에서부터 걸었다. 일본인들은 감정을 밖으로

▲ 아시노코호수 멀리 관광 해적선이 보인다

드러내는 것을 부끄럽게 생각하는 경향이 있다. 아무쪼록 둘째 딸이 하루속히 회복되기를 기원했다.

▲ 하코네 고개를 넘어서면 나타나는 마을의 고즈넉한 풍경

도쿄에서 직장 생활을 하는 박해룡 부사의 딸도 토요일이라 아버지와 같이 걷겠다고 내려왔다. 일본에서 20년을 생활했다는데 씩씩해 보였다. 아버지와 대화를 나누며 걸어가는 모습이 보기에 좋았다.

점심 식사 시간이 되었지만, 너무 추워서 아침에 편의점에서 산 삼각김밥을 먹을 엄두가 나지 않았다. 김월호 이사와 근처의 식당에서 미소시루가 딸린 돈가스를 사먹었다.

험한 고갯길에서 정민정 대원이 엔도 대장을 잘 부축했다. 정신력으로 버틴다지만 그도 이제 83세다. 넘어지기라도 하면 며칠 남지 않은 이번 행사가 빛을 잃기 마련이었다. 최종일 도쿄의 환영식에서 삼사는 준비된 복장을 갈아입기로 했다. 정사복은 누가 도와주어야 입을 수 있다. 김정현 대원에게 부탁하니 흔쾌하게 도와주겠다고 했다.

5시에 호텔에 도착했다. 일일 참가자들에게 완보증을 수여하고 사진을 찍었다. 피곤한 데다 마땅한 장소가 없어 체조는 생략했다. 온천 호텔이라 한 방에 4명씩을 배정했다. 지하 1층 대욕실에 가서 뜨거운 온천물에 몸을 담그니 하루의 쌓인 피로가 날아갔다.

▲ 손잡고 옛 돌밭 오솔길을 힘겹게 걸어가는 우정 걷기 참가자들

저녁 식사는 뷔페 식이었다. 술은 얼마든지 마실 수가 있었다. 음식의 질도 훌륭했다. 역시 생맥주가 최고였다. 오늘 최고의 난코스를 무사고로 넘어온 대원들에게 축하 문자를 보내고 도쿄 입성까지 건강과 안전에 특히 주의를 기울이도록 당부했다.

▲ 출렁다리를 건너기 위해 차례를 기다리고 있는 참가자들

49일 차 밤도 깊어졌다. 내일은 히라즈카(平塚)까지 평탄한 도로로 28km 거리다. 길을 걷는 것이 마치 우리 인생길 같았다.

▲ 숙소인 이토엔 료칸 앞에서의 단체 사진

50일 차(2025년 4월 27일)

남에게 신세 지지 않으려는 일본인들

오늘은 여정 50일 차다. '앞으로 나흘 여정을 끝까지 견디도록 하자'라고 마음으로 다짐했다. 온천 호텔에서 뜨거운 녹차에 방에 비치된 사쿠라에비 센베이를 먹었다. 일본측 대원이 간식거리를 방으로 다니면서 나누어주었다. 빵에 과자와 과일로 1인당 두 봉지씩이나 나눠주었다. 나중에 물어보니 이번에 한국 구간을 걷고 귀국했던 시노자키씨가 가져왔다고 했다. 그녀의 손이 크다는 생각이 들었다.

호텔에서 20여 분 걸어서 유모토하코네(湯本箱根)역으로 갔다. 몇몇 일일 참가자들과 인사를 나누고 함께 사진도 찍었다. 8시가 조금 지나 출발했다. 걸으며 한 가마보코(蒲鉾: 흰살생선을 잘게 갈아 밀가루를 넣어 뭉

친 일본 음식으로 어묵의 일종) 백화점 앞에서 휴식했다. 일일 참가자 우치무라씨가 가마보코를 사서 대원들에게 일일이 돌렸다.

정민정 대원은 오는 길에 '낑깡'을 사서 내게 한 봉지를 주었다. 물어보니 100엔이라는데 돈의 액수가 중요하지 않았다. 그녀의 따뜻한 마음이 고마웠다. 그녀는 일본에서 공부했던, 소천하신 아버지의 흔적과 숨결을 찾고 있었다. 같이 걷는 일일 참가자가 마침 사이타마현에 사는 사람이라 그녀의 아버지가 졸업했다는 사이타마중학교에 관해서 물어보았다. 같은 한자(漢字)지만 '사이다키'라고 읽는 중학교가 있으며 소재지가 '교다(行田)'라고까지 알려주었다. 오래된 학교로 지금도 문을 열고 있다고 하니 그녀가 탄성을 질렀다. 그녀에게는 매우 소중한 정보였다. 낑깡 값을 제대로 했다. 오다와라(小田原)성 앞에서 잠시 휴식을 했다.

▲ 이른 아침 료칸을 나서고 있는 한·일 우정 걷기 참가자들

▲ 오다와라성 해자(垓子·성 주위에 둘러 판 못) 전경

▲ 우정 걷기 여정 하루 참가자들이 힘차게 구호를 외치고 있다

▲ 오다와라성의 천수각 주변 전경

오다와라 성은 난공불락으로 알려진 호조(北条)가문의 본거지였는데 1590년 히데요시에 의해 함락당했다. 도쿠가와 이에야스와는 사돈간인데 이에야스가 선봉을 자처했다. 비정하기 그지없었던 센코쿠 시대의 광경이다. 히데요시는 이 성을 공략하기 위해 오다와라성이 내려다보이는 산 위에 6만 명을 동원해 동서 500m 남북 300m의 이시가키 성을 80일이라는 단기간에 축성했다. 축성의 귀재 히데요시였다.

한 달이면 식량이 떨어져 퇴각할 것이라고 믿었던 번주 우지마사(北条氏政)는 2달이 지나도 끄떡없이 버티는 히데요시에게 충격을 받는다. 동맹관계로 원군을 기대했던 다테(伊達 政宗)의 배신은 호조가에는 정말 뼈아픈 충격이었다. 결국 1590년 6월 25일 성을 가리고 있던 주변의 나무를 잘라내라고 히데요시가 명령을 내리자 하룻 밤만에 출현한 이시가키 성을 보고 결국 우지마사는 농성을 단념하고 항복을 한다.

이 역사적 사건을 계기로 히데요시가 오랫동안 꿈꿔왔던 천하통일의 꿈은 완성되고 어깨에 힘이 들어간다. 그러자 히데요시는 이에야스에게 현재의 영지를 넘기고 변방인 관동 8개국으로 옮기도록 명령을 내린다. 이것이 이에야스와 히데요시의 운명을 가르는 결정적 계기로 작용했다.

오다와라성의 텐슈각(天守閣)이 멀리 보였다. 길을 걷는데 동네 이름이 특이하다는 생각이 들었다. 사케니오이(酒匂)라는 이름의 마을이다. 우리말로 '술 냄새'라는 뜻이다. '술 냄새 초등학교'도 지나가는 길에 있었다. 이 학교 재학생들은 자기들의 학교 이름에 대해서 어떻게 생각할

▲ 우정 걷기 하루의 여정을 재촉하는 참가자들

까, 자못 궁금했다.

점심은 공원 바닥에 앉아 먹었다. 시노자카씨가 김치에다 오징어무침까지 보내와서 점심을 맛있게 먹었다. 그녀는 역량 있는 간호사로 잔뼈가 굵은 분이었는데 독신이라고 했다. 늘 웃는 얼굴에 행동거지 하나하나가 천사라고 모리 대원이 칭찬했다.

고라이(高来)신사에 들렀다. 원래의 이름은 '고려사(高麗寺)'였다. 이곳 오이소(小磯)항에 고구려 유민과 함께 망명한 왕자 잣코(若光)를 모신 신사다. 그들이 오이소에 배를 타고 도착했다고 해서 이곳의 지명이 정해졌다는 얘기를 들었다. 우리말 "오십시오"에서 유래했다고 한다.

이곳에 도착한 잣코는 그 후 유민들을 데리고 100km 남짓 떨어진 사이타마(埼玉)현으로 이주해서 살았는데 그곳 사이타마에도 그를 신으로 모신 고마진자(高麗神社)가 있다. 영험이 많은 신사라고 소문이 나서 특히 입시생을 둔 부모들이 즐겨 찾고 있으며 한국인 관광객들의 방문도 많다고 했다.

사토 대원이 든 비닐봉지가 스틱을 쓰는 그녀에게 불편해 보여 내가 들어주었는데 그 광경을 본 일본 대원이 엔도 대장에게 보고한 모양이었다. 점심을 먹고 출발할 때 앞에 가는 그녀가 봉지를 들고 있어 내가 다시 들어주려 하자 정색을 하며 거부했다. 엔도 대장에게 야단을 맞았다고 했다. 배낭에 넣지 않고 들고 다니니 한국 측 대원에게 폐를 끼친다는 취지였다. "자기 일은 자기가 처리해야지 남에게 신세를 져서는 안 된다"라고 이들은 어린 시절부터 교육을 받는다.

▲ 우정 걷기 여정 하루 참가자 나가후치 모녀

오늘은 한 시간 이상 일찍 히라즈카(平塚)의 호텔에 도착했다. 대원들이 좋아서 박수를 쳤다. 오늘은 총 29km를 걸었다.

저녁은 인스턴트 우동으로 때웠다. 어제 수면 부족으로 잠을 좀 자는 것이 급선무였다. 우동을 사서 오다가 호텔 입구에서 나카니시 대원을 만났다. 일전에 같이 걸으며 패티김의 노래 <이별>을 함께 불렀던 분이다.

그때 그녀가 길옥윤의 평전을 재미있게 읽은 적이 있다고 했다. 며칠 안 보이는 동안 중고 서점에서 그 책을 구해서 내게 주려고 가져왔다. 그녀도 60대 중반으로 독신이었다. 볼 때마다 대원들에게 진귀한 간식을

▲ 원래의 이름은 '고려사(高麗寺)'였던 고라이(高来)신사 입구

구해와서는 나누어 주는 데 동에 번쩍 서에 번쩍하는 게, 마치 홍길동 같았다. 오늘은 공식적으로 세탁이 없는 날이라 마침 시간 여유도 있어 1층 세탁기가 있는 곳으로 가서 세탁했다.

▲ 히라즈카 역 앞에서 걷기 여정 하루 참가자들과 함께한 필자

51일 차(2025년 4월 28일)

모두에게 감사하는 마음이 충만하다

오늘은 걷기 여정 51일 차다. 새벽에 일어나 블로그 글을 완성해서 올리고 길 건너 도요코인 호텔로 가서 하는 아침 식사는 생략했다. 몸이 너무 피곤해서 움직이는 것이 귀찮았다. 냉장고에 넣어둔 우유에 센베이 등으로 아침을 해결하고 휴식했다. 7시 30분에 내려가 걸어서 히라즈카역으로 갔다. 역 앞은 출근길에 유동 인구가 많고 스페이스가 나오지 않아 체조는 생략하고 출발했다.

도츠카(戶塚)까지 23km 거리를 걷는 일정이었다. 비교적 가벼운 코스였다. 도로를 걸어가니 지루했다. 신호등이 많아서 가다서다를 반복했다. 후지산을 본 것이 그나마 큰 즐거움이었다. 김월호 이사가 점심은 따로 구입하지 말라고 했다. 먹을 게 많다며 심각김밥을 하나 나눠주었다.

점심거리를 사기 위해 대원들이 함께 대형 슈퍼에 들렀다. 후식으로 먹을 토마토와 수박을 사서 계산대로 가니 줄을 서 있던 일일 참가자 다카나시 씨가 자기가 계산을 대신 할테니 자기 바구니에 넣으라고 했다. 1,000엔을 같이 넣고 나왔다.

▲ 도카이도(東海道) 후지산 일대 풍경을 담은, 에도시대(1603~1867)에 유행한 목판화 형태의 풍속화 우키요에(浮世畵)

▲ 도로변에 들어서 있는 신사

▲ 주변 마을을 압도하는 눈 덮인 후지산

점심을 먹기로 한 후지사와(藤沢) 교류회관으로 갔다. 가까운 곳에 있었다. 입구에 앉아 나머지 대원들이 오기를 기다리는데 다카나시 씨가 오더니 내가 사려고 한 토마토와 수박을 주며 1000엔을 되돌려주었다. 자기가 이 정도는 대접하고 싶다고 해서 그의 성의를 받아들였다. 그는 시즈오카에 사는데, 뉴스에 나온 나를 보고 아내에게 아는 사람이라고 자랑했던 분이다. 그도 도쿄까지 일행과 함께 걷고 있었다.

그곳 현지 관계자들이 환영식을 준비하고 있었다. 사회를 맡은 시 관계자에게 진행 순서를 확인하니 대표 인사는 엔도 대장 한 사람으로 되어 있어서 안도했다. 후지사와시 관계자 일한친선협회 그리고 민단 대표의 환영사를 서서 듣는데 고문을 당하는 기분이 들었다. 피곤해서 선 채로 졸면서 들었다.

▲ 봄꽃이 만개한 시가지를 걷고 있는 우정 걷기 참가자들

이곳 후지사와는 에도의 니혼바시(日本橋)에서 교토까지 가는 도카이도(東海道)길에 있는 53개의 숙사 중 6번째 숙사가 있었던 곳이다.

환영회가 끝나고 2층으로 올라가서 각자 준비한 점심을 먹었다. 어제 시마자키 대원이 준 김치와 오징어무침이 있어 꺼내놓고 맛있게 먹었다. 디저트로 수박과 토마토에다 사무국에서 나누어준 바나나까지 식탁이 풍성해졌다.

도모노우라에서 우리에게 김치를 대접했던 재일동포 강정춘 여사가 한국 구간을 걸었던 이혜미자 대원과 함께 상경해서 같이 걸었다. 강 여사도 조선통신사 초기 멤버였다. 그녀가 교류회관에서 구입한 과자를 우리 대원들에게 하나씩 돌렸다. 뜯어보니 바나나 과자인데 맛이 있었다.

▲ 후지사와숙에서 열린 환영회 이후의 단체 사진

▲ 후지사와숙을 그린 목판화 형태의 풍속화인 우키요에(浮世畵)

4시 이후에는 비가 온다는 예보가 있어 코스 리더가 길을 서둔 덕분에 3시경에 목적지 도츠카역에 도착했다. 오는 길에 박종오 대원과 얘기를 나누었는데 그가 내가 잘 아는 과학기술단체의 창립 멤버라는 말을 듣고 깜짝 놀랐다. 그는 걷기에 있어서는 누가 뭐래도 베테랑인데 몸이 좌측으로 많이 기울어 있었다. 피곤한 사람의 전형적인 걷기 자세였다. 막판에는 그의 손을 잡고 함께 걸었다.

도츠카역의 2층 광장에서 체조를 마치고 호텔에 도착했다. 방으로 올라가 마지막 빨래를 내놓고 뜨거운 탕에 몸을 담갔다.

도쿄에 사는 지인 준코가 답을 메일로 보내왔다. 5월 1일 저녁 7시에 우에노호텔 근처의 한식당을 예약했다고 했다. 내가 한 달여 걷는 동안 일본 음식만 먹어서 질렸을 테니 한식으로 정했다고 했다.

5시 30분에 로비로 내려가 엔도 대장 박해룡 부사 그리고 김월호 이사와 인근 이자카야로 가서 함께 한잔했다. 엔도 대장이 우리를 대접하고 싶다고 해서 마련한 자리였다. 이틀을 남겨놓고 있지만 무난하게 끝난 제10회 조선통신사에 대해 미리 자축했다. 박해룡 부사가 12회까지 이 행사가 지속되어야 한다고 강하게 주장했다. 향후 대책에 대해서는 금년 10월 국제걷기대회에 엔도 대장 등 관계자가 내한할 때 양측이 만나 협의키로 했다.

매우 즐거운 자리였다. 선상규 회장의 인사문은 김월호 이사가 대독하고 우시오 게이코 여사에게 미리 원고를 보내 통역을 부탁하기로 했다. 그녀는 박근혜 전 대통령과 서강대 동기로 대통령 재직시 일본어 통역을 담

▲ 요코하마시 이면도로(裏面道路·왕복 차로의 구분이 없는 도로)를 걷는 대원들

당했다는 프로였다. 지난달 경주에서도 저녁 식사 시간에 나타나서 경주빵 등을 우리 대원들을 위해 선물하기도 했다. 그녀는 도쿄에 거주하고 있었다.

오늘은 24km를 걸었다. 방으로 올라오며 빨래를 찾아와서 옷걸이에 걸었다. 이제 더는 일본측 사무국이 도와주는 세탁은 없었다. 51일 차 밤이 깊어졌다. 모두에게 감사하는 마음이 들었다. 내일은 도쿄 입성을 하루 앞두고 가와사키로 가서 하룻밤을 자게 된다.

▲ 도츠카역에 도착한 후 일일 참가자들과 함께한 필자(맨 좌측)

52일 차(2025년 4월 29일)

내일 도쿄에서 이별하자니 서운함이…

오늘은 JR 가와사키(川崎)역까지 26km를 걷는 여정이다. 내일은 드디어 최종 목적지 도쿄 히비야 공원을 향해 걷는다. 가와사키에서 다리 하나만 건너면 도쿄다. 이곳까지 총 3,000리를 걸어왔다. 내일은 내 인생 최고의 순간을 맞이하는 날이었다.

마지막까지 긴장의 끈을 놓치지 않도록 특히 차량 이동이 많은 도로 쪽 길을 걷는 만큼 안전에 최대한 유의하도록 대원들에게 주의를 환기시켰다. 역 광장에서 체조를 하고 출발했다. 통일교 관계자들이 나와서 같이 사진을 찍고 하는 것이 신경이 쓰였다,

길을 걸으면서 시즈오카에서부터 참가한 이호상 대원이 하는 얘기가

재미있었다. 그는 선(禪)에 심취해 한때 스님이 될까도 생각했다고 했다. 그는 "지금, 이 순간이 있을뿐 과거와 미래는 우리의 생각일 뿐"이라고 주장했다. 그는 "생각 뒤의 의식을 볼 수 있어야 한다"라고 했다.

그도 노래를 좋아해서 같이 '블루 라이트 요코하마'를 부르며 걸었다. 앞에 가는 사토 대원이 자꾸만 앙코르를 외쳐서 세 번이나 불렀다. 요코하마 시내를 걸으며 이 노래를 부르니 느낌이 달랐다. 원곡자 이시다 아유미가 2025년 3월 향년 76세로 별세했다는 얘기를 사토 대원에게서 듣고 깜짝 놀랐다. 우리의 청춘 시절을 함께 한 그녀의 명복을 마음으로 빌었다.

이 노래는 1968년 그녀의 나이 20세에 발표한 26번째 앨범에 수록된 곡으로 150만 장이 팔린 밀리언셀러다. 일본 대중가요 앨범 수입과 유통이 금지된 그 당시에도 이 노래는 우리들이 즐겨 불렀던 노래 가운데 하나여서 아마 모르는 사람이 없었을 것이다. 비교우위 경쟁력을 지닌 문화의 파급력은 예나 지금이나 상당하다.

♪ 거리의 불빛이 참 아름답네요
요코하마 블루 리이트 요코히마
당신과 우리 둘 행복해요
언제나처럼 사랑의 언어를
요코하마 블루 라이트 요코하마

나에게 와주세요 당신이 먼저

걷고 걸어도 작은 조각배처럼
나는 흔들리고 흔들려요
당신의 품속에서
발자국 소리만이 따라오네요
요코하마 블루 라이트 요코하마
부드러운 입맞춤 다시 한번 더

(간주)

걷고 걸어도 작은 조각배처럼
나는 흔들리고 흔들려요
당신의 품속에서
당신에게서 풍겨오는 향기로운 담배 내음
요코하마 블루 라이트 요코하마
둘만의 세계, 언제까지나

정민정 대원이 짧은 휴식 시간에 사과를 깎아 나누어 주었다. 엔도 대장도 맛있게 먹었다. 그녀는 재주꾼이었다. 그녀의 배낭에는 없는 것이 거의 없었다.

▲ 도츠카역 광장에서 출발 구호를 제창하는 일일 참가자들

일일 참가자 사이토가 정민정 대원의 아버지가 다닌 사이타마중학교 주변 지도를 내일 가져다주겠다고 했다. 그리고 학교 주변의 풍경을 사진을 찍어 추후 보내주겠다고 해서 내 명함을 주었다. 참 친절한 분이었다.

기린 맥주 공장 앞에서 휴식했다. 비어홀에 들어가 보니 홀에 가득한 사람들이 갓 만들어낸 생맥주를 즐기고 있었지만, 우리에겐 그림의 떡이었다.

나가후치 모녀가 깃발을 들었다. 허광도 대원이 사진을 찍었다. 그들 모녀는 10년 전부터 이 모임에 참여해서 걷고 있었다. 딸이 깃발을 들고 수줍게 웃는 것이 예뻤다. 10년 전 초등학생이었던 딸이 지금은 21살이 되었다. 발달 장애가 있는 그녀는 아직도 초등학생처럼 보였다.

길을 걷는데 '나마무기(生麥) 사건 현장'이라는 표시판이 보였다.

▲ 지인들과 함께한 엔도 대장과 김월호 대원

▲ 걷기 여정 일일 참가자와 함께 걸으며 대화하는 엔도 대장

1862년 사쓰마(薩摩) 국부 시미즈 히사미쓰 일행이 에도에서의 일을 마치고 교토로 가고 있었다. 그때 승마를 즐기던 영국인 4명이 행렬 앞을 가로질러 갔다. 무례하다고 생각한 무사들이 달려들어 칼로 공격했다. 1명은 사망했고 나머지 3명은 중상을 입은 채 그들의 요코하마 영사관으로 피신해야 했다. 참고로 나마무기는 이곳의 지명이다. 이후 사쓰마번은 영국군의 공격을 받아 서양문명의 힘을 실감했다. 이 일을 계기로 사쓰마번은 기존의 존왕양이(尊王攘夷: 에도막부 말기 천황을 중심으로 외세를 막아내자는 사상운동)에서 벗어나 개국으로 돌아서게 되며 이후 조슈(長州)번과 함께 유신을 주도하게 된다.

시내버스가 일장기를 달고 다니고 있었다. 1989년 별세한 쇼와 천황의

▲ 요코하마 시내를 걸어가는
걷기 여정 참가자들

▲ 윤소영 대원과 일일 참가자들

생일로서 '쇼와의 날' 공휴일이다. 일본은 재위 중인 천황 생일을 공휴일로 기념하고 새 천황이 즉위하면 공휴일을 이에 맞춰 바꾼다.

옛 천황의 생일을 기념하는 것은 '쇼와의 날'이 유일하다. 4월 29일은 당시 천황의 생일로 공휴일이었다. 그리고 일본에서는 이어지는 공휴일 사이에 휴가를 써서 일주일을 내리 쉬는 지금의 골든 위크가 정착되어 있었다.

따라서 갑자기 4월 29일 공휴일을 폐지하면 국민의 반발을 살 수 있다는 우려에서 일본 정부는 '녹색의 날'을 신설해서 원래대로 4월 29일을 쉬게 했다. 이후 히로히토 천황의 재임기를 기념하자는 주장이 일본 우파 정치인을 중심으로 나왔고 2007년 히로히토의 생일인 4월 29일을 다시 기념하기로 했다. 녹색의 날은 5월 4일로 옮겼다. 현 나루히토 천황의 생일인 2월 23일 역시 공휴일이다.

▲ 기린맥주 요코하마 공장 전경

▲ 가와사키를 향해 대교를 건너는 참가자들

▲ 깃발을 든 나가후치 모녀

▲ 나카니시 씨와 박종오 대원

애당초 예정 시간보다 1시간 빠른 4시경에 JR 가와사키역에 도착해 일일 참가자들에게 완보증서를 수여하고 호텔로 왔다. 저녁에는 호텔에서 조금 떨어진 중국집에서 교류회를 가졌다. 가나가와 민단본부 관계자들도 함께했다.

가나이 대원과 얘기를 나누었다. 그는 형태를 바꾸어서라도 조선통신사 우정 걷기 행사는 계속되어야 한다고 강조했다. 그는 민단신문에 이번 10회 조선통신사 관련 기사를 연재하고 있었다. 그는 아사히신문 베테랑 사진기자 출신이다. 그는 내게 "내일 30분만 시간을 내 달라"라고 했다. 행사를 마치며 단장으로서 소회를 듣고 싶다는 것이다.

내일이면 도쿄 히비야 공원에 도착해서 대회기를 반납하는 등 도착 행사를 갖고 우에노의 호텔로 이동해서 잠시 휴식을 한 다음 환영 행사에 참석한다. 이곳에서 정사·부사·종사관은 관복으로 갈아입고 환영 행사에 참석하게 된다. 이번에 참가하지 못하는 선상규 회장이 메시지를 보내왔다. 김월호 이사가 대독하기로 했다.

함께 수십 일 동안 고락을 함께해온 동료들과 헤어진다고 생각하니 서운함이 앞섰다. 이렇게 D-1일 밤도 깊어갔다. 이경수 대원이 출발할 때 외치는 구호인 "삼뿐 마에(삼 분 전입니다. 출발 준비하세요)!"가 귓전에 맴돌았다.

▲ 가와사키 중국집에서 열린 교류회에서 건배하는 우정 걷기 한·일 양국 대표

▲ 가와사키역에 도착해 일일 참가자들과 함께한 필자(맨 좌측)

53일 차(2025년 4월 30일)

히비야 공원 도착하니 감격의 눈물 주르르

오늘은 디데이. 도쿄에 입성하는 날이다. 가슴이 두근거렸다. 짐을 내리기 위해 5시 40분 방문을 여니 코앞 난간에 비둘기가 한 마리 얌전히 앉아 있었다. 비둘기는 평화의 상징이다. 우리가 조선통신사 옛길 평화의 길을 걸어왔다는 사실이 새삼 떠올랐다.

6시 10분경 내려가서 식사했다. 식판에 담을 때는 보지 못했는데 앞에 앉은 김흥렬 종사관이 도다리 튀김이 맛있다며 하나를 가져다주었다. 안 먹었으면 서운할 뻔한 맛이었다.

8시에 JR 가와사키역에서 출발했다. 출근 시간대라 유동 인구가 많아 체조는 조금 걸어가서 공원에서 했다. 최종일이라 일일 참가자가 많았다. 정규 대원을 합해 120명이나 되었다. 체조를 마치고 서로 손을 잡고 둥글게 서서 번호를 제창했다. 이경수 대원이 오늘의 일정을 설명하는데 비둘기 두 마리가 원 안으로 들어와서 아장아장 걸어 다녔다. 처음 보는 광경이었다. 무언가 좋은 일이 있을 것 같다는 생각이 들었다.

걸어가며 '하늘'이라는 닉네임을 가진 메이코 대원의 친구와 얘기를 나누며 걸었다. 그녀는 친구 메이코를 만나러 울산 동헌까지 와서 친구를 격려했다. 유창한 한국어로 인사해서 우리를 놀라게 했다.

조선통신사들은 오사카항에 입항 후 요도가와강의 수심이 얕아 막부에서 준비한 호화로운 선박 가와고자부네(川御座船)로 갈아타고 교토까

▲ 우정 걷기 여정 일일 참가자들의 힘찬 출발 구호 제창

▲ 도쿄 시가지로 들어서는 우정 걷기 참가자들

▲ 도쿄 도심에 들어서 있는 사찰 뒤로 도쿄타워가 보인다

지 갔다. 그녀는 그 배를 연구하는 모임의 회원이라고 했다. 이번 오사카 만국박람회 '한국의 날' 행사의 스태프로도 참가하고 있다고 했다.

제10회 조선통신사 정사 홍계희의 아들로 아버지를 수행한 당시 23세의 홍경해가 쓴 조선통신사 동행기를 번역하는 작업을 하고 있다고 했다. 당시 에도의 풍경을 자세하고 재미있게 묘사하고 있어 일본인들에게도 흥미 있는 내용이라고 했다. 그녀의 얘기를 들으며 걸어가니 땡볕 길이 지루하지 않았다. 미리 그녀의 책자 출간을 축하해주었다.

점심은 시나가와(品川)역 근처에서 먹었다. 라면에 생맥주 한 잔으로 땀을 식혔다. 현역 시절 늘 넥타이를 매고 드나들던 역인데 시커멓게 탄 얼굴로 배낭을 메고 시민들 사이로 걸어가니 묘한 기분이 들었다. 시간 여유가 있어 목적지 히비야 공원을 지나쳐서 천황이 사는 황거의 이중교 앞으로 천천히 행진해서 사쿠라다문(桜田門)을 통과했다.

사쿠라다 문 역시 역사적인 장소다. 이곳에서 1860년 히코네의 번주로

▲ 황거 해자(皇居 垓子) 풍경

▲ 황거 인근을 걷는 참가자들

서 당시 지금으로 치면 국무총리격인 대로(大老) 이이 나오스케(井伊直弼)가 미토(三戶)번의 무사들에게 습격받아 사망한 곳이다.

에도로서는 드물게 폭설이 내리는 아침 가마를 타고 등청하는 길에 난데없이 발생한 이 사건으로 일본 정국은 요동치며 결국 1867년에 에도막부가 천황에게 권력을 넘기는 '대정봉환(大政奉還)'으로 이어졌다. 이는 그야말로 에도 막부가 역사의 뒤안길로 사라지기 바로 직전에 일어난 사건이었다. 그 과정에서 '대정봉환'을 주도했던 사카모토 료마는 한 달 만인 11월 15일 막부 세력이 보낸 자객에게 암살당했다. 그 후 12월 9일 사츠마번과 조슈번에서 도쿠가와 막부를 완전히 붕괴시키기 위해 군사를 일으켰고, 이듬해 1868년 1월 3일 메이지 천왕의 왕정복고(王政復古)를 통해 '메이지 유신(明治維新)'의 과업을 완성하기에 이른다. 이로써 에도 막부시대는 몰락하고 봉건제였던 막번 체제가 폐지되면서, 중앙집권국가인 근대 일본제국시대가 열리게 되었다.

▲ 한·일 우정 걷기 참가자들이 최종 목적지를 앞두고 양국 대표를 선두로 하여 행진하는 광경

이번에 히코네성의 천수각에 올라 비와호를 멀리 바라보던 기억이 새로웠다. 천황이 살고 있는 이곳 교코(皇居)는 에도막부의 총본산이자 쇼군 도쿠가와 가문이 기거하던 에도성이 있던 곳이다. 1868년 메이지유신 이후 메이지 천황은 에도를 도쿄로 개명하고 1869년 1000년 수도 교토를 떠나 이곳으로 거처를 옮겼다.

선두에서 걸으며 뒤를 돌아보니 천황이 거주하는 황궁 앞을 120여 대원들이 행진하는 모습이 장관이었다. 서양인 관광객들이 신기한 듯 우리 행렬을 쳐다보았다. 히비야 공원으로 들어서니 민단 관계자 그리고 시민들이 우리들을 환영하며 박수를 보냈고, 사물놀이패의 풍악 소리가 공원에 울려 퍼졌다.

▲ 황거 앞을 산책하는 외국인 관광객들을 지나쳐 나아가는 우정 걷기 참가자들

▲ 도쿄 황거 곁을 걷는 참가자들

서울을 떠나 1,200km(3천리)를 사고 없이 전원 건강하게 완보에 성공했다. 감격으로 눈시울이 뜨거워졌다. 일본 측의 엔도 대장의 손을 잡고 서로 축하하고 노고를 위로했다. 사방에서 카메라 플래시가 터졌다. 함께 걸어온 양국 대원들과 일일이 악수하며 자축했다.

▲ 황거 사쿠라다문(櫻田門)을 통과하는 참가자들

선상규 회장의 따님이 아버지가 있었어야 할 자리를 보여드리고 싶다며 행사장을 찾아와서 부지런히 사진을 찍었다. 도쿄에 출장왔다고 했다. 그녀가 영상통화로 연결한 선회장의 얼굴을 보며 나도 엔도 대장도 그리고 아시아시민스포츠연맹의 가와우치 회장도 이곳의 분위기를 전했다.

민단 도쿄본부와 한·일친선협회가 공동으로 주최하는 행사였다. 대회기를 반납하고 한국 대표로 꽃다발을 받았다. 9명의 한국측 완보자를 일일이 참석자들에게 소개하고 단체 사진을 찍었다.

지하철을 타고 우에노의 숙소로 이동 샤워를 할 틈도 없이 방에 짐을 들여놓고 오늘 행사장인 도텐코로 갔다. 정사 부사 종사관은 옷을 갈아입는데 시간이 걸리므로 다른 대원들보다 30분 일찍 호텔에서 출발했다. 도모노우라에서 올라온 한복 전문가 재일동포 강정춘 여사가 우리가

▲ 조선통신사 옛길 한·일 우정 걷기 양국 대표의 환한 얼굴

▲ 윤소영 대원

옷을 갈아입는 것을 도와주었다.

대원 등 참석자들의 박수를 받으며 단상에 정사 부사 종사관 삼사가 올랐고 내가 정사로서 완보를 보고했다.

나는 올해가 한일수교 60주년임을 강조하며 새로운 60년은 조선통신사의 성신교린의 정신으로 양국이 평화 속에 발전하기를 기원한다고 말

▲ 사이타마현에서 온 시민이 내건 현수막

▲ 반납받은 대회기를 흔드는 일본시민스포츠연맹 회장

▲ 조선통신사 옛길 한·일 우정 걷기 완주를 축하하는 풍물패들

했다. 그런 의미에서 이번 10회 조선통신사의 구호인 "Go Go, Let's Go!"을 함께 제창하자고 제안했다. 이경수 대원이 나와 내빈들에게 방식을 즉석 지도했으며 그들의 선창으로 양측 대원들이 큰 목소리로 마지막 구호를 외쳤다.

엔도 대장은 인사말에서 "2007년 1회 때는 한국 13명 일본이 35명이었는데 이번 제10회는 한국 40명 일본 29명으로 역전되었다. 양국 경제가 역전되었듯이. 우리의 그간의 활동이 한국 내 걷기 문화 확산에 기여한 것을 기쁘게 생각한다"라고 말했다.

한국체육진흥회 선상규 회장의 메시지를 부사 박해룡이 대독했다. 2시간여 환영식을 마치며 모두 손에 손을 잡고 부르는 <아리랑>과 일본의 국민동요 <후루사토>가 제10회 21세기 조선통신사 한일우정걷기 53일간의 행사의 대미를 장식했다.

내일부터는 다시 일상으로 돌아간다. 귀국하는 대원 중에는 가족을 불

▲ 한·일 우정 걷기 최종원 대원

러들여 일본 여행을 하는 대원들 그리고 대원들끼리 다테야마로 트래킹에 나서는 대원들 등 가지가지다.

함께 긴 시간을 보내며 소중한 추억을 만든 대원들의 건승을 기원하고 고마움을 가슴에 새겼다. 아쉽지만 언젠가 국내에서 다시 만날 기회가 있을 것이다. 만나면 헤어지는 것이 우리 인생이다.

▲ 조선통신사 옛길 한·일 우정 걷기 여정 하루 참가자들

▲ 조선통신사 옛길 서울-도쿄 전 구간 완보증을 받은 한국 측 참가자 9인

▲ 조선총신사 옛길 한·일 우정 걷기 전체 참석자 단체 사진

몇몇 대원들과 함께한 양국 대표

조선통신사 한·일 우정 걷기의
한국 측 정사(중앙·필자)·부사·
종사관

정사 전통복장을 한 필자

이날 통역을 맡은
우시오 게이코씨

엔도 대장

충주 탄금대 칼바위를 이어주는 출렁다리

3부

조선통신사 옛길 국내 구간을 걷다

1일 차(2025년 3월 9일)

경복궁 출정식 후 3천리 대장정에 나서다

드디어 제10회 조선통신사 옛길 서울-도쿄 한·일 우정 걷기가 시작되는 날이었다. 정사·단장을 맡아 어깨가 무거웠다. 올해는 한·일국교정상화 60주년이 되는 해지만 여러 가지 사정으로 18년 지속해 온 이 행사가 이번이 어쩌면 마지막이 될 수도 있었다.

주최기관인 한국체육진흥회의 선상규 회장이 당연히 단장을 맡아 대미를 장식할 것으로 기대되었다. 하지만 예기치 않았던 그의 건강상 문제로 그 역할이 예전에 참석 경험도 없는 내게 떨어졌다. 능력이 안 되지만 당장 대안이 없었고 진흥회의 상임이사를 맡고 있는 입장이라 이 제안을 받아들였다. 나는 '세상만사 우연은 없다'라고 생각하는 사람이다.

▲ 조선통신사 한·일 우정 걷기 대회기를 전달받고 힘차게 흔드는 허남정 단장

그 의미를 숙고했다.

새벽에 알람 소리를 듣고 일어나 혹시 빠뜨린 것이 없나 확인하고 또 확인했다. 아내도 덩달아 일찍 일어나 아침상을 차렸다. 조기 구이와 명란젓에 구운 김에다가 된장찌개를 끓이고 밥을 새로 했다. 내가 좋아하는 갓 지은 밥을 먹으며 아내에게 고마움을 느꼈다.

현관문을 열고 나가니 전형적인 봄 날씨였다. 까치 한 마리가 건너 아파트 옥상에서 큰 소리로 지저귀며 장도를 축하해주었다. 출정식 장소는 서울 경복궁 흥례문 앞인데 전철로 한 번에 갈 수 있다고 생각하니 괜히 마음이 가벼웠다. 7시 20분경 집을 나서는데 집 앞 도로까지 아내가 따라 나와 배낭을 멘 내 모습을 여러 각도로 사진을 찍어 가족 단톡방에 올렸다. 동녘 하늘의 운무에 쌓인 태양의 희부연 모습이 환상적이었다. 보도에 까치가 한 마리 나를 전송하기 위해 기다리고 있었다.

경복궁 주차장에 도착해서 대기 중인 이동 차량에 큰 배낭을 싣고 흥례문 앞으로 걸어갔다. 시국이 시국인지라 간단한 출정식을 마치고 행진이 시작되었다.

대원들 외에도 한국체육진흥회 회원들, 조선 시대 일본통 외교관 이예(李藝: 1373~1445)선생기념사업회 조선통신사 현창회 회원 등 일반 시민 참가자 200여 명이 종로구 풍물패의 흥겨운 선도를 따라 광화문 이순신 장군 동상 앞까지 행진했다.

참고로 세종 외교의 실천가이자 대표적 통신사 외교관이었던 이예는 세종대왕의 명을 받아 총 4차례 통신사로 일본을 방문했던 인물이다. 일본 전역을 40회 이상 순회했던 그는 당시 납치된 조선인 667명을 구조하여 귀국하는 등 외교 역량을 발휘했다. 당시 그는 일본 막부와의 긴밀한 신뢰 관계를 구축해 오랫동안의 적대적 관계와 불신을 예(禮)와 신의(信義)로 회복시키는 데 이바지해 [세종실록]에는 그를 "조·일 양국의 신뢰를 가져온 외교의 영웅"으로 기록하기도 했다. 그는 일본 사절단과의 교류 과정에서 단 한 번도 전쟁을 언급하지 않았는데 진심을 담아 양국 현안을 평화롭게 대화로 해결하는 데 있어서 괄목할 성과를 거둔 불세출의 인물이었다.

이예가 활약하던 세종 전후 반세기 동안은 4년에 한 번꼴로 조선이 주도적으로 통신사를 일본에 보낼 정도로 양국 외교가 활발했다. 하지만 그 후 조선은 국정 난맥상과 함께 이웃 나라와의 외교를 소홀히 하면서 150년 동안 통신사가 한 번도 일본 땅을 밟지 않았다. 그 결과 조·일 양국

간 원활한 소통이 단절되고 상호 이해도도 급격히 낮아지는 흐름 가운데 1592년(선조 25)부터 1598년까지의 2차에 걸친 7년간의 임진왜란의 격랑 한가운데로 빠져들어야 했다. 이 기간 수십여 만 명의 민간인이 희생되면서 조선은 국가 기반이 붕괴되는 치명적 타격을 입었다.

용산 전쟁기념관에서 휴식을 할 때는 체육진흥회 홍형단 님이 방금 찐 듯한 따뜻한 시루떡에다 두유를 전체 참가자에게 제공했다. 점심은 신사동의 그 유명한 진동식당에서 회덮밥으로 해결했다. 이번에 사진 촬영을 담당하기로 한 허광도 대원의 협조를 받아 출정식 등 관련 사진을 문화일보사에 전송했다. 3월 10일(월) 인터넷판에 올리겠다는 K 기자의 연락을 받았다. 27km를 걷는 동안 양국의 많은 대원들과 얘기를 나누었다.

10회를 빠짐없이 참가한 유일한 여성 이혜미자 대원(75)은 재일동포다. 10개월 전 인공관절 수술을 받았는데도 이번에 부산까지 걷기에 도전했다. 스틱을 짚고 걷는 모습이 안쓰럽게 보였다. 괜찮냐고 물으니 조금 힘이 든다고 하면서도 밝은 웃음을 지었다. 최고령자인 92세 재일동포 김승남 대원은 기네스북 등재 감이다. 이번에 도쿄까지 1,200km 코스 완주에 도전했다. 세 번째 참가인데 그는 83세까지도 마라톤 풀코스를 뛸 정도로 노익장을 자랑했다.

저녁의 숙소는 예년과 마찬가지로 청계산 정토사였다. 그런데 출발 이틀을 앞두고 보일러 고장으로 이번에는 수용이 어렵겠다는 연락이 왔다. 사무국에서 급거 인근 호텔에 예약했다. 도착한 오라카이 청계산 호텔은

조선통신사 한·일 우정 걷기 대장정 출정식을 끝내고
참석자 전원이 흥례문 앞에서의 단체 사진

興禮門
信使
K (1,158km)
후원 :
KOREA TOURISM ORGANIZATION
한국관광공사
부산문화재단
조선시대통신사현창회
第10次 21世紀 朝鮮通信使
2025.3.9 - 4.30
Seoul
Tokyo
Seoul - Tokyo 友情 WALK(1,158Km)

▲ 용산 전쟁기념관 앞에서 엔도 대장과 선상규 회장

4성급 호텔이다. '오라카이'는 환영을 의미하는 경상도 방언이라고 했다.

장기 도보 여행 경험자는 잘 안다. 긴 도보 여행 끝에 숙소에 도착해서 더운물로 샤워할 때 느끼는 황홀감을 말이다. 샤워한 후 옷을 갈아입고 10여 분 걸어 미리 수배해 둔 양평 해장국집에서 식사했다. 메뉴는 불고기 전골이다. 술 값은 원칙적으로 마시는 사람이 개별 부담을 했다. 불편한 몸인데도 참석하신 선상규 회장이 첫날이

▲ 풍물패의 흥겨운 선도로 출발하는 참가자들

▲ 조선통신사 현창회 회원들

라 술값을 부담한다고 선언하니 모두 환호성을 지르며 박수 갈채를 보냈다. 술을 좋아하는 엔도 야스오 대장이 신이 나서 건배로 인사했다.

식사 후 호텔 로비에서 이번 국내 구간 코스 리더인 부사 박해룡도 참석한 가운데 국내 일정에 관해 관계자 회의를 했다. 선 회장 사모님이 따님이 운전하는 차를 타고 와서 선 회장을 모시고 돌아갔다.

방에 올라와 카톡을 여니 사위가 문자를 보내왔다. 양국 동료들과 맥주나 한잔하시라며 금일봉을 보냈다고 했다. 첫날밤이 이렇게 지나갔다. 내일은 용인시청까지 32km 코스를 걷는다.

▲ 한남대교를 걸어가는 대원들

▲ 신사동 길에서의 허남정 단장과 엔도 대장

2일 차(2025년 3월 10일)

내 무덤에 침 뱉어라

평소처럼 5시 알람 소리에 일어나 블로그 글을 올렸다. 피곤하기는 하지만 조선통신사 옛길 걷기 여정 53일 동안 가능한 매일 한 편을 올리기로 자신과 약속했다. 그리고 문화일보에는 주 1회 르포기사를 송고하기로 했다. 사진을 찍을 여유가 없어 허광도 대원이 협조해 주기로 했다.

큰 짐을 이동 차량에 싣고 엊저녁에 식사했던 양평 해장국집에서 된장찌개로 아침 식사했다. 모두 맛있게 먹었다. 엔도 대장의 "간바로!(힘내자)"라는 구호와 함께 8시에 출발했다. 먼저 인근의 청계산 정토사에 들렀다.

이번에는 사찰 측의 부득이한 사정으로 템플스테이를 못 해 가는 길에 들러 보광 큰스님의 반야심경 독송을 들었다. 스님이 장거리 안전을 축원해 주셨다. 18년 동안 여러모로 도와주신 큰스님께 양측 대표가 선물과 금일봉을 전달했다. 한국체육진흥회 선상규 회장도 함께했다. 보광 큰스님은 일본 불교대학에서 박사학위를 받은 일본통으로 동국대 총장을 역임했다.

▲ 정토사에서 보광스님과 함께

판교 테크노마트 거리공원에서 휴식 중에는 체육진흥회 이정희 님이 홍순언 감사 편에 삶은 계란을 보내왔다. 함께 걷는 허광도 대원의 부인 윤수영 님도 귤과 곶감을 가지고 왔다. 고마울 뿐이었다. 그녀는 부산에서 합류해서 도쿄까지 걷는다. 이정희 님은 삶은 계란 꾸러미를 들고 오늘 걷기에 참여하려 했는데 아파트 지하 주차장에서 미끄러져 부상을 입는 바람에 인근에 사는 홍 감사에게 전달을 부탁했다고 한다. 그녀의 빠

▲ 용인시청을 향해 걸어가는 대원들

른 쾌유를 기원했다.

오구마 대원의 아들과 이번에 부사의 역할을 맡은 박해룡 대원의 딸이 도쿄의 같은 회사에서 근무한다고 했다. 그런 연유로 오구마 대원이 가끔 아들과 박해룡 대원의 딸을 불러 술을 마신다고 했다. 아버지는 딸이 술을 잘못하는 것으로 알고 있었고 오구마 대원은 그녀가 술이 세다고 했는데 누구 말이 맞는지 모르겠다는 생각이 들었다.

문화일보에 보낸 글이 오늘 아침 게재되어 대원 단톡방에 올렸다. 일본의 교도통신 등 몇몇 언론에서 동행 취재를 하는 등 관심을 보였으나 국내에서는 혼란스러운 정세 때문인지 매스컴이 거의 관심을 보이지 않았다.

이혜미자 대원이 26km 지점에서 더 걷기 힘들다고 이동 차량에 탔다. 그녀는 10개월 전에 무릎 인공관절 수술을 받은 몸인데도 불구하고 오늘도 36km 구간을 절뚝거리며 26km를 걸었다. 초인적이라는 생각이 들었다.

점심을 구성에 있는 '고모네 의정부 부대찌개' 식당에서 해결하고 목적지 용인시청에는 6시 조금 못미처 도착했다. 점심시간 포함 10시간이 걸렸다. 일교차가 컸지만 걷기에 좋은 날씨였다. 안전하게 걷는 데 제일 큰 비중을 두었다.

시청 인근 호텔에 짐을 풀고 1층 한식부페에서 저녁 식사했다. 내일은 38km를 걸으니 대원들에게 일찍 취침하도록 권유했다. 방 열쇠가 없는 호텔이었다. 방 번호와 비밀번호만 받았다. 비밀번호만 눌러도 방문이 열리니 세상이 점점 더 편리해진다는 생각이 들었다.

길을 걸으며 대화를 나누다 보니 일본 대원들도 한국의 1인당 GDP가 재작년 일본을 앞질렀다는 사실을 숙지하고 있었다. 일본 측은 출발에 앞서 여러 차례 오리엔테이션을 갖고 관련 공부를 한다고 했다. 일본 젊은이들 사이에 한국어 배우기 열풍이 불고 있는데 특히 젊은 여성들은 한국어를 알고 사용하는 것이 멋지다고 생각한다고 했다. 일본 젊은 남성들도 한국 젊은이들의 패션 트랜드를 모방하고 있다고 했다. 같이 걷는 50대 일본 여성 대원은 현직 교사인데 '선덕여왕'이라는 제목의 드라마가 너무 재미있다고 했다. 한국을 좋아하고 한국의 문화를 따라 하며 그것이 멋지다고 생각한다. 물론 일부의 현상이기는 하겠지만 놀라운 변화였다. 이것이 한·일국교정상화 60주년 오늘의 현주소였다.

그렇지만 단체 행동을 할 때의 그들의 세련된 매너와 선진국 국민으로서의 높은 시민의식은 우리가 여전히 배워야 할 점이라는 생각이 들었다.

▲ 보광사를 나와 용인시청을 향해 걸어가는 조선통신사 한·일 우정 걷기 참가자들

3일 차(2025년 3월 11일)

그녀는 천사이자 멋진 스승이었다

4시 40분경 기상해서 어제 여정을 정리해서 블로그에 올렸다. 이곳 호텔 내 방의 비밀번호가 '5656'이란 것을 알고 기분이 좋았다. 내가 평소 좋아하는 숫자이기 때문이다. 룸메이트인 정문호 대원은 내가 코를 고는 것에 전혀 신경을 쓰지 않아 편히 잠을 잘 수가 있었다. 좋은 룸메이트를 만났다. 그는 머리만 대면 금방 잠이 드니 부럽기만 했다. 국내의 숙소는 대부분 모텔로 각 객실에 2인이 배정되었다.

오늘은 용인시청에서 출발해서 죽산까지 38km를 걷는 강행군이다. 힘들어하는 이혜미자, 김승남, 가나이 대원의 건투를 마음속으로 기원했다. 큰 가방을 모두 이동 차량에 싣고 호텔 한식뷔페 식당에서 아침식사를 해결했다. 말이 좋아 호텔 뷔페이지 소박한 구내식당으로 한 끼 1만 원이었다. 무척 만족스러웠고, 특히 밥이 맛있었다. 주방 아주머니들의 음식 솜씨가 좋았다.

가나이 대원과 같은 테이블에서 식사했다. 일본 대원들이 한국 음식을 대하는 태도가 매우 긍정적이었다. 야채를 많이 먹는 한국의 식문화를 높게 평가했다. 수치상으로 재작년 우리의 1인당 GDP가 일본을 추월한 것이 영향을 미치지 않았나 하는 생각이 들었다.

옆에 앉아 있는 나카니시 대원에게 근황을 물어보니 요즘은 슈카츠(終活) 활동에 전념하고 있다고 했다. "죽을 준비를 미리 한다"라는 뜻이다. 60대 중반인 그녀에게 너무 이른 나이가 아니냐고 물으니 몸이 건강하고 머리가 맑은 지금 해야 한다고 했다. 그녀는 독신이었다. 형제자매도 없다고 했다.

어머니가 남겨주신 단독주택에서 혼자 살고 있는데 어머니가 쓰시던 물건 중에는 100년이 넘은 것도 많다고 했다. 그녀의 '슈카츠'는 주로 버리는 일이었다. 더 늙어 몸과 머리가 부자유스러워지면 방 하나짜리 시설에 들어가야 하는데 지금 가진 물건이 너무 많다고 했다. 유언도 미리 써두었다고 했다. 지진·쓰나미·태풍 등 자연재해가 많은 일본 국민은 사생관이 우리와 다르다. 죽음에 대해 비교적 초연한 편이다. 그녀의 말을 들으며 많은 것을 생각했다.

식사하는데 일일 참가자 이은지 회원이 수정과를 종이컵에 담아 대원들에게 돌렸다. 그녀는 무려 4일이나 대원들에게 봉사하겠다며 같이 걸었다. 커피를 돌리고 식후에는 껌을 나누어 주는 등 작은 봉사를 실천하고 있었다. 제일 뒤에서 걸으며 대원들을 챙겼다. 천사이자 멋진 스승이었다. 그녀를 보며 스스로를 반성하고 많이 배웠다.

▲ 백암 고갯길을 오르는 한·일 우정 걷기 참가자들

대원 규모와 비교해 들고 다니는 깃발의 숫자가 많다는 지적이 있어 엔도 대장과 상의해서 5개로 줄이기로 했다. 8시에 용인시청 앞에서 이의선 대원의 지도로 준비체조를 하고 출발했다. 매일 아침 출발 시 양측이 번갈아 준비체조를 지도하기로 했다.

걷는 도중 주유소에 들러 대원들이 화장실을 사용했다. 코스 리더로 일일 참가한 홍순언 감사가 미리 주유소 측에 양해를 구했다. 장거리를 걸으니 화장실이 나오면 제일 반가웠다. 일일 참가한 진흥회 오영란 님이 요플레와 견과류를 간식으로 내놓았다. 엔도 대장은 일본 구간을 걸을 때는 이렇게 간식이 푸짐하지 않다며 벌써부터 걱정했다.

그는 일본에 들어서면 다이어트할 각오를 하라고 했다. 간식을 먹을 때마다 미안하고 고맙고 한편 걱정이 되어 대한해협에 빠져 죽고 싶어진다고 농담을 했다. 출발에 앞서 이번 간식과 아침에 목캔디를 한 통씩 전체 대원들에게 나누어준 오영란 님 정민정 님을 대원들에게 소개하고 함께 손뼉을 쳤다.

양지면 행정복지센터 화장실을 이용하고 잠시 휴식을 취했다. 그늘집에서 앉아 있던 동네 어르신들이 일본 도쿄까지 걸어간다는 말에 벌린 입을 다물지 못했다. 엔도 대장이 화장실을 다녀오다가 계단에서 굴렀다. 다행히 손등과 무릎에 약간의 찰과상으로 끝났다. 그도 82세의 고령이었다.

그는 와세다 대학 시절 럭비를 해서 구르는 데는 자신이 있다고 농담을 했다. 일일 참가한 허병도 대원의 부인 윤소영 님이 응급조치했다. 김승남 대원과 그늘집에서 쉬면서 얘기를 나누었다. 그가 내게 어디서 일본어를 배웠냐고 물었다. 얘기를 나누다 보니 김해 김씨였다. 김해 허씨인 나와 혈족이라 반가웠다.

어제 우리에게 줄 간식으로 삶은 계란 꾸러미를 들고 아파트 지하 주차장에 내려갔다가 미끄러져 부상을 당한 이정희 님이 오늘 오후에 다리에 철심을 박는 수술을 받는다는 소식이 들려왔다. 미안하고 안타까웠다. 그녀의 빠른 쾌유를 마음으로 기원했다.

김승남 대원이 걷다가 신호등에 부딪혀서 얼굴에 작은 부상을 입었다. 뒤따라가는 대원이 얼른 붙들어서 그 정도로 끝났다. 아찔한 순간이었다. 안전제일을 대원들에게 입이 아프게 강조하고 있었다.

평창 사거리의 <메밀꽃 필 무렵>이라는 맛집에서 메밀국수를 먹었다. 오랜만에 먹는 고향 음식에 일본 대원들이 반색했다. 식사 후 대원들에게 후식으로 곶감을 나누어 주었다. 첫날 일일 참가한 김재순 회원이 내게 맡긴 거였다. 식사 후 정문호 대원이 크게 "Go Go, Let's Go!" 구호를 외치고 출발했다.

양측 대원들이 모두 번갈아 구호를 외쳤다. 여러 사람 앞에서 구호를 외치면 대원들이 힘을 얻고 외친 본인도 자신감을 얻었다. 어느 편의점 바깥에서 잠시 휴식했다. 사무국 김월호 이사가 아이스크림을 사서 돌렸다. 모두 맛있게 먹었다. 땀을 흘린 다음 먹는 아이스크림이 꿀맛이었다.

계속 논둑길을 걸었다. 화장실이 따로 없었다. 4.9km를 남기고 남녀 대원이 나뉘어 들판에서 일을 보았다. 오랜만에 들판에서의 노상 방뇨가 상쾌했다. 여성 대원들을 위해서는 이은지 님이 망을 봤다. 목적지를 얼마 남겨놓지 않고 모두 지쳐서 말없이 터벅터벅 걸어가는데 일본 남녀 대원 몇 사람이 노래를 불렀다. 그 노래를 들으며 격려를 받았다.

물어보니 <365보 마치>라는 노래라고 했다. 일본의 성인들이라면 누구나 아는 노래라고 했다. 가사를 들어보니 우리 인생의 축소판이었다. 3보 걷고 2보 후퇴하는 것이 우리 인생이라고 했다. 그렇지만 1보는 전진한 것이다. 포기하지 않고 꾸준히 앞으로 나아가자는 가사다.

일본에서는 "지속(持續)이야말로 힘이다"라는 말을 흔히 한다. 포기하지 않는 것이 중요하다는 뜻이다. 옆에서 걷는 다카하시가 자기는 이 말을 가장 좋아한다고 해서 나도 그렇다고 대답했다.

오늘은 38km를 걸었다. 식당 앞에서 엔도 대장의 구령으로 몸풀기 체조를 했다. 개운했다. 오늘로 3일간 코스 리더 역할을 마치고 돌아가는

▲ 조선통신사 한·일 우정 걷기 선두에 서서 걷는 최고령 김승남 대원

홍순언·손형권 두 사람에게 엔도 대장이 술을 대접했다. 두 사람을 일으켜 세워 대원들에게 소개하고 두 사람도 일어나서 간단하게 인사했다.

대원들과 식사를 마치고 호텔로 돌아갈 때 룸메이트 정문호 대원에게 도움을 요청했다. 내가 초행이고 밤눈이 어두웠다. 가까운 호텔이지만 술도 먹은 데다 엔도 대장을 안내할 자신이 없었기 때문이다. 밤이 되니 시골은 칠흑같이 캄캄했다. 이렇게 사흘째 강행군을 마쳤다. 군 시절 사격 훈련 시 PT체조를 받던 생각이 났다.

▲ 죽산 일대의 일몰 풍경

4일 차(2025년 3월 12일)

온 나라가 거대한 쓰레기통이었다

아침 7시 30분에 차량에 짐을 싣고 이의선 대원의 지도로 준비체조를 했다. 체조가 끝나면 서로 손을 잡고 원을 만든다. 그리고 기준에서 우측부터 차례로 번호를 복창하게 하니 자동으로 인원 파악이 되었다. 서로 언어가 다르니 내일부터는 만국 공용어인 영어로 해야겠다 싶었다.

출발 전 아사히신문 사진기자 출신인 가나이 대원이 우리 대원들의 독사진을 찍었다. 이번이 사실상 마지막인 이 행사를 끝내고 출간하게 될 책에 싣는다고 했다. 오늘은 충북 음성군 생극면 행정복지센터까지 걷는다. 어제는 38km를 걸어서 그런지 23km를 걷는 오늘 아침은 모두 밝은 표정이었다.

오늘부터는 부사를 맡은 박해룡 대원이 코스 리더를 맡는다. 그가 대원들에게 짧게 인사했다. 우리나라 전국이 공사판이라 1년에 한 번은 길이 바뀐다며 혹시 리더를 하는 도중 실수가 있더라도 너그럽게 양해해달라고 부탁했다. 그리고 전국이 쓰레기통이라는 극단적인 표현도 썼다. 어디나 쓰레기가 넘쳐난다고 했다. 4일째 걸어보니 그의 말이 과장이 아니었다.

사회 전반이 안정된 일본과 달리 우리나라는 변화가 빠르다. 길을 걸으며 여기저기 떨어져 있는 각종 쓰레기를 보며 얼굴이 화끈거릴 때가 많았다. 겉은 선진국인데 내부는 중진국 수준에 머물러 있다는 생각이 들었다. 선진시민 의식과 매너를 갖출 때 비로소 선진국이라 자랑스럽게 내세울 수 있을 거라는 생각이 들었다.

10여 분 걸어가서 인근 식당에서 삼계탕으로 아침 식사를 했다. 각종 한약재가 들어간 삼계탕을 먹으며 일본 대원들이 사진을 찍으며 좋아했다. 여성 대원들이 "맛있다!"를 연발했다. 식사를 마치고 식당 옆의 태평미륵불상으로 가서 단체 사진을 찍었다. 이번 조선통신사 대원은 아니지만 일일 참가자로 4일째 봉사하는 이은지 회원이 단체 사진 촬영을 한사코 사양했다. 엔도 대장이 "단장이 명령(?)을 내리라"라고 농담했다. 그녀는 2014년 엔도 대장 등 일행들과 대한민국 일주를 함께 한 적도 있었다고 했다. 내가 명령을 내리자 그녀가 수줍어하면서 함께 단체 사진을 찍었다.

▲ 매산리 석불입상 앞에서의 단체 사진

태평미륵불과 5층 석탑에는 전해 내려오는 사연이 있었다. 안내판의 내용을 번역해서 대원들에게 들려주었다. 축조 양식은 고려시대 조성 기법이라고 했다. 고려시대에 고리대금업으로 큰돈을 번 김태평이라는 사람이 있었는데 불교에 귀의해서 독실한 신자가 되었다. 이후 1232년 몽고의 2차 침입 당시 크게 활약했던 김윤후 장군의 인생에 감동을 받아 그의 공덕을 기리기 위해 사재를 털어 조성했다고 한다.

그후 죽산 순교성지에 들러 잠시 휴식을 취했다. 이곳은 1866년 병인박해 당시 수많은 천주교도들이 참혹한 고문을 받고 처형당한 곳이다. 체육진흥회 선상규 회장께 그간의 진행사항을 전화로 보고했다. 어제 오후 수술을 받았다는 이정희 회원과 통화하고 그녀를 위로했다. 요즘 전공의들이 병원을 떠나 겨우 대형 병원에서 철심을 박는 수술을 받았다고 했다.

길을 가는데 뒤에서 노랫소리가 들려왔다. 일본 여성 대원들이 걸어가며 합창했다. 노사연의 <만남>, 패티 김의 <이별> 그리고 <에델바이스>였다. 노래를 들으며 격려를 받았다. 우리는 오직 걷는 데만 신경을 쓰는데 일본 대원들은 마음의 여유가 있었다.

이제 경기도를 지나 충청북도로 들어왔다. 어느 주유소에서 휴식을 취하며 화장실에도 다녀오고 사무국 김월호 이사가 나누어준 시원한 레드향 과일을 맛있게 먹었다. 삿포로에서 온 재일동포 이경수 대원과 걸으면서 이런저런 얘기를 나누었다. 요즘 일본은 예전과 달리 물가가 눈에 띄게 올라 서민들의 생활이 몹시 팍팍해졌다고 했다. 일본은 지난 30년 이상 디플레이션으로 물가가 안정되어 왔는데 최근 들어 정신없이 오르고 있다고 했다. 그런데 월급은 30년 전에 비해 제자리걸음이라고 했다. 엔화 약세로 일본을 찾는 관광객이 많아졌다. 특히 한국에서 많이 온다고 했다. 외국인들은 물가가 싸

▲ 생극면 사무소를 향해 들길을 걷는 대원들

▲ 죽산성지

다며 돈을 펑펑 쓰는데 한때 경제 대국 일본인들의 자존심이 많이 상할 것 같다는 생각이 들었다.

점심은 한식 뷔페였다. 먹을 만큼만 가져와 접시를 깨끗이 비우는 일본 대원들을 보니 음식을 조금 남긴 내가 민망했다. 목적지인 생극면 행정복지센터에 도착해서 이의선 대원의 지도로 체조를 했다. 체조가 끝나고 우향우해서 앞사람의 등을 두들기고 반대로 돌아서서 이번에는 어깨를 주물러 주는 동작을 하며 모두가 싱글벙글했다.

택시로 금왕면의 MK호텔로 이동해 키를 받고 방으로 올라와 샤워하니 행복했다. 오늘은 룸메이트 정문호 대원이 침대를 쓰고 내가 바닥에서 자기로 했다. 덕당국선도협회에서 문자가 왔다. 청송선사님이 지난 토요일 남영동 본원의 계단에서 굴러 뇌사상태에 빠져 장례 준비를 하고 있다는 내용이었다. 80대 중반이지만 평소 건강하셨는데 그러한 비보를 접하니 안타까운 마음 금할 수가 없었다. 도반(道伴: 함께 도를 닦는 벗) 중 유일한 고교 선배인데 마음으로 명복을 빌었다.

저녁은 인근 식당에서 부대찌개를 먹었다. 엔도 대장이 오늘의 코스 리더 박해룡 그리고 총무를 맡아 애를 쓰는 김월호 이사에게 술을 한잔 대접했다. 세탁이 끝난 세탁물을 받아 방에 올라왔는데 7시 30분이었다. 저녁에는 수면을 충분히 취했는데 잠이 보약이라는 생각이 들었다.

▲ 생극면 사무소를 향해 걸어가는 대원들

5일 차(2025년 3월 13일)

우연이 아닌 필연이라고 생각했다

6시 30분에 큰 짐을 이동 차량에 싣고 걸어서 근처 식당으로 이동했다. 호텔 바깥에 소방차가 여러 대 와 있고 도로에는 물이 흥건했다. 황태해장국으로 아침 식사하고 돌아오니 호텔 현관으로 거지꼴을 한 30대 후반으로 보이는 남녀가 들어왔다. 얼굴이 검댕이 투성이로 노숙자 수준이었다. 사연을 듣고 보니 인근 아파트 주민인데 새벽에 1층에서 불이 나서 계단으로 대피했다고 했다. 다행히 사상자는 없는 것 같았다. 소방관들이 출입을 제한해서 집으로 올라갈 수 없어 호텔에 방을 얻어 좀 씻고 놀란 가슴을 진정시키려 한다고 했다. 새벽에 자다가 사이렌 소리에 얼마나 놀랐을까. 누구나 예고없이 불시에 재난상황에 처할 수 있는 일이었다. 이게 내 일이 될 수도 있다는 생각을 했다.

호텔 앞에서 택시에 4명씩 분승해서 오늘 출발 지점인 음성군 생극면 행정복지센터로 갔다. 오늘의 목적지는 충주 감영으로 38km를 걷는다. 충심고을연구원의 이상기 원장이 박해룡 부사를 도와 길을 안내하기로 했다. "Go, Go, Let's Go!"를 힘차게 복창하고 출발했다.

김승남 대원이 도중에 힘들다고 해서 김월호 이사가 운전하는 이동 차량에 태웠다. 도쿄까지는 아직도 먼데 걱정스러웠다. 가끔 이동 차량을 이용하더라도 포기하지 않고 완보하기를 기원했다. 92세인 그의 건투를 보며 젊은 후배들이 용기를 얻었다.

동락초등학교 교정에서 사무국에서 나누어준 레드향을 먹으며 휴식을 취했다. 교문 옆에 김재옥 교사의 충혼탑이 보였다. 이상기 원장이 그 유래를 설명했다.

▲ 생극면 사무소에서 충주 감영 가는 길의 조형물

한국전쟁 초기 당시 이 학교의 김 교사는 학교 운동장에 주둔한 북한군에게 국군은 철수했다고 안심시켰다고 한다. 그러고는 인근에 매복 중인 국군 6사단 7연대 2대대에 북한군의 동태를 상세히 알렸고 김 교사의 정보에 따라 국군은 기습 공격으로 적을 섬멸했다. 전쟁 발발 이후 연전연패로 사기가 떨어진 국군에게 큰 용기를 준 쾌거였다. 김 교사는 민간인으로서는 대한민국 역사상 최초로 태극무공훈장을 받았다. 당시 이승만 대통령은 이 소식을 전해 듣고 현지로 달려와 2대대 전 장병에게 일계급 특진 명령을 내렸다고 한다.

▲ 충주 감영을 향해 걸어가는 대원들

점심으로 신니면 중앙식당에서 김치찌개를 먹었다. 나이 드신 두 분 아주머니가 하는 식당인데 인정스럽고 친절했다. 윤기가 좔좔 흐르는 뜨거운 밥에 김치찌개는 환상적인 조합이었다. 이번 길을 걸으며 먹은 음식 중 최고였다. 떠나는데 식당 아주머니가 내년에도 또 오라고 신신당부했다.

점심을 먹고 기운을 차린 김승남 대원이 다른 대원들과 보조를 맞추어 걸었다. 충주시 대소원면 지상진 면장 등 직원들이 생수와 드링크제를 나누어주며 격려해 주었다.

이상기 원장이 이곳 출신으로 제2차 조선통신사의 부사를 역임한 박재 선생의 고령박씨 후손들이 충주 감영에서 우리를 기다리고 있다고 했다. 그리고 선생의 후손들이 우리를 위해 저녁도 준비한다고 했다. 고마운 일이지만 너무 갑작스럽게 일어난 일이라 당황스럽기도 했다.

충주 시내에 들어섰다. 유엔 사무총장을 역임한 반기문 선생의 고택을 둘러보았다. 그는 이곳 충주에서 고등학교까지 다녔는데 출신은 이웃 음성군이다. 이곳 충주는 박재 선생 등 3명의 조선통신사를 배출하는 등 벼랑 끝에 선 우리나라의 대외 외교 분야에서 불세출의 업적을 남긴 인물을 키워낸 고장이다.

제2차 조선통신사 당시 부사를 맡아 맹활약한 운계(雲溪) 박재(朴梓: 1564~1622) 선생은 1602년(선조 35년) 별시 문과에 을과로 급제했다. 1606년 감찰 이듬해 공조좌랑이 된 그는 광해군 1년 1609년에 사간원 정원을 거쳐 성균관 직장, 문학, 사헌부지평, 세자시강원 사서, 사헌부장령, 사헌부집의, 세자시강원 필선 등 요직을 두루 섭렵했다. 1617년에 정사 오윤겸과 함께 회답부사로 일본에 간 그는 임진왜란 당시 잡혀갔던 피로인(被擄人) 321명을 구출하고 일본과의 수교를 정상화하는 공을 세웠다.

그는 조선통신사로 일본에 다녀와 [동사일기(東槎日記)]라는 사행록을 남겨 현재 서울대규장각 한국학 연구원에 소장되어 있다. 박재의 그 밖의 저서로는 2017년 10월 30일 유네스코 세계기록 문화유산에 등재된 조선통신사 사행록과 회답사일기 등이 있다.

참고로 [동사일기]에는 시문 58수가 실려 있는데 통신사 여정 여행지의 풍경과 일본 견문을 읊은 시와 회고(懷古)의 정과 사신의 임무를 제재로 한 작품 그리고 조일(朝日)외교에서 중요한 역할을 담당하였던 기하쿠 겐포(規伯玄方)에게 써준 시 7수 등 일본 승려들에게 증정한 시가 10수 실려 있다. 이 작품들은 양국 문사의 교류가 활발해지기 이전이었던 17세기 초 통신사의 문학 교류의 맹아적(萌芽的: 사물의 시초가 되는 것) 형태를 보여주는 고대문학의 대표 사례로 꼽히고 있다.

6시 25분 충주 감영에 도착하니 박성갑 선생을 비롯한 박재 선생의 후손들이 플래카드를 걸어놓고 우리를 기다리고 있었다. 우선 감영 뜰에서 5분 정도 몸 푸는 체조를 했다. 오늘은 총 38km를 달려왔다. 충주시에서 이곳 특산품 사과를 네 박스나 우리에게 보내왔다. 요즘 사과가 비쌌다.

감영 앞에서 충주시 관계자와 박재 선생의 후손들과 함께 단체 사진 촬영을 하고 근처 식당에 들러 맛있게 저녁 식사를 했다. 원주에서 조선통신사 우정걷기 팬 한 분이 우리 소식을 듣고 막걸리를 싣고 찾아와 우리를 격려해 주었다.

숙소에 도착해 엔도 대장 그리고 총무를 맡아 온갖 궂은일을 도맡아 하는 김월호 이사와 인근 식당에서 삼겹살에 소주를 마시며 얘기를 나누었다. 늦은 시간이라 식당에 손님은 우리밖에 없었다. 젊은 남녀 한 커플이 우리가 하는 일본어를 듣더니 반갑게 인사했다.

식당 주인 아들과 일본에서 유학 중 사귄 오카야마 출신 일본 여성이었다. 두 사람은 올해 결혼식을 올린다고 했다. 예비 시어머니가 며느리가

▲ 대소원면 건너 공원 앞에서의 단체 사진

▲ 충주 감영에서 박재 부사 후손들과 단체 사진

예쁘다며 칭찬했다. 오카야마는 세토내해(瀨戶內海)에 면한 도시로 조선통신사가 들렀던 지역이기도 하다.

우리도 이번에 이곳에서 숙박하는데 우연이 아니라는 생각이 들었다. 이 집 가족들과 함께 식당 앞에서 단체 사진을 찍었다. 젊은 커플이 함께하지 못해 아쉬웠다. 내일은 충주시가 제공하는 버스를 타고 문화탐방에 나선다. 5일째 긴 하루 일정을 마무리했다.

6일 차(2025년 3월 14일)

인간사(人間事) 참으로 허무하고 안타깝다

오늘은 금요일이었다. 걷기를 하루 쉬고 충주시 문화탐방을 하는 날이었다. 9시에 충주시에서 준비한 버스를 타고 탄금대로 향했다. 충주시의 심볼로 이곳 시민들이 가장 많이 찾는 곳이라고 했다. 이곳 문화해설사 이상기 박사가 탄금대 입구에서 오늘의 주요 견학 예정 코스를 개괄적으로 설명했다.

탄금대는 가야의 마지막 예술인이자 음악인이었던 악성 우륵이 가야금을 연주하며 세월을 낚았던 곳이다. 가야국이 신라에 병합되었을 때 우륵의 음악에 감동한 진흥왕이 달천강과 남한강이 합류하는 풍광이 뛰어난 이곳에 그를 살게 했다. 그는 평생을 이곳에서 가야금을 타고 제자들을 기르며 살았는데 그래서 사람들이 이곳을 탄금대라 부르게 되었다고 한다.

▲ 나카니시·엔도·메이코·와타나베(좌로부터)

가장 먼저 우리가 들린 곳은 팔천고혼위령탑이었다. 임진왜란 당시 왜군과 싸우다가 전사한 충장공 신립 장군과 군사 팔천여 명의 넋을 위로하고자 세운 탑이다. 왜장 고니시 유키나가가 이곳 전투에 승리한 후 파죽지세로 이렇다 할 저항을 받지 않고 닷새 만에 한양까지 갔다고 한다.

일본 대원들이 관심 있게 들었다.

다음은 이곳 출신 시인 권태응의 '감자꽃'이라는 노래비였다. 초등학교 3학년 국어 교과서에도 실려 있다는 그의 대표작이다. 그는 한국 아동문학의 대표 작가로 불린다. 번역해서 일본 대원들에게 소개했고 이윤희 대원이 유튜브로 찾아 노래를 들려주었다.

권 시인은 충주에서 1918년에 태어나 1951년까지 일제 강점기·해방·분단 그리고 한국전쟁 등 격동의 시대를 살다 간 저항 시인으로 맑고 순수한 동시를 많이 남겼다.

[감자꽃]

자주 꽃 핀 건
자주 감자

파 보나 마나
자주 감자

하얀 꽃 핀 건
하얀 감자

파 보나 마나
하얀 감자

이 시는 일제 강점기 창씨개명에 반항하려는 의도를 가지고 지은 시라고 알려져 있다. 이렇게 쉽고 재미있는 한글 시가 동요로 만들어져 아이들이 우리 글을 잊지 않도록 하려고 했다. 유복한 집에서 태어난 그는 일본 와세다대학 재학 중 독립운동하다 불량조선인으로 투옥되어 옥고를 치르기도 했다.

석방되어 귀국한 후 한국전쟁 중 33세의 젊은 나이로 세상을 떠났다. 전쟁 중이라 폐병 치료에 효과적인 마이신을 제때 구하지 못했기 때문이다. 와세다대학을 졸업한 엔도 대장이 심각한 표정으로 귀 기울여 듣고 있었다.

▲ 권태응 작가의 '감자꽃' 시비

칼바위 출렁다리를 둘러보고 미륵대원지도 둘러보았다. '새재'가 생기기 전 중요한 간선도로였던 하늘재도 걷고 한꺼번에 400~500명의 여행객을 수용했다는 고려시대 대규모 여관터도 견학했다.

수안보에서 점심을 먹고 시내의 임경업 장군의 사당을 참배했다. 박정희 대통령 재임 중 건립되었고 그의 글과 식수한 나무가 있었다. 기념관에서 임 장군이 지휘용으로 사용했다는 추련검 실물도 보았다. 조선조 임금 중 최고의 명필이었다는 정조 대왕이 직접 썼다는 임경업 장군 공덕비도 있었다.

▲ 탄금대 정자

병자호란(1636년 12월~1637년 2월) 당시 20만 대군을 이끈 청 태종도 두려워 그가 지켰던 백마산성을 우회해서 한양으로 갔다고 전해질 정도다. 그

▲ 칼바위를 이어주는 출렁다리

▲ 미륵사지 석조여래입상

런 불세출의 명장이 간신의 모함을 받아 매를 맞고 죽었다니 세상사 참으로 허무하고 안타깝다. 남한산성으로 피신한 인조와 조정이 20여 일 항전하다 12월 추위와 배고픔에 결국

▲ 출렁다리 위에서

투항하고 삼전도의 굴욕을 당했다. 짧은 전쟁 기간에도 불구하고 전쟁포로로 수십만 명의 백성이 청나라로 끌려가는 등 사회적 피해가 유례없이 막심했었다.

저녁 식사를 자유시간으로 하자고 하니 엔도 대장이 즐거워한다. 총무가 양측 대원들에게 식대를 나누어주었다. 내일은 수안보가 목적지다. 24km니 비교적 짧은 거리다. 일주일 묵은 피로를 온천욕으로 풀고 양측 대원이 식사를 함께하며 소감을 발표하는 평가회를 열기로 했다.

▲ 칼바위 위에서 바라보이는 탄금대 주변 전경

7일 차(2025년 3월 15일)

여전히 아날로그에 익숙한 일본 대원들

일본 대원들은 우리와 달리 SNS 단톡방으로 정보를 공유하지 않고 구두로 연락을 주고받았다. 나이가 있으니 그것이 오히려 편한 모양이었다. 새벽에 일어나 룸메이트의 수면에 지장이 없도록 화장실 변기 뚜껑 위에 앉아서 블로그 글쓰기를 했다.

오늘은 벌써 7일 차다. 목적지 수안보까지는 24km 거리다. 오늘은 과거 주일본국 대한민국 대사관에서 함께 근무했다는 H 국장과 S 과장이 게스트로 함께 걸었다. 아침 식사를 마치고 충주 감영 앞에서 정문호 대원의 힘찬 출발 세리머니로 걷기 시작했다.

고속도로 옆을 걸어가는데 바람이 강하고 차량의 소음으로 걷는 조건이 최악이었다. 선두와 후미 하나씩 만 남기고 깃발을 거두어 이동 차량에 실었다. 일본의 여성 대원 와타나베가 일본의 보이스 피싱의 실태를 들려주었다. 유선전화는 늘 부재 중으로 해놓고 등록된 번호가 아니면 아예 받지를 않는다고 했다.

▲ 수안보 온천을 향해 달천 천변(川邊)을 걷고 있는 대원들

일본은 은행 이자가 거의 없다보니 은행에 예금하지 않고 집에 현금으로 보관한다. 그런데 일본에는 고령자가 많은 점을 노려 강도들이 활개를 친다. 돈만 뺏는 것이 아닌 살인까지 하는 경우도 적지 않다고 했다. 보이스 피싱을 일본에서는 '오레 오레 사기'라고 표현한다. 우리말로 "나예요! 나예요! 사기"라는 뜻이다. 가족을 사칭하고 돈의 송금을 요구하는 형태다.

노인들이고 가족의 안위를 생각해서 사기꾼이 원하는 금액을 송금하고 사기를 당한다고 했다. 범인들은 주로 해외에 거점을 두고 일본 젊은이를 활용한다고 했다. 아르바이트를 구하는 젊은이들이 아르바이트비를 많이 준다는 감언이설의 마수에 걸려들어 공범이 되고 가족들을 협박하니 좀처럼 그 조직에서 빠져나오지 못하게 된다고 했다.

▲ 수안보 17km 등 표지판

고속도로 주유소에서 휴식을 취

하며 충주시가 증정했던 사과를 맛있게 먹었다. 고속도로변의 약수터집 시골밥상에서 이른 점심을 먹었다. 제9회 조선통신사 옛길 걷기의 정사를 역임한 김태호 교수 부부가 장조카를 데리고 격려차 우리를 찾아왔다. 김태호 교수는 진흥회 선상규 회장 다음으로 조선통신사 우정 걷기에 많이 참가하였으며 책도 여러 권 펴냈다.

그는 청주에 사는데 통신사가 지나갈 때마다 각종 간식거리를 차에 잔뜩 싣고 와서 일행들을 격려해 준다. 이번에는 딸기와 천혜향 그리고 오이를 가져왔다. 사모님이 매우 사교적이었다. 장조카라고 하는데 형님과 나이 차가 많다 보니 같이 늙어간다고 했다.

수안보 온천랜드에 도착해 온천에 몸을 담갔다. 기분이 좋았다, 한 주일의 쌓인 피로가 풀리는 것 같았다. 호텔 1층 식당에서 술을 팔지 않는다고 해서 김월호 이사와 인근 슈퍼에 가서 맥주와 소주를 구입했다. 저녁 6시 30분경 호텔1층 식당에서 양측 대원들이 식사한 다음 늦은 감이 있지만 본인 소개 그리고 일주일을 걸은 소감을 들었다. 그 가운데 몇 사람의 얘기가 여운을 남겼다. 재일동포로 오사카에서 온 이혜미자 대원은 "근육과 금력(돈)은 다 쓰고 가자"라는 것이 생활신조라고 했다. 일본말로 금력과 근육은 발음이 비슷하다. 그리고 83세까지 마라톤 풀코스를 뛰었다는 김승남 대원의 얘기에 모두 놀랐다. 그가 가끔 이동 차량 신세를 지지만 힘차게 걷는 모습에 늘 감동을 받았다. 그가 도쿄까지 완보하면 이번 제10회 행사는 성공이라는 생각이 들었다.

그리고 시즈오카에서 온 50대 현직 여교사 메이코 대원은 세종대왕을

▲ 길섶에서의 엔도 대장

존경한다고 늘 말하고 다녔다. 메이코는 조선통신사 연구 모임에 참가해서 자연스레 한글을 공부하며 한류 드라마를 보면서 한국을 동경하게 되었다고 했다. 한글을 배우며 한글의 오묘한 매력과 맛을 알게 되어 자연스럽게 한글을 창제한 세종대왕을 존경하게 되었다고 했다. 메이코는 미리 준비한 소도구를 활용해 노래하며 작은 공연을 펼쳐 우리들을 즐겁게 했다. 그녀는 타고난 엔터테이너(entertainer)였다.

▲ 소망석(所望石)

8일 차(2025년 3월 16일)

영남 제3 관문 설경(雪景)이 그림 같았다

아침 6시 30분경 이동 차량에 짐을 싣고 식사를 마친 다음 바로 출발했다. 눈과 비가 예상되어 가능한 빨리 문경 새재를 넘어야 했다. 외부 참가자 2명을 포함해 모두 27명이었다. 새재를 걸으니 비로소 조선통신사 옛길을 걷고 있다는 느낌이 들었다. 비와 우박이 내리기 시작했다. 휴식하는 지점에서 판초 우의를 입었다.

미군용 판초 우의라 독특한 디자인이 사람들의 시선을 끌었다.

2009년 일본 출장 중 제2회 조선통신사 우정 걷기 미시마-도쿄 구간에 참가한 일이 있다. 하코네 인근에서 비를 만나 난감했을 때 당시 단장 겸 정사를 맡은 선상규 진흥회 회장이 여분의 우의를 빌려주어 위기를 넘겼다. 이후 반환하려고 하니 선물로 주겠다며 그냥 쓰라고 했다. 산티아고 순례길 그리고 일본열도 종단 시에 이 우의를 요긴하게 사용했다. 이것이 인연이 되었는지 16년 뒤 제10회 조선통신사 우정 걷기 단장 및 정사역을 맡게 되었다. 당시에는 상상도 하지 못했던 일이다.

▲조선 시대 '과거 보러 가는 길' 동상

산길이고 비가 내리고 있어 김승남 대원 등 4명은 차량을 이용해 고개를 넘기로 했다. 안전이 제일이었다. 영남 제3 관문에 도착할 즈음에는 비가 눈으로 바뀌었다. 설경이 한 폭의 그림과도 같았다. 이번이 마지막일지도 모르는 제10회 조선통신사 대원들에게 하늘이 주시는 선물이었다. 단체 사진을 찍었다. 잘 정비되고 휴지 한 장 떨어져 있지 않은 산길을 걸어가면서 아름다운 자연경관에 감탄했다. 대한민국이 금수강산이고 선진국이라는 생각이 들었다.

이윤희 대원의 유머 감각이 풍부하다는 생각이 들었다. 산길을 내려오면서 그의 유머에 수시로 웃음을 터뜨렸다. 그가 말한 두어 가지는 꼭 외어서 써먹어야겠다고 생각했다. 재미있었던 것은 남기남, 진돗개와 똥개 이야기였다. 그리고 장수를 위해서 가장 많이 먹어야 하는 것은 '나이'라는 농담도 즐거웠다.

▲ 문경을 향해서 걷고 있는 참가자들

▲ 문경새재를 넘고 있는 참가자들

그 가운데 '진돗개와 똥개 이야기' 유머 이야기는 이렇다.

어느날 진돗개가 동네 산책을 하는데 똥개가 똥을 먹고 있는 것을 보았다.

진돗개는 그 똥개에게 대뜸 "너는 어떻게 똥을 먹어 우리 개망신을 시키느냐?"라고 딴지를 걸었다.

그러자 똥개는 "너는 에티켓도 모르냐 이놈아! 남 식사하는데 똥 얘기나 하고 쯧쯧"이라고 혀를 찼다.

문경 새재 옛길박물관에 들러 영상을 보며 조금 몸을 녹였다. 이곳 문화관광해설사 황유빈 씨가 안면이 있는 대원을 보더니 반갑게 인사했다. 2023년 제9차 우정 걷기 행사 당시에는 그녀가 우리 대원들에게 해설하며 새재를 함께 넘었다고 했다. 에너지가 넘치는 멋진 여성이었다.

기온이 뚝 떨어졌다. 800m 앞에 있는 식당이 멀게 느껴졌다. '백두산 가든'이라는 식당인데 음식이 맛이 있었다. 식당 주인이 직접 재배했다는 풍성한 각종 채소와 두루치기를 먹었는데 특히 된장찌개가 일품이었다. 양국 대원들이 한목소리로 맛있다고 칭찬했다.

경상도 음식이 전라도 음식과 비교해 평가가 낮은데 이 집 된장찌개의 깊고 융숭한 맛이 놀라웠다. 된장찌개의 그 오묘한 맛을 잊지 못해 다시 한번 이 식당을 방문하고 싶다는 생각이 들었다. 엔도 대장도 두 그릇이나 비웠는데 매우 흡족한 표정이었다.

비바람이 거셌다. 동아 마라톤대회에 참가하느라 잠시 자리를 비운 기수 이경수 대원 대신 임시로 대장기를 들게 된 정문호 대원이 우산을 쓰고 깃발을 드느라 애쓰는 자세가 역력했다. 강한 바람 속에 한 손으로 깃발을 들고 가는 모습이 애처로웠다. 하지만 본인은 임시직 기수를 자랑스럽게 생각하며 다른 대원에게 양보하려 하지 않았다.

문경초등학교 옆에 있는 청운각에 박정희 대통령의 문경초등학교 시절의 하숙집이 보존되어 있어 잠시 들렀다. 그는 이곳에서 3년간 교사 생활을 했다. 학생들에게 일찍 일어나는 것의 중요성을 강조했다고 한다. 트럼펫을 불며 악단도 만들어 활동했고 새벽 6시면 산에 올라 기상나팔을 불어 마을 사람들을 깨웠다고 했다.

대통령이 서거한 이틀 후인 1979년 10월 28일 하숙집의 60년 된 살구나무에서 꽃이 피었다고 했다. 살구꽃은 봄에 피는데. 대통령의 서거에 대한 슬픔을 나무가 이렇게 표현한 것이라고 했다. 그런데 이 살구나무는 이듬해 고사했다고 한다.

오늘 목적지인 관산지관(冠山之館)에 도착했다. 문경서중학교 교정 안에 있었다. 이곳은 조선 시대 문경의 관아로서 일제 강점기에는 문경구청 청사로 사용되었다. 관아에는 관리들이 출장 시 묵는 객사도 있어 조선통신사의 삼사도 이곳에 묵으며 '망궐례'를 행했다고 한다.

참고로 경관직으로서 중앙 관사에 있는 자는 조하(朝賀)를 통해 임금을 뵙고 경의를 표할 기회가 있었으나 지방 관아에서는 그렇지 못하였으

▲ 눈 내리는 조령 3관문 앞에서

므로 망궐례를 행했다. 이는 궁궐이 멀리 있어서 직접 궁궐에 나아가서 왕을 배알(拜謁: 지위가 높거나 존경하는 사람을 찾아가 뵈는 것)하지 못하는 각 지방의 수령들이 지방 관청에서 임금을 공경하고 충성심을 표시하기 위해 임금과 궁궐의 상징인 나무에 '궐(闕)'자를 새긴 패(牌)를 만들어 각 고을 관아의 객사에 봉안하고 예를 올렸다. 아울러 지방관으로 임명된 자로서 사정에 의해 조정에 하직하지 못하고 부임한 자도 부임지에서 망궐례를 가졌다.

고려·조선 시대에 이처럼 넓게 행해졌던 망궐례는 크게 세 가지 경우로 행해졌다. 첫째, 외직에 근무하는 관찰사, 목·부사, 절도사 등이 왕이나 왕비의 탄신일을 비롯하여 정월 초하루·한식·추석 등 명절날에 왕과

왕비·세자의 만수무강을 축복하면서 근무지에서 궁궐을 향해 절을 하는 경우였다. 둘째, 선비들이 회시(會試)나 정시(庭試)를 치르고자 서울에 왔다가 낙방하고 돌아가는 길에 궁궐을 향해 하직 인사를 올리는 예가 있었다. 셋째로 고려·조선 시대에 설날·동짓날·중국황제 생일에 왕을 비롯한 문무관원들이 중국 궁궐을 향해서 드리는 예가 있었으나 이러한 망궐례는 1896년 대한제국 창건 후 폐지되었다.

어제에 이어 오늘까지 게스트로 참가한 전 주일대사관 참사관 H 씨와 일등서기관 S 씨에게 페난트를 증정하고 아쉬운 작별을 고했다.

6시 30분경 저녁 식사를 위해 모텔 로비에 모였는데 모두 방이 춥다고

▲ 관산지관 앞에서

야단법석이었다. 주인에게 전화를 거니 알바하는 직원의 불찰이라고 했다. 외국인 근로자였다, 어제 수안보에서 맥주를 사러 슈퍼에 갔는데 그곳 여직원도 우크라이나 사람이었다. 식사를 마치고 엔도 대장의 방에 잠시 들러보니 이제 훈훈했다. 천만다행이었다. 오늘 8일 차 일정도 대과 없이 끝났다.

9일 차(2025년 3월 17일)

'부산→서울' 사이클링하는 일본 젊은이들

아침 6시 30분에 짐을 차에 싣고 나서 인근 식당으로 이동했다. 오늘은 문경소방서까지 26km를 걷는다. 문경시청이 소방서 강당을 빌려 환영식을 준비하고 있다고 했다. 이번에 걷기 시작하고 지자체로부터 처음 받는 공식 환영 행사였다. 부시장이 나와서 환영사를 한다고 했다.

황태마을이란 이름의 식당에서 아침 식사를 해결했다. 식당 주인이 '조선통신사'라는 말을 듣고는 "KT(통신기업)의 OB들 모임이냐?"고 물어서 아침부터 한바탕 웃음꽃이 피었다. 식당 주인이 참 재미있는 사람이었다. 집에서 키우는 다섯 살 된 개의 이름을 '황태'라고 지었다. 개도 주인을 닮아서 애교가 많고 낯을 가리지 않았다. 어느 일본 대원이 목덜

▲ 조령산 출렁다리

▲ 자전거로 우리나라를 종단하는 후쿠오카에서 온 일본 젊은이들과 함께한 한·일 우정 걷기 참가자들

미를 만져주니 벌렁 드러누워서 배를 드러내며 황홀한 표정을 지어 우리를 즐겁게 했다. 식당 주인의 힘찬 구호를 들으며 출발했다.

재일동포 리영수 대원과 얘기를 나누면서 걸었다. 그는 최근 우리 국내의 정치적 상황을 걱정했다. TV를 보지 않고 오직 걷는 일에만 몰두하니 오히려 행복하다고 나는 말했다. 그는 이번에 남동생과 함께 참가했는데 동생과 국적이 달랐다. 동생은 한국 국적인데 본인은 북조선이라고 했다. 최근 전립선 비대증 수술을 받고 기저귀를 찬 채 이번에 참가했다고 했다.

자전거를 세워놓고 휴식을 취하는 3명의 젊은이들을 만났다. 후쿠오카에서 온 일본 대학생들이었다. 자전거를 타고 부산에서 5일 계획으로 서울까지 간다고 했다. 그들과 단체 사진을 찍었다. 우리말을 조금 배웠다고 했다. 나중에 들으니 이윤희 대원이 자신도 자전거를 타는 사람이라 감정이입이 되어 격려하는 차원에서 용돈을 주었다고 했다.

▲ 동네에 아기가 태어난 것을 경축하는 현수막

어느 마을을 지나는데 특이한 플래카드가 걸려 있었다. 아기가 태어난 것을 축하한다는 내용이었다. 농촌의 저출산 고령화의 현장을 사실적으로 보여줬다. 같이 걷는 엔도 대장이 일본에서도 활용하면 좋은 아이디어라고 말했다.

▲ 고모산성을 내려가는 대원들

고모산성 입구에서 휴식을 하며 사무국에서 준비한 초코파이를 먹었다. 이혜미자 등 여자 대원들이 큰 비닐봉지를 들고 비닐 껍질을 받아 갔다. 고모산성에 올랐다. 깎아지른 절벽 S자 형태로 흐르는 강이 한눈에 보였다. '산태극 물태극'이 맞다. 빼어난 풍광이며 천험(天險·땅의 형세가 천연으로 험함)의 요새였다. 멀리 절벽 사이로 '토끼비리'가 보였다.

문경 '토끼비리'는 경북 문경시 마성면에 위치한 명승지로, 영강과 조령천이 만나는 협곡의 절벽에 조성된 약 3km 길이의 옛길이다. 이 길은 고려 태조가 남하하던 중 토끼가 벼랑을 따라 달아나며 길을 열어준 전설에서 유래한 '토천(兔遷)'이라는 이름으로도 불린다. 좁고 험한 벼랑길로, 한 사람이 겨우 지나갈 수 있는 좁은 폭과 구불구불한 경로가 특징인데 석회암 암석을 깎아 만든 인공 천도(遷道)로 2007년 명승 제31호로 지정되었다. [신증동국여지승람]에는 정약용이 유배 중 시로 읊은 '토천'이라는 시가 남아 있어 역사적·문학적 의미를 지니는 곳이기도 하다.

단체 사진을 찍고 인근 레스토랑에서 산채비빔밥을 먹었다. 예전에는 단체로 레일바이크를 탔는데 일본 대원들의 반응이 신통치 않아 이번에는 생략하니 시간적인 여유가 있었다.

화장실을 이용하러 주유소에 들렀다, 9차 때 정사를 역임했던 김태호 교수가 증정한 오이를 하나씩 받아먹었다. 휴식이 끝날 무렵 "꽈당!" 하는 소리가 들려 깜짝 놀랐다. 아사히신문 사진기자 출신인 가나이(81) 대원이 일어나려다가 앞으로 넘어진 거였다. 무릎에 타박상을 입고 카메라 파인더에 금이 갔다. 다행히 가벼운 타박상이라 안도했다. 이동 차량에 타도록 했다.

그는 일본 구간에서 차를 운전하며 대원들의 짐을 실어 나르는 중요한 직책을 수행하는 노익장이었다. 평생을 스포츠 현장을 취재했던 사진기자 출신이었다. 바지를 걷고 상처 부위에 연고를 바르고 일회용 밴드를 붙이는 모습이 익숙해 보였다.

유곡역을 지나며 코스 리더 박해룡 부사가 조선 시대 유곡(幽谷)역에 대해 설명해 주었다.

조선 시대 유곡역은 한양에서 동래, 동래에서 한양을 오가는 중간 지점에 위치한 인적·물적인 교류 그리고 군사적으로 중요한 거점이었다고 한다. "찰방 1인, 역리 469인, 노비 83인, 구상마 2필, 중마 5필, 부마 7필을 두었다"라고 [세종실록지리지]에 기록되어 있다. 영남대로의 5개 큰 역참 가운데 하나라고 했다.

▲ 고모산성을 찾은 한·일 우정 걷기 참가자들

오일뱅크 문경 관광주유소에서 화장실을 다녀오고 휴식을 취했다. 걸으면서 화장실 인심이 좋은 주유소 신세를 많이 진다. 이 주유소는 관광회사도 겸한다고 했다. 여직원이 참 친절했다. 사무실에서 쉬도록 배려하고 대원들에게 커피를 대접했다.

이제 목적지 문경소방서까지는 4km 남짓을 남겨놓았다. 소방서를 500m가량 남겨놓고는 2열 종대로 깃발을 앞세우고 보무도 당당하게 행진했다. 3시 40분 소방서에 도착했다. 행사가 있는 5층 강당 화장실에 들리니 벽에 낯이 익은 글이 붙어 있었다. 평소 내가 좋아하는 돈키호테의 글귀였다.

이룰 수 없는 꿈을 꾸고
이루어질 수 없는 사랑을 하고
이길 수 없는 적과 싸움을 하고
견딜 수 없는 고통을 견디며
잡을 수 없는 저 하늘의 별을 잡자

4시부터 문경소방서 건물 5층 강당에서 환영식이 열렸다. 소방서장도 자리를 함께했다. 이곳 특산품 오미자청을 대원들에게 하나씩 선물로 주었다. 문경은 중부 내륙지방에서는 가장 많은 관광객이 찾는 곳이다. 작년에 500만 명이 다녀갔다고 한다. 새재가 있고 명산 주흘산도 있다. 문경시 그리고 소방서에서도 꽃다발을 준비했다. 한국 대원 중 일본어가

되는 사람이 나뿐이어서 통역을 하랴 단장 인사를 하랴 진땀을 흘렸다. 처음 하는 경험이었다. 경험이 많은 엔도 대장의 인사말이 훌륭했다.

점촌역 광장에서 체조하고 인근 숙소로 갔다. 저녁 식사 자리에서 일본 여성 대원의 아이디어로 오늘 받은 꽃다발을 식당 주인에게 선물했다. 동아 마라톤 대회에 참가해서 풀코스를 뛴 재일동포 이경수 대원이 돌아와서 저녁 식사에 합류해 대원들로부터 박수를 받았다.

그는 이번에 서울에서 마라톤 대회에 참가한 이후에 골절상을 입고 입원 중인 이정희 회원의 문병을 다녀왔다고 해서 우리를 감동시켰다. 엔도 대장이 재일동포 리영수·이경수 형제에게 앞으로 통역 지원을 지시했다. 내일 예천군의 환영 행사에서 그들의 역할이 기대되었다. 인사말은 짧게 준비토록 하기로 했다.

▲ 환영식이 끝난 후 문경시 부시장·문경소방서장 등과 함께

10일 차(2025년 3월 18일)

어찌하여
세상에 이런 일이!

어제 문경시가 주최한 환영식 행사에서 부시장 인사와 사회자로서의 진행 및 통역 그리고 단장 본인의 인사와 통역에다 엔도 대장의 통역까지 하느라 진땀을 흘렸다. 그러다 보니 정작 나 자신의 단장 인사는 죽을 쑤었다. 황당해했던 스스로에 대한 자괴감과 대원들에 대한 민망함에 우울했다. 밤늦게 전 문화일보의 P 기자가 보내온 문자를 읽고는 힘을 얻었다. 문화일보에 기고한 두 번째 기사를 읽고 그가 보내온 소감이었다.

'박사님 안녕하세요? 글 잘 읽었습니다. 글이 매우 좋습니다. 문화일보 연재가 신의 한 수였습니다.'

새벽에 눈을 뜨니 2시 40분이었다. 롬메이트가 깨지 않도록 작은 플래시를 켜고 블로그 글을 마무리해서 올렸다. 아침 6시 30분 짐을 차량에 싣고 인근 식당에서 아침 식사를 했다. 식사가 원래 7시인데 일본 대원들이 일찍 내려오는 바람에 식사를 20분 먼저 시작했다. 일본 대원들은 보통 5~10분 전에 내려왔다. 눈비가 예고되어 있어 출발시간을 30분 앞당기기로 했다.

일본 측과 미리 상의해야 하는데 사무국에서 불쑥 발표해버렸다. 나중에 엔도 대장에게 경위를 설명하고 양해를 구했다. 오늘부터는 좀 편해졌다. 엔도 대장의 지시로 일본 대원으로 참가한 리영수·이경수 두 재일동포 형제가 통역을 지원키로 했기 때문이다. 국적이 다르지만 형제의 우애가 부러울 정도로 돈독했다.

7시에 출발했다. 박해룡 부사가 오늘의 코스에 관해 설명하고 리영수 대원이 통역했는데 만족스러운 통역이었다. 눈이 많이 내렸다. 가는 길에 어느 장례식장에 들러 화장실을 이용하고 뜨거운 차도 대접받았다. 일회용 우비까지 제공받았다. 장례식장 대표와 얘기를 나누어 보니 부인이 일본에 유학을 다녀왔다고 했다. 일본에 대해 관심이 많은 고마운 분이었다.

장례식장을 나서 언덕길을 오르는데 눈이 펑펑 쏟아졌다. 설경이 환상적이었다. 모두 어린아이로 되돌아간 듯 즐거워했다. 바람도 없고 춥지도 않으니 최고의 날씨였다. 김승남 대원은 안전을 고려해 차를 타고 이동토록 했다.

예천 미군 비행장 옆을 걸어가는데 공군 경찰 차량 두 대가 우리 일행 앞에 섰다. "무슨 팀이냐?"라고 물어 행사 취지를 설명했다. 군사시설이기 때문에 사진 촬영 금지라고 했다. 그리고 기왕 찍은 사진 중 군사시설이 들어간 부분이 있으면 지우라고도 했다.

▲눈이 내리는 시골길을 걷는 참가자들

용궁면 면사무소에 들러 휴식을 취하고 화장실을 사용했다. 이곳 예천군은 읍이 2개에다 면이 10개나 된다. 경상북도에서는 칠곡군 다음으로 큰 규모로 인구가 54,000명에 이른다. 경북도청 청사도 예천군청 인근

▲ 여명의 점촌역

에 있다.

최근 TV 가요 오디션 프로에서 많이 들었던 노래 <회룡포>가 이곳 용궁면에 있다는 것을 처음 알았다.

참고로 용이 비상하듯 물을 휘감아 돌아간다라는 뜻을 지닌 '회룡포(回龍浦)'는 용궁면에 있는 낙동강 지류인 내성천이 360도 휘돌아 나가는 육지 속의 사실상 섬마을이자 관광지이다. 명승지로 지정되어 있는데 내성천이 지나기 때문에 마을 근처에는 모래사장이 많으며 감입곡류하천의 아름다운 지형 풍경으로 유명해 예천 10경에 선정되었고 2005년에는 명승 제16호로 지정되기도 했다.

이곳의 원래 이름은 의성포(義城浦)였고 '회룡'은 제1 뽕뽕다리 건너편의 마을 이름(회룡마을)이었는데 1987년에 KBS에서 이 마을을 회룡포로 소개하는 사고를 친데다가 이곳을 인근 의성군으로 오인하는 경우가 많

▲ 여전히 눈이 내리는 가운데 예천군청을 향해 걷는 참가자들

▲오후 2시경 눈이 그치고 난 직후의 푸른 하늘

아 결국 1999년부터 회룡포로 이름을 바꿔버렸다고 한다.

점심은 개포역 입암에서 했다. 제육볶음을 상추·깻잎에 싸서 모두 맛있게 먹었다. 음식이 맛이 있고 푸짐했다. 식당 주인 부부가 우리 대원들의 부탁으로 수줍어하면서 구호를 외쳐주었다. 그런데 목소리가 예상외로 우렁찼다.

"Go Go, Let's Go!"

진흥회 선상규 회장이 전화를 걸어왔다. 어제 부상을 입은 가나이 대원의 안부를 물었다. 나도 걱정이 되어 아침에 그를 보자마자 괜찮은지 확인했다. 그는 81세의 고령인데 심려를 끼쳐 죄송하다고 했다. 다치게 되니 비로소 본인의 나이를 의식하게 되었다며 앞으로 더욱 행동에 주의하겠다고 했다. 선 회장의 인사를 대신 전했다.

유천면 사무소에서 휴식 장소를 제공해 주어 2층 강당에서 편하게 휴식을 취했다. 이곳 직원들이 참 친절했다. 2시 50분 유천면 사무소를 출발했다. 예천군청에 도착했다. 전통한옥 모양으로 지은 군청 청사가 훌륭했다.

도착이 일러 행사 시작을 기다리며 민원실에서 대기하고 있는데 예천군 의원 한 분이 인사를 왔다. 나를 보는 그의 동공이 갑자기 커졌다. 안면은 있는데 얼른 기억이 나지 않았다. 얘기를 나누다 보니 옛날 내가 책임자로 있던 공공기관에서 2년간 연구원으로 일을 했던 이동화 씨였다. 퇴임한 지 15년이나 되었으니, 기억이 가물가물했다.

너무나도 뜻밖의 만남에 그도 말을 잇지 못하고 나를 부둥켜안았다. 주변에서 카메라 플래시가 터졌다. 그는 "세상에 이런 일이!"라는 말만 반복했다. 그도 어느새 환갑을 넘겼다고 했다. 4시 40분에 행사장으로 이동해 환영식이 시작되었다.

군청의 전 직원이 모두 환영식에 참석했다. 김학동 군수가 먼저 환영사를 했다. 다음으로 이동화 의원이 축사를 하며 나와의 인연을 길게 언급했다. 내가 답사를 하고 엔도 대장이 인사를 했다. 꽃다발과 함께 예천군 특산물인 참기름을 선물로 받았다. 김학동 군수가 외치는 "Go Go, Let's Go!"를 뒤로 한 채 2km를 더 걸어 숙소로 갔다.

샤워를 마쳤는데 이동화 의원이 숙소 로비에 와있다고 전화를 걸어왔다. 로비에 선 채로 그동안의 근황에 관해 얘기를 나누었다. 그가 대원들과 나누어 먹으라고 과자를 선물로 가져왔다.

내일 안동으로 가는 일정에 함께 걷겠다고 진흥회 중진 4명이 서울에서 내려와 대원들과 저녁을 함께 했다. 엔도 대장과는 구면인 최효경 상임이사가 술을 제공했다. 저녁 식사를 마치며 양국 대원들이 손을 맞잡고 <아리랑> 그리고 일본의 국민 동요인 <후루사토(故鄕)>를 합창했다.

▲ 오랜만에 만난 예천군 이동화 의원과 함께

동지들이 4명이나 내려와 경주까지 함께 걷겠다니 마음이 든든했다. 숙소로 돌아오니 진흥회 홍순언 감사가 격려 전화를 걸어왔다. 그는 다음 달 4월 하순에 45일 일정으로 스페인 산티아고 순례길 도보 여행에 나선다고 했다. 이렇게 10일 차 밤이 깊어 갔다.

▲ 김학동 군수·이동화 의원 등과의 단체 사진

11일 차(2025년 3월 19일)

묘한 인연은 계속 이어진다

오늘은 우정 걷기 11일 차다. 걸으며 다양한 경험을 하다 보니 경복궁 앞에서 출발한 일이 까마득한 옛일로 여겨졌다. 어제는 내 세탁물이 없어져서 신경이 쓰였는데 엔도 대장의 방에 있었다. 함께 방을 쓰는 김승남 선생이 잘못 가져간 거였다.

식당으로 가려고 현관 앞에 모여 있는데 까치 한 마리가 반갑다고 인사하며 창공으로 날아갔다. 룸메이드 정문호 대원이 미리 식당으로 가서 김재순 회원이 보내온 양갱을 양측 대원들에게 나누어 주었다. 출발에 앞서 호텔 앞에서 이의선 대원의 지도로 체조를 했다.

식당 주인 부부가 오더니 양측 대원들에게 화장품을 하나씩 나누어주

▲ 대연호텔에서 바라본 일출 광경　　▲ 안동을 향해 시골길을 걷는 대원들

었다. 딸이 화장품 수출하는 일을 한다고 했다. 대원들이 감동한 듯 보였다. 겨우 아침 한 끼를 팔아 주었을 뿐인데. 식사하며 서빙을 하는 모녀의 얼굴이 범상치 않다는 생각은 했었다. 그들 부부가 "Go, Go, Let's Go!"를 외치며 떠나는 우리를 격려해 주었다.

▲ 백아현 고갯길에서의 단체 사진

어제 도착한 진흥회 중진 4명이 부탁하지도 않았는데 각자의 역할을 척척 해내어 마음이 든든했다. 걷는 동안 최효경 상임이사는 경광봉을 들고 도로 안전을 담당했고 민경한 이사와 손형권 감사는 깃발을 들었다. 그리고 유병희 이사는 위험한 도로에서 몸을 사리지 않고 사진 촬영을 했다. 자비를 들여 내려와 예천에서 경주까지 5일 동안이나 봉사하는 그들이 고마웠다.

9km 정도 걸어 백아현 고개에서 휴식했다. 옛날 산도적들이 기승을 부려 많은 과객이 함께 모여서 고개를 넘었다는 곳이다. 걷는 도중 화장실이 없어 여기서 볼 일을 해결했다. 여성 대원들은 고개 아래에서 남성 대원들은 고개 위에서 해결했다.

선상규 회장이 전화로 영천시에서 전별연을 열어주겠다는 연락을 해왔다고 알려줬다. 의성군과도 환영식에 관해 협의하고 있다고 했다.

이곳 의성군 김주수 군수의 해군 장교 시절, 2019년 제7회 우정 걷기 당시 그의 동기가 체육 관련 기관의 장으로 있었는데 이름이 우연하게도 선상규였다고 한다.

그런 인연으로 선상규 회장이 단장으로 있던 통신사 일행을 환대해 주었는데 이번에는 단장을 맡는 나와 그는 외환은행(현재는 하나은행으로 합병) 입행 동기였다. 묘한 인연이 이어지고 있었다. 그는 은행 근무 중 행정고시에 합격해 농림수산부 차관까지 지냈다. 특별한 일정이 없다면 예전에 조선통신사와 인연도 있던 지역이라 환영식을 열어줄 것이라는 생

▲ 안동의 조선 시대의 정자와 정원

각이 들었다.

점심은 안동의 까치식당이란 곳에서 했다. 재일동포 이혜미자 대원이 "안주 더 주세요"라고 해서 모두가 웃었다. 내가 안주와 반찬의 차이에 관해 설명해주었다.

33km를 걸어 목적지 안동 동헌에 도착했다. 역시 30km가 넘어가니 지루하고 힘이 들었다. 안동시 관광문화국장 이하 직원들의 환영을 받았다. 모처럼 같은 호텔에서 이틀을 자게 되어 다들 마음이 편했다. 저녁은 근처 식당에서 안동찜닭을 먹었다.

식사를 끝내며 손을 잡고 우리는 동요 <고향의 봄> 일본 측은 <위를 보고 걷자>를 불렀다. 이 노래는 1961년 사카모토 큐가 발표한 노래인데 아시아 최초로 1963년에 3주 연속 빌보드 차트 1위를 기록했다.

최효경 상임이사의 방에서 진흥회 중진들이 모여 2차 전략회의를 열었다. 김월호 이사가 김승남 선생에게서 받은 부탁에 관해 얘기를 나눴다. 의성으로 가는 길에 들리게 되어 있는 식당에서 작고한 전우의 제사를 지내주고 싶다며 제사 비용으로 5만 원을 주더라고 했다.

전우의 딸이 운영하는 식당이었다. 처음 그가 조선통신사에 참여해 점심을 먹었던 그 식당에서 우연히 한국전쟁 당시의 전우를 만났다고 했다. 이 일은 당시 일본 언론에 크게 보도되었다고 한다. 2년 후에 다시 찾

▲ 서천초등학교 전경

▲ 안동 동헌 영가헌

앉을 때는 휠체어에 타고 있었는데 이후 작고했다는 소식을 들었다고 했다. 엔도 대장과 이 문제를 상의하기로 했다. 내일은 안동의 하회마을 등을 둘러보고 모레는 의성군으로 간다.

▲ 안동 동헌 웅부관에서의 안동시 문화예술국장 등과의 단체 사진

12일 차(2025년 3월 20일)

기록되지 않는 것은 기억되지 않는다

새벽에 일어나 블로그 글을 올리고 5시경에 자리에 누웠는데 꿈을 꾸었다. 그동안 잠이 부족했는데 새벽에 잠을 좀 잔 모양이었다. 오늘은 밤과 낮의 길이가 같다는 춘분이다. 꿈에 옛 직장의 보스였던 삼양사 고 김상하 회장을 만나 대화를 나누었다. 온화하고 소탈한 모습이 여전했다. 작고하신 후 한 번도 꿈에 나타나지 않았는데 묘한 기분이 들었다. 비록 꿈속이나마 그분 모습을 보고 대화를 나누니 기분이 좋았다. 격려를 받았다.

오늘은 걷기가 없고 안동시 문화탐방을 하는 날이었다. 9시 안동시가 제공하는 버스를 타고 투어에 나섰다. 김승남 선생과 역시 80을 넘긴 엔

▲ 하회마을에서의
다카하시 대원

▲ 하회마을 일대를 걷는
한·일 우정 걷기 참가자들

도 대장은 이경수 대원의 안내로 가까운 온천에서 휴식하며 컨디션을 조절키로 했다.

하회마을에 도착해서 풍산 류씨 대종택인 고택 양진당(養眞堂)과 '충효당'에 들렀다. 양진당은 서애 류성룡선생의 부친인 입암(立巖) 류중영 선생의 호를 따서 '입암고택(立巖古宅)'이라고도 부른다.

서애(西厓) 류성룡(柳成龍·1542~1607) 선생은 평생을 청빈하게 살았다. 선생의 별세 후 그의 문하생과 지역 주민들이 선생의 유덕을 추모하여 건립했다.

류성룡은 조선통신사와도 아주 인연이 남다른 인물이기도 하다. 그가 이황의 문하에서 훗날 1590년에 조선통신사로 일본에 갔던 조목(趙穆)·김성일과 동문 수학하였기 때문이다. 성리학에 정통하였던 그는 과거를 통해 관료로 등용되어 서인이 아닌 이산해와 같은 동인으로 활동했다.

▲ 하회마을의 매화

그러나 정여립의 난과 기축옥사를 계기로 강경파인 아계 이산해·정인홍 등과 결별하고 '남인' 계파를 형성했다.

류성룡은 임진왜란이 발발하기 직전 군관인 이순신을 선조에게 천거해 전라좌수사로 임명하도록 했는데 이순신과는 어려서부터 같은 동네에서 함께 자라 잘 알고 있던 터였다. 이를 계기로 이순신 장군은 임진왜란 당시 열세였던 조선의 전세를 역전시키는 데 남다른 공을 세웠다. 류성룡은 임진왜란 당시 4도 도제찰사·영의정이라는 중책을 맡아 풍전등화의 조선 조정을 총괄 지휘했다.

하지만 그는 노량해전이 발발하자 정인홍·이이첨 등의 북인의 모함으로 인해 영의정에서 삭탈관직된다. 그 후 안동으로 내려가 선조의 부름에도 올라가지 않고 임진왜란 당시 겪은 후회와 교훈을 후세에 남기기

▲ 하회마을의 고택 풍경

위해 그 유명한 대한민국의 국보 제132호 [징비록(懲毖錄)]을 저술한다. 그는 생애 마지막까지 청렴하고 정직한 삶을 살았던 청백리의 표상으로 '조선의 5대 명재상(名宰相)' 가운데 한 사람으로 칭송받는다. 죽마고우로 후견인 역할을 하였으며 이순신의 형 이요신과 친구 사이기도 하다.

하회마을의 '충효당(忠孝堂)'이라는 현판은 미수 허목(許穆 · 1595 ~ 1682)이 썼다. 조선 중기의 성리학자이자 서예가·화가·정치인인 허목은 독특한 필체인 '미수체'로 유명한데 전서(篆書)체에서 독보적 경지를 보여 '허목체'로 불리며 추사 김정희의 서예에도 영향을 끼친 인물이라고 한다. 그는 동해척주비(退潮碑)를 통해 자연재해 예방에 이바지한 인물로 평가받는다.

류성룡 선생은 평소 나라에 충성하고 부모에 대한 효도를 강조했다고 한다. 그래서 건물의 당호를 '충효당'으로 했다고 한다. 수령 600년이 된 느티나무 삼신당 신목(神木)에 참배하고 제10회 조선통신사 우정 걷기의 무사 완보를 기원하는 글을 한지에 적어 묶었다.

다음으로 들린 곳은 병산서원(屛山書院)이었다. 조선 시대의 대표적인 사립교육기관이다. 서애 류성룡의 학문과 업적을 기리기 위해 경상북도 안동시 풍천면 병산리에 건립한 서원이다. 1978년 3월 31일에 사적 제260호에 지정되고, 2010년 7월 31일과 2019년 7월 10일에는 각각 유네스코 세계문화유산에 등재되었다.

점심은 안동 간고등어 숯불 가든에서 된장찌개 청국장을 먹었다. 안내

▲ 하회마을의 소나무 보호수

를 맡은 김영순 관광문화해설사가 함께했다. 그녀가 일본말로 해설하고 우리말로 통역까지 하느라고 애를 썼다. 된장찌개 맛이 일품이어서 세 그릇이나 비웠다.

마지막 방문지는 한국국학진흥원이었다. 김순석 박사가 진흥원에 대한 개괄적인 설명을 하고 질의응답을 진행했다. 그는 허광도 대원의 친구였다. 진흥원을 소개하는 동영상을 보고 세계기록유산을 견학했다.

이곳 어싱 해설사의 능력이 탁월했고 오가타 게이코의 통역도 흠잡을 데가 없었다. 그녀는 시청 소속 공무원인데 남편도 안동시청에 근무하고 있었다. 그동안 늘 조선통신사 일행을 위해 안내와 통역을 도맡아주었는데 아들이 어느새 고등학생이 되었다고 했다. 남편이 안동김씨 양반이라

▲ 병산서원 경내 및 만대루(晩對樓)

고 자랑스러워했다.

유네스코 세계기록유산인 '한국의 유교 책판' 유네스코 아시아태평양 지역 기록유산인 '한국의 편액' 등을 둘러보았다. 조선조 명필 한호 한석봉, 추사 김정희, 퇴계 이황의 친필도 보았다. 진흥원을 소개하는 동영상에 나오는 "기록되지 않는 것은 기억되지 않는다"라는 문구와 그리고 "부모님이 지어주신 이름대로 살고 있는지 되돌아보라"라는 해설사의 말이 여운을 남겼다.

안동의 상징인 도산서원을 못 둘러본 것이 아쉬웠다. 개인적으로는 작년 10월 동북아공동체문화재단의 투어에 참가해 상해임시정부 국무령을 역임한 석주 이상룡 선생의 500년 고택 임청각에서 1박 하며 도산서원도 둘러보았다.

저녁에는 서울신문 상임고문 이종락 선생이 안동에 왔다. 같이 식사하며 즐거운 대화를 나누었다. 소탈한 분이었다. 그는 내일부터 이틀간 우리와 함께 걷는다. 걷기를 좋아하는 데 도쿄 특파원을 지냈다. 근무 중 2011년 3월에 동북대지진을 경험했다고 한다. 일본어를 구사하고 일본에 대한 기본 소양을 갖춘 분이었다. 그가 밥값을 냈다.

내일 아침 7시 대원들의 식사 시간에 함께하며 소개하기로 했다. 선 회장이 전화를 걸어왔다. 울산에서의 환영 행사에 울산 시장이 나올지도 모른다고 했다. 그리고 정사·부사·종사관 등 3사가 입을 관복도 준비하고 고등학교 학생 울산 시민들도 함께 걷는다고 했다.

13일 차(2025년 3월 21일)

한국전쟁 옛 전우의 제사를 지내다

아침식사를 하고 안동 웅부공원에 집합해서 이의선 대원의 지도로 체조를 했다. 안동시 직원들이 나와서 환송해 주었다. 오늘은 의성 군청까지 34km를 걷는다. 대원이 세 명 늘었다. 나가노현에서 온 임은 대원. 그녀는 재일동포로 나가노현에서 '서울 게스트하우스'를 운영하고 있는데 여러 차례 조선통신사 우정 걷기 행사에 참가했다. 별명이 '조선통신사 안방마님'이었다.

또 한 사람은 시마무라 씨로 후쿠오카에서 왔다. 그도 여러 차례 구간 참가를 했는데 지난번에는 코로나에 걸려 의성-부산 구간을 걷지 못했다고 했다. 이번 참가로 전 구간 참가를 비로소 완성한다고 했다. 조선통신사 전문가로 여러 권의 저서가 있으며 규슈 지역의 대표신문인 서일본신문의 기자 출신이었다.

다음은 이틀간 우리와 같이 걷겠다고 참가한 서울신문의 이종락 상임고문이었다. 그도 걷기를 좋아해서 국내 옛길을 10여 개나 발굴해 일반에 소개한 '걷기 마니아'다. 이번 10회 조선통신사에는 일본 구간에도 일부 참가할 것이라고 했다. 그는 2011년 3월 11일 동북대지진 당시 도쿄 특파원으로 후쿠시마 원전 폭발 현장에도 들어가 취재를 했다고 한다. 일본어가 유창하다. 아침 식사에 참석해서는 대원들에게 일본어로 인사했다.

▲ 안동 월령교를 걸어가는 대원들

걸으며 점심은 안동 일직면에 있는 식당에서 해결했다. 갈비탕인데 다들 맛이 있다고 했다. 이곳은 일본 대원 중 최고령 김승남 대원과 특별한 인연이 있는 곳이었다. 한국전쟁 당시 함께 싸운 전우의 딸 부부가 운영하는 식당이었다. 2017년 조선통신사 우정 걷기 행사 당시 그는 전우를 이곳에서 우연히 만났다고 했다.

이후 2021년 전우가 돌아가셨다는 소식을 풍문으로 들었다고 했다. 이번에 제수를 준비해서 식당의 별실에서 영정사진을 모시고 약식으로 제

▲ 의성을 향해 걸어가는 대원들

▲ 의성 가는 길 어느 고택 앞에서의 단체 사진

사를 지냈다. 식사를 마친 양측 대원 여러 명도 영정 앞에서 참배했다. 여러모로 얼굴 모습이 온화하시고 인생을 잘 사신 어른이라고 생각되었다.

김승남 대원은 한국전쟁 당시 17살이었는데 10년 연상의 이 전우가 형같이 잘 돌봐주었고 했다. 불침번을 설 때가 되면 더 잠을 자라고 대신 서 주기도 했다고 했다. 98세로 돌아가셨을 때는 작은 동네인데도 조문객이 300명 넘게 왔다고 따님이 자랑스럽게 말했다. 사위는 김승남 대원이 보내준 신문 기사를 동네 사람들에게 보여 주며 자랑했다고 했다. 돌아가실 때까지 건강했으며 저녁 식사도 잘하셨는데 아침에 가보니 돌아가셨더라고 했다. 죽을 복을 타고나신 어른이었다.

목적지 의성 군청에는 김주수 군수 이하 전 직원이 도열해 박수치며 우리를 환영해 주었다. 군청 현관에는 제10회 21세기 조선통신사 한·일 우정 걷기를 환영한다는 현수막이 걸려 있었다. 그가 양측 대표에게 준비한 꽃다발을 씌워 주고 환영사를 했다.

김주수 군수는 나와 외환은행에서 사회생활을 함께 시작했다. 이후 서로 살아가는 길이 달라 이번에 50년 만에 이렇게 만나니 감개무량했다. 농수산부 차관을 퇴임한 이후 고향 의성으로 내려와 지자체 3기 11년째 군수로서 봉사하고 있었다.

50년 만에 만난 그는 반가워하며 이렇게 긴 거리를 걸을 수 있는 나를 부러워했다. 우리 나이에는 건강이 명예 권력 그리고 재산보다 훨씬 큰 가치다. 살아보면 안다. 그는 양측 대원들에게 두툼한 선물을 챙겨주었고, 구호를 크게 외치며 떠나는 우리를 격려해 주었다. 이번 제10회 조선

▲ 의성군수의 환영사

통신사에서 묘한 인연의 우연은 계속되고 있었다.

저녁은 인근 식당에서 감자탕으로 했다. 엔도 대장이 호적수를 만났다. 이종락 고문은 누가 뭐래도 저녁 술자리의 '분위기 메이커'였다. 그는 평기자 시절에도 출입기자단의 간사를 자주 맡았다고 했다. 즐거운 저녁 모임을 끝내며 13일 차 일정을 마무리했다. 길고 힘들었지만 즐거운 하루였다. 내일은 의흥까지 가는 26km의 비교적 짧은 일정이다.

▲ 김주수 의성군수와 함께

14일 차(2025년 3월 22일)

분실한 휴대폰을 찾자 환호성 터지다

좋은 날씨였다. 식당으로 가는데 함께 걷는 서울신문 이종락 고문이 마치 일본의 거리를 걷는 것 같다고 말했다. 의성군은 나도 처음 왔는데 같은 생각이 들었다. 친구가 이곳의 군수를 하고 있다는 사실이 자랑스러웠다.

식사하는데 일본 대원 한 사람이 어제 도쿄신문의 석간에 1면 톱으로 이번 조선통신사 우정 걷기를 다룬 기사가 실렸다며 스마트폰 화면 기사를 보여 주었다.

그 내용은 애당초 과거 조선 시대처럼 열두 번을 파견키로 계획을 세웠으나 대원들이 연로해서 이번 10회로 중단된다고 했다. 앞으로는 양국의

▲ 의성읍을 출발해 군위군을 향해 나아가는 참가자들

▲ 조문국 사적지 입구

젊은이들이 행사의 취지를 살려 많이 걷는 길로 발전해 나갔으면 좋겠다는 내용이었다.

8시에 체조를 마치고 힘차게 출발했다. 주유소에서 휴식하며 간식으로 딸기를 먹었는데 크고 싱싱하고 맛이 있었다. 어제 저녁 의성군청에서 바나나와 함께 보내온 거였다. 친구의 배려가 고마웠다.

같이 걷던 이윤희 대원과 얘기를 나누었다. 지금 대학을 다니는 아들이 있는데 늦둥이라며 위의 딸과 11년 차이가 난다고 했다. 등산을 열심히 다녀 정자의 운동량이 늘어난 좋은 사례라고 말했다. 그래서 아들 이름을 금강이라 지었다고 했다.

조문국 고분군 근처에서 휴식을 취했다. 고대에 이런 부족 국가가 있었다는 사실을 처음 알았다. 5세기 신라에 의해 멸망되었다고 한다. 근처에는 문익점이 목화씨를 가져와 처음 재배를 시작한 곳이라는 기념비가 들어서 있었다.

점심을 맛 좋은 된장국으로 했다. 얼갈이·우엉·토란 등 여러 가지 채소를 넣은 된장국인데 참 맛이 있었다. 일본의 미소시루와 달리 큰 스테인리스 대접에 담겨 나왔다. 주인 아주머니와 딸이 서빙을 했는데 친절했다. 딸이 일본에 몇 차례 관광을 다녀왔다며 간단한 일본어를 구사했다. 이런 시골 사람들도 해외여행을 다녀올 수 있는 대한민국이 되었다.

일본에서는 우리와 달리 반찬이 가짓수도 적고 개인별로 따로 나온다. 우리는 여러 종류의 반찬을 함께 사이좋게 나누어 먹는다. 식습관이 다른 일본 대원들은 밥뚜껑에 자기가 먹고 싶은 반찬을 따로 담아서 먹는데 그 모습이 흥미로웠다. 식사하고 떠나는데 모녀가 나와서 격려 구호를 힘차게 외쳤다. 우리들의 힘찬 구호가 조용한 시골 동네에 메아리쳤다. “Go Go, Let’s Go!”

▲ 고분군 앞에서의 단체 사진

바람이 거셌다. 깃발을 들고 가기가 힘들었다. 그래서 엔도 대장과 상의해서 거두어 차에 실었다. 일본 측 여자 대원 한 사람이 넘어져 작은 찰과상을 입었다. 차를 타고 이동하라고 권했으나 그녀는 끝까지 걷겠다고 했다.

어느 깔끔한 식당 근처 정자에서 휴식했다. 식당의 젊은 남자 주인이 25도 초여름 날씨 속에 걷는 우리를 위해 매실차를 대접했다. 얼음이 동동 뜨는 매실차를 유리 비커에 담아서 종이컵과 함께 가져왔다. 두어 잔씩을 맛있게 마시면서 땀을 식혔다. 경상도 시골 인심에 감동했다. 그가 우리의 부탁으로 구호를 선창해 주었다.

목적지 의흥행정복지센터를 5km 남짓 남겨놓고 휴식했다. 이곳 이화3리 마을 이장이 도쿄까지 1,200km를 걷는다는 말을 듣고는 깜짝 놀랐다. 그가 떠나는 우리를 위해 힘차게 구호를 외쳐 주었다. 길을 걷는데 멀리서 힘내라는 취지로 크게 소리치며 손을 흔드는 주민들이 보였다. 지친 양측 대원들도 손을 흔들며 화답했다. 이해관계가 없는 이런 순수한 작은 격려가 사람들에게 감동을 준다.

목적지에 도착하니 군위 군수와 군의회 의장과 그리고 의흥면 사무소 직원들이 함께 나와 있었다. 휴일임에도 이

▲ 의흥면 행정복지센터 앞에서 환영 인사하는 김진열 군위군수

렇게 환대해 주는 그들이 고마웠다. 양측 대표에게 꽃다발을, 대원들을 위해서는 선물을 준비해 주어서 감사했다. 탁자 위에는 여러 종류의 음료수와 간식거리가 푸짐하게 놓여있었

▲ 양측 대표에게 꽃다발을 전하는 최규종 군위군의회 의장

다. 플래카드 앞에서 단체 사진을 찍었다. 근처에 산불이 나서 길을 통제하는데 통제 전에 우리 일행이 길을 지나 다행이었다. 산불이 조속히 진화되기를 기원했다. 이곳 인심이 참 좋았다.

숙소 근처의 조선통신사 전시관을 영천문화지킴이 총무 이원조 씨의 안내로 둘러보았다. 어느 스님이 사비를 털어 지었다는 이곳 전시관에는 마상재(馬上才) 모습을 그린 긴 두루마리 그림 등 역사적으로 소중한 자

▲ 의성 탑리리 국보 5층 석탑

▲ 의흥면 상징 조형물

료 등이 전시되어 있었다.

조선 시대 통신사는 국왕의 외교문서인 서계(書啓)는 물론 조선의 대표적 특산품인 인삼·호피·모시·삼베·붓·먹·은장도·청심원 등을 예물로 가지고 갔다고 한다. 일본에서는 국가적 축제 분위기 가운데 조선통신사를 환대해 성대한 향응을 베풀었다고 한다. 그러다 보니 일본인 아라이 하쿠세키(新井白石) 등의 의식 있는 지식인은 통신사에 대한 환대가 중국 사신보다도 높은 데 불만을 품고 이를 시정할 것을 막부에 요청했으나 받아들여지지 않았다고 한다.

일본의 조선통신사 숙소 주변에는 수행원으로부터 글·글씨를 받기 위해 몰려든 군중으로 인산인해를 이루었다고 한다. 1636년부터는 막부의 요청에 의해 마상재(馬上才)로 불리는 2명의 광대를 데리고 가서 쇼군 앞에서 곡예를 연출하는 특별공연을 펼치기도 했는데 그 인기가 상당해 곡마 묘기나 통신사의 행진을 자개로 새긴 도장주머니가 귀족 사이에 널리 유행했다고 한다. 그뿐만 아니라 일본 화가들은 경쟁적으로 조선통신사 일행의 활동을 담은 대형 병풍·판화·두루마리 그림 등을 그렸는데 수많은 작품이 지금까지도 전해지고 있다. 조선통신사가 준 작은 선물을 귀중하게 간직해 대대손손 물려줄 정도였는데 통신사가 한 번 다녀가면 일본 열도 내에 조선 붐이 크게 일었고, 일본의 유행이 바뀔 정도로 일본 문화 발전에 상당한 영향을 끼칠 정도였다고 한다.

이곳 영천은 일본으로 떠나는 조선통신사를 위해 임금의 지시로 전별연(餞別宴: 보내는 쪽에서 예를 차려 작별할 때에 베푸는 잔치)이 열린 조선통신사에 관한 한 유서 깊은 고장이다. 전별연이 열렸던 강변의 조양각(朝陽閣)이 웅장하다.

숙소에 도착했는데 엔도 대장이 휴대폰이 없다며 얼굴이 하얗게 되어 있었다. 아까 버스를 기다리며 농협 건물 앞 계단에 앉아 있었는데 그때 손에 들고 있는 것을 보았다고 메이코 대원이 증언했다. 이원조 씨가 면사무소 직원과 통화해서 면사무소 직원들이 나가서 일대를 샅샅이 훑었지만 없다고 했다.

의흥면에는 대규모 인원이 묵을 수 있는 숙소가 없어 대절 버스를 타고 영천시로 이동했기에 혹시 버스 안에 떨어졌는지 버스 기사에게 확인 전화를 했는데, 없다는 연락이 왔다. 신고를 받은 경찰서에서 분실한 전화기에 전화를 걸어보았느냐고 해서 국제전화로 엔도 대장의 번호로 걸었지만 받지 않았다. 이원조 씨에게 다시 한번 버스 기사에게 전화를 걸어 벨 소리가 들리는지 확인해 보라고 했다.

기사가 다시 버스에 올라 벨 소리를 듣고 엔도 대장이 앉았던 자리의 틈새에 휴대폰이 끼어 있는 것을 확인했다. 같이 걱정하며 방에도 올라가지 못했던 내원들이 순간 환호성을 질렀다. 내일 아침 8시 30분에 버스가 와서 우리를 태우고 출발 지점인 신영중학교로 가는데 그때 기사로부터 휴대폰을 인수하기로 했다.

근처의 중국집으로 가서 탕수육과 짜장면·짬뽕을 먹고 오는 길에 이원조 씨의 안내로 조양각 마루로 올라가 야경을 보며 몇몇 대원들과 함께 얘기를 나누었다. 이곳에서 내일 우리를 위한 전별연 행사가 열린다. 이곳 토박이 이원조 씨는 조양각 마루를 시민단체 회원들과 깨끗이 걸레질해 놓았다며 슬리퍼를 신지 않아도 된다고 했다.

그의 조선통신사 사랑은 대단했다. 내일 신영중학교에서 출발할 때는 이곳 시민 어린이 등 15명이 함께 걷는다. 이렇게 14일 차 긴 하루를 마무리했다.

▲ 영천 조선통신사 전시관 앞에서의 단체 사진

15일 차(2025년 3월 24일)

영천 시민들과 함께한 조양각 전별연(餞別宴)

오늘 하루 더 영천에서 숙박하게 되니 마음이 편하다는 생각이 들었다. 아침 식사는 조금 떨어진 식당에서 했다. 크고 둥근 알미늄 쟁반에 밥과 반찬이 놓여 있고 5명씩 둘러 앉아 사이좋게 식사했다. 다리가 불편한 김승남 선생 등은 따로 의자가 있는 탁자에서 했다.

준비된 버스에 올라 8시에 출발했다. 오늘 함께 걸을 어린이들도 엄마와 함께 탔다. 오늘 해설 및 코스 리더를 맡은 이정애 씨가 활달하고 인상이 좋았다. 40분가량 버스를 달려 출발지인 신녕중학교에 도착해 함께 체조를 하고 출발했다. 출발 구호를 엄마와 아이들이 큰 소리로 외쳤다.

"Go, Go, Let's Go!"

▲ 조선통신사 한·일 우정 걷기 참가자들과 함께 걸은 '영천문화지킴이' 회원 가족들

오늘은 임금의 명으로 조선통신사를 위한 전별연이 열린 영천시 조양각이 최종 목적지다. 화창한 봄 날씨 속에 24km를 걷는다. 최고 기온이 25도라니 초여름에 가깝다. 문경 새재를 넘으며 설경을 본 게 바로 엊그제인데 말이다. 안동에서부터 걷는 시마무라 씨가 21세기 조선통신사의 의의에 대해 30분 정도 강연을 해주기로 했다. 경주에서의 문화탐방을 하는 날을 활용하면 되겠다 싶었다.

이웃 의성군의 산불로 교통이 통제되어 어제 우리와 헤어진 서울신문 이종락 고문이 귀가하는데 고생했다고 문자를 보내왔다. 성묘객의 작은 실수가 대형산불로 번졌다고 했다. 교통 통제로 열차를 갈아타면서 돌고

▲ 옛 찰방마을의 조선통신사 행렬도 벽화

▲ 찰방마을에서의 참가자 단체 사진

돌아 오늘 새벽에 겨우 청량리역에 도착했으나 전철 막차가 끊겨 집이 있는 용인까지 택시로 갔다고 했다.

경남 산청에서는 산불 진화를 하던 소방관이 4명이나 순직했다는 안타까운 소식이 전해졌다. 길을 걷는데 이웃 의성 산불의 매캐한 냄새가 전해왔다. 하루속히 진화되기를 기원했다. 얼마 전 일본의 동북 지방에서도 일주일간이나 계속된 대형산불이 있었다. 비가 내려 겨우 진화가 되었다고 같이 걷는 일본 대원이 말했다.

면사무소에서 화장실을 이용하고 쉬는데 여성 팀장 등이 일요일임에도 나와서 우리를 환대해 주었다. 간식으로 바나나를 맛있게 먹으며 이 바나나를 숙소로 보내왔던 김주수 의성군수를 생각했다. 산불로 얼마나

▲ 영천시 한일문화교류회 회원들의 환영식

마음고생이 많을까 생각하니 마음이 무거웠다. 3기째 하고 있는 의성 군수 직책을 대과 없이 마무리하기를 마음으로 기원했다.

일본 대원 다카하시가 신녕면의 한자를 물었다. 지나다 보니 도로에서 안쪽으로 들어간 곳에 작은 신녕역 역사(驛舍)가 보였다. 한글 한자 영어로 쓴 현판이 보인다. 신녕역(新寧驛)이다. 이곳 신녕면에서는 5일 장이 열린다고 했다.

도로를 걸어가며 대열을 이탈하며 딴전을 피우는 아이들을 보니 마음이 조마조마했다. 7살 먹은 여자아이가 엄마와 잘도 걸었다. 모두 영천문화 지킴이 회원 가족들이었다. 이들은 한 달에 한 번씩 만나 이곳 문화재를 청소하고 보존하는 일을 한다고 했다.

영천 한·일문화교류회의 김성애 회장 등 회원들이 음료수와 간식을 가지고 와서 우리를 격려해 주었다. 고마웠다. 생긴 지 20년이 되었다는데 작년에는 20주년 기념으로 일본의 라쿠고 만담가를 초청해 공연도 했다고 한다. 시모노세키와 쓰시마에서 열리는 조선통신사 재현 행사에도 참여해 오고 있고 금년 6월에는 회원들과 홋카이도와의 교류 행사에도 참여한다고 했다.

오늘 행사에 참여한 어린이들의 때깔이 참 좋았다. 서울의 아이들과 다

▲ 어린이들의 전별연 공연

▲ 영천시 한일문화교류회 회원들

름이 없었다. 이곳 영천은 샤인머스켓 등 특용작물 재배로 연간 소득 1억 원 이상을 올리는 부농들이 많다고 했다.

점심으로 김치찌개를 먹었는데 맛이 있어 밥 한 그릇을 게 눈 감추듯 먹고 신녕면 사무소가 제공한 아이스크림을 후식으로 먹었다. 더운 날이었다. 앞에서 걸어가는 일본 대원 엔료와 재일동포 임은이 노래를 부른다. <노란 셔츠 입은 사나이> 그리고 노사연의 <만남>이다. 가까이서 걷던 이윤희 대원이 좋은 목소리로 함께 부르니 걸어가며 힘을 얻었다. 나

▲ 매화가 만개한 조양각

도 작은 소리로 따라 불렀다.

이곳 철로를 지나는 무궁화호와 이번이 마지막이 될지도 모를 제10회 조선통신사 한·일 우정 걷기의 모습을 함께 담은 사진을 찍고 싶다고 이원조 씨가 부탁해왔다. 엔도 대장과 상의하고 협조하기로 했다. 기수를 맡은 재일동포 이경수 대원 그리고 체육진흥회 최효경 상임이사가 대원들에게 설명하고 양해를 구했다. 영천시의 홍보에 도움이 될 것으로 보였다.

산불의 영향으로 연착이 되어 20여 분 진군을 멈추고 대기하다가 기차 소리를 듣고는 다시 걷는 연출을 했다. 이해하고 협조해 준 대원들이 고마웠다. 예상보다 10여 분 늦게 조양각에 도착해 영천시 관광국장을 비롯해 전별연에 참여할 출연진 관계자들의 환영을 받았다. 30여 분간 이어진 6~7세의 꼬마들의 무대, 어린이들의 부채춤, 여성들의 태평무에 이어 흥겨운 민요 영천 아리랑을 따라 불렀다. 마지막에는 대원들과 출연진 모두가 나와서 손을 잡고 신나게 강강술래를 율동을 함께하며 불렀다. 흥겨운 마무리였다. 비로소 조선통신사의 기분을 느꼈다. 영천시 시민들의 높은 관심과 협조에 감사를 드렸다.

저녁 식사는 박근혜·이명박 대통령도 들렀다는 숙소 근처의 식당에서 해결했다. 영천 문화 지킴이 관계자들도 함께했다.

▲ 조선통신사 한·일 우정 걷기 참가자들과 출연진 관계자들이 손을 잡고 강강술래를 추고 있다

▲ 조선통신사 한·일 우정 걷기 참가자들과 출연진 관계자들과의 단체 사진

16일 차(2025년 3월 24일)

민간교류의 진면목을 보다

눈을 뜨니 새벽 3시 33분이었다. 화장실 변기 뚜껑 위에 앉아 블로그 글을 정리하면서 하루 30km 거리를 걸어주는 두 건각(健脚·튼튼하여 잘 걷거나 잘 뛰는 다리)에게 새삼 고맙다는 생각이 들었다. 6시 30분경 양측 대원들과 아침 인사를 나누고 짐을 차에 실은 후 함께 식당으로 이동했다. 상쾌한 아침이었다.

허리가 인 좋은 이의선 대원을 대이블로 모셨다. 그는 우리 나이로 80인데 70대 초반처럼 보였다. 매일 대원들에게 체조를 지도하고 걷는 자세가 꼿꼿했다. 같은 테이블에서 식사하는 재일동포 이혜미자(75) 대원이 모자를 쓴 그를 보고 동생인 줄 알았다고 했다.

▲ 조양각 앞에서의 소연이 모녀(母女)가 함께한 일본 대원들

그는 새벽에 일어나서 방에서 30~40분 스트레칭을 한다고 하는데 내 블로그 글을 읽는다고 해서 감동했다. 오늘은 구 경주문화원까지 걷는 37km 코스다. 조양각 앞에서 함께 체조했다. 출발 세리머니는 환송을 나온 영천 문화 지킴이 회원들이 했다.

막 출발하려는 순간 여자아이를 데리고 젊은 엄마가 달려왔다. 일본 대원 다카하시에게 인사하고는 초등학교 5학년 소연이가 준비한 마스코트와 편지를 건네주었다. 다카하시가 어제 걸으며 소연이가 힘들어할 때 손을 잡고 “하나, 둘!”이라고 구령을 부르며 격려했던 일이 고마웠던 게다.

그 편지에는 일본어로 “사랑합니다. 고맙습니다. 김소연”이라는 글귀가 적혀 있었다. 파파고로 번역된 것을 모방해 쓴 것이다. 어제 조양각에서 공연이 끝나고 돌아갈 때 다카하시가 과자를 주었는데 그때 소연이에게 자기 배낭에 달고 다니는 펜던트를 기념으로 주지 못한 것이 계속 마음에 걸렸다고 했다. 그런데 소연이가 이른 아침에 그를 찾아 왔으니 감동했다. 그는 하늘이 그의 간절한 소원을 들어주었다며 어린아이처럼 흥분했다. 그는 소연이가 준 마스코트를 부적처럼 평생 몸에 지니고 다닐 것이라고 말했다. 그 역시 초등학교 5학년짜리 손녀가 있었다.

그렇게 뜻밖에 모녀의 격려를 받으며 힘차게 경주를 향해 출발했다. 걸어가는데 빗방울이 조금 떨어졌다. 이웃 의성군의 산불을 잡는 데는 도움이 될 것 같지 않으나 조속히 화마가 잡히기를 기원했다.

진흥회 백익 수석부회장이 격려 전화를 걸어왔다. 제주 서귀포 유채꽃 걷기대회에 참가하고 귀경 중이라고 했다. 고마웠다.

일본 대원 엔료 교코가 걸으며 자기소개를 했다. 그녀는 그동안 조선통신사 우정 걷기 행사 10회를 한 번도 빠짐없이 참가했다. 그렇게 열성적으로 참가하는 이유를 물으니 한국 음식이 맛이 있고 참가하는 옛 동지들을 다시 만나 걸으며 얘기를 나누는 것이 즐겁다고 했다. 그녀는 고등학교 교사 출신으로 교편을 잡을 당시 화학을 가르쳤다. 남편이 금호석유화학의 부산 공장을 짓는데 관여했고 10년 넘게 서울 본사에서 근무했다고 한다.

그래서 국민연금을 지금도 받고 있는데 송금 수수료가 비싸서 한국 예금 계좌에 넣어두고 1년에 한 번씩 한국에 여행갈 때 인출한다고 했다. 남

▲ 경주시 고분 공원을 찾아 망중한을 즐기는 여행자들

편이 1995년 부임해서 서울의 삼풍아파트에 살았는데 부임한 지 며칠 안 되어 삼풍백화점이 무너지는 사고가 있어 큰 충격을 받았다고도 했다.

남편이 무려 20년 동안이나 일본 거주지를 떠나서 서울을 포함해서 도쿄·홋카이도 등 이곳저곳으로 근무지를 옮기는 통에 혼자서 아이들을 키우면서 살았다고 했다. 그래서 외롭지 않았느냐고 물었더니 다들 그 질문을 하는 데 자기는 오히려 편했다고 했다. 자기 또래 연배들은 아마 같은 생각을 할 것이라고 말했다. 남편은 매일 헬스장에 나가지만 자기는 그런 돈을 절약해서 2년마다 열리는 조선통신사 우정 걷기 참가비를 마련한다고 했다. 집 근처에 땅을 빌려 채소를 가꾸는 게 취미라고도 했다. 자녀들에게도 가끔 보내는데 그다지 달가워하지 않는 것 같아 그들이 꼭 필요한 것을 잔뜩 사서 함께 보낸다고 했다.

하천 변 둑에서 휴식을 하며 간식을 먹었다. 쓰레기를 수거하고 다니는 일본 여자 대원들의 모습은 늘 감탄스럽다. 한국 측 이윤희 대원이 걸어가며 멋진 목소리로 노래를 불렀다. 그는 중·고등학교 시절 노래를 좋아해서 그때 불렀던 노래 300여곡 정도의 가사를 외워 부를 수 있다고 했다. 그가 노래를 부르니 재일동포 임은과 엔료 교코도 함께 에델바이스를 합창했다. 뒤에 따라오는 대원들이 박수를 치며 앙코르를 외쳤다.

나가노현에 사는 재일동포인 임은 대원의 얘기를 들으니 일본 물가가 최근에 많이 올랐다고 했다. 30년 가까이 물가가 오르지 않았던 일본인데 서민들이 받는 타격이 크겠다 싶었다. 쌀값이 두 배가 되었고 모든 물가가 대체로 20% 가까이 올랐다고 한다. 800~1,000엔이던 라면 한 그릇이 지금은 두 배가 훨씬 넘는 2,000엔이 되었다고도 했다.

점심을 먹는 자리에서 내일은 종일 자유일정이라고 발표하니 대원들이 좋아서 환호성을 질렀다. 사무국에서 식대를 나누어주기로 했다. 영천 한·일문화교류회 김성애 회장이 졸저 <일본은 원수인가, 이웃인가>를 주문했다고 카톡 문자를 보내왔다.

37km의 걷기 여정이 힘들어 몇몇 일본 여자 대원들은 버스를 타고 목적지인 구 경주문화원으로 먼저 가서 기다리기로 했다. 82세의 엔도 대장은 발이 아파 절뚝거리면서도 완보했다. 놀라운 정신력이었다. 경주문화원 앞에서 이경수 대원의 지도로 체조를 한 뒤 즐겁게 저녁 식사했다.

내일 아침 9시 숙소 1층 카페에서 조선통신사 전문가인 시마무라씨가

▲ 경주시 고분 공원

'21세기 조선통신사의 의의'라는 제목의 특강을 하기로 했다. 그리고 9시부터는 이윤희 대원이 자비로 렌터카를 빌려 이곳 경주에 처음 온 일본 대원들을 안내하기로 했다. 이런 대원이 있으니, 단장을 맡은 내가 복이 많다고 생각했다. 서울에서 지원 차 내려와서 4박 5일을 함께 한 진흥회 최효경 상임이사 등 간부진들이 오늘 귀경했다.

리영수 대원도 사정이 있어 내일 귀국하고 임은 대원도 내일은 돌아간다. 시마무라씨도 내일 아침 특강을 마치면 후쿠오카로 돌아간다. 이렇게 긴 16일 차 일정이 모두 끝났다.

17일 차(2025년 3월 25일)

한줄기 비가 내리기를 염원했다

오늘은 걷기를 쉬며 제반 컨디션을 조절하는 날이다. 아침 식사를 마친 후 숙소 1층 카페에서 조선통신사 연구의 권위자 시마무라 선생의 특강이 진행되었다. 진흥회 간부들이 아침에 귀경했다. 4박 5일 동안 그들이 함께 해주어 든든했었다. 아무쪼록 건강하게 완보하라는 덕담을 남기고 떠났다.

룸메이트 정문호 대원과 버스터미널 근처의 식당에서 아침밥을 먹었다. 37년 된 장터국밥집인데 깊은 맛이 인상적이었다. 이곳은 국밥만 주고 밥에서 반찬까지 모두 셀프서비스였다. 정문호 선생이 계란프라이를 직접 만들고 소시지도 구워서 가져왔다. 한 마디라도 더 일본어를 배우

▲ 경주박물관 선덕대왕(에밀레) 신종

▲ 경주박물관 경내 석탑

려는 그는 사람을 참 편안하게 해주는 룸메이트였다. 재미있고 지혜로우며 친화력이 있었다. 양국 대원들이 그를 좋아했다. 그는 분위기 메이커이기도 했다. 늘 일본 대원들 사이에 앉아 식사하며 친해지려고 노력했다. 우리말 일본말 단어를 섞어가며 얘기하는데 신기하게도 소통이 잘 이루어졌다. 우리말을 배우고 싶어 하는 일본 대원들도 적지 않아서 더 주효했다. 외국어를 배우는데 왕도는 없다. 얼굴에 철판을 깔고 용기 있게 부딪치는 게 최고다. 53일 만에 도쿄에 도착하면 아마 그는 일본 사람이 되어 있을 것 같았다.

▲ 경주박물관 내 유물

9시부터 1층 카페에서 시마무라 선생의 특강이 있었다. 주제는 '21세기 조선통신사의 의의'였다. 국서를 교환하며 만들어낸 조선통신사 평화의 길은 세계에서도 유일하다고 했다. 통신사의 성신교린 정신을 오늘날 계승하여 원만한 한·일 관계로 발전시키는 것이 우리 후배들의 책무라고 그는 강조했다.

그 방안의 하나로 조선통신사 기록물이 유네스코 세계기록유산으로 등재된 2017년 10월 31일을 '조선통신사 기념일'로 정하자고 그는 제안했다. 유익한 강연이었다. 내가 통역을 했는데 충분히 내용을 전하지 못한 게 아쉬웠다. 하지만 선생이 전하고자 했던 핵심 메시지는 전달할 수 있었다.

9시에 이윤희 대원이 준비한 렌터카로 이곳 경주에 처음 온 일본 대원 12명을 태우고 경주 문화탐방에 나섰다. 진흥회의 선상규 회장과 통화했다. 울산의 산불로 그쪽에서 준비하는 행렬 재현 행사가 제대로 진행될 수 있을지 염려했다.

최고 온도 25도까지 올라가는 날씨가 이어지고 있었다. 이제 곧 일본으로 건너가므로 짐을 다시 정리했다. 불필요한 짐들을 인근 경주 우체국에 가서 집으로 보냈다. 배낭이 가벼워지니 마음도 새로워졌다.

돌아오는 길에 어느 식당에서 비건(vegan: 채소·과일·해초 따위의 식물성 음식 이외에는 아무것도 먹지 않는 철저하고 완전한 채식주의자) 샌드위치를 먹으며 젊은 주인과 얘기를 나누었다. 타이완과 남미에서 온 관광객이 식사하고 있었다. 그는 요즘 경기가 최악이라고 했다. 자기 집은 그나

▲ 경주박물관 경내 정원를 둘러보는 여행자들

마 관광객들이 찾아오니 버텨나간다고 했다. 이 집은 비건 요리 즉 채식주의자를 위한 음식을 제공하는 경주의 유일한 식당이다. 외국의 관광객들이 인터넷을 보고 찾아온다고 했다. 중국 베이징에서 중고등학교부터 시작해서 대학까지 10년을 살았다는 특이한 이력의 주인이었다.

주인은 함께 마음을 열고 대화해주어 고맙다며 음료수 가격 2,000원을 빼주었다. 다시 놀러 오시라고 따라 나오며 인사하는 젊은 사장의 따뜻한 마음씨에 가슴이 아프면서도 고마웠다. 우리 자영업자들이 활짝 웃는 날이 빨리 왔으면 좋겠다고 마음 깊이 기도하며, 여의도에서 매일 싸움만 하고 있는 정치인들의 대오각성을 염원했다.

룸메이트 정 선생이 가까운 첨성대·석빙고 그리고 경주 최부자집 등을

▲ 경주 첨성대

▲ 경주 시내의 만개한 벚꽃

둘러보고 돌아왔다. 그곳에 갔더니 외국인 관광객들이 바글바글하더라고 했다. 관광객들의 남녀 성비가 1대 4 정도로 여성 관광객이 압도적이었다고도 했다. 방한 외국인 구성 비율도 여성 상위시대다. 하기야 나도 이발소를 찾았지만 보이는 것은 죄다 미용실이었다.

재일동포 김승남 선생은 분실한 한국전쟁 참전 유공자 증명서를 이곳 보훈청에서 재발급받았다. 갈 때는 택시로 갔는데 올 때는 걸어서 온다고 해서 엔도 대장과 엔료 교코 대원이 바깥에 서서 걱정하며 기다리고 있었다. 초여름 날씨였다.

저녁에는 내일 저녁에 대원들이 식사하게 되어 있는 식당으로 시식을 하러 갔다. 마침 휴무라 건너 가게에서 막창에 소주를 한잔했다. 주인아주머니가 참 친절했다. 경주 말씨 특유의 억양이 정감이 갔다. 우리를 위해 금방 지어 온 뜨거운 밥에 함께 나온 된장찌개는 일품이었다.

일본 대원들을 렌터카로 안내한 이윤희 대원이 무사히 돌아왔다고 문자로 알려 왔다. 계속해서 산불 소식이 휴대폰에 떴다. 우리가 지나왔거나 앞으로 지나갈 지역들이었다. 봄철이기도 하지만 날씨가 너무 건조했다. 비가 한줄기 내려주기를 간절히 기원했다.

▲ 경주 첨성대 주변 풍경

▲ 석양 무렵의 경주 동궁 풍경

18일 차(2025년 3월 26일)

초등학교 5학년 소연이의 손편지

오늘은 18일 차로 구어(九魚)의 외동읍 사무소까지 21km를 걷는다. 비교적 짧은 코스라 마음이 가벼웠다. 그곳에 마땅한 숙소가 없어 버스를 타고 다시 경주로 돌아와 같은 모텔에 묵게 된다. 식사 후 7시 50분에 숙소 뒤의 주차장에서 이의선 대원의 지도로 체조를 하고 출발했다.

오늘은 이 지역의 이재희 씨가 코스 리더를 맡았다. 아침 기온이 상쾌했다. 고분 공원의 넓은 잔디 위에 까치 4마리가 사이좋게 놀고 있어 손을 흔들어 주었다. 어제 자유시간 때 경주 최 부잣집을 다녀온 룸메이트 정문호 대원으로부터 걸어가며 이 집안이 300년간이나 부를 유지한 비결에 대해 들었다.

이 가문이 철저하게 지켜온 '여섯 가지 가훈(六訓)'은 ① 절대 진사 이상의 벼슬을 하지 말 것 ② 재산은 1년에 절대로 1만 석 이상을 모으지 말 것 ③ 나그네를 후하게 대접하고 ④ 흉년에는 남의 논·밭을 사지 말 것 ⑤ 가문의 며느리들이 시집오면 3년 동안 낡은 무명옷을 입힐 것이라고 했다. 그리고 마지막 6번째는 흉년에는 양식을 풀어 사방 100리 안에 굶어 죽는 사람이 없게 하라는 것이라고 했다. "부자 3대를 못 간다"라는 말이 있는데 동서고금을 통해 유일하게 최 부자집이 300년 부를 누린 가문이다.

나라가 망하자 최 부자 가문의 후손인 최준은 가산을 정리해서 상해임시정부에 독립군자금으로 보냈다. 그리고 광복 후에는 인재 양성을 위해 남은 전 재산을 영남대학교의 전신인 '청구대'와 '대구대' 설립에 쏟아부었다고 하니 노블레스 오블리주의 산 표상이다.

걸어가는 길에 있는 첨성대 앞에서 단체 사진을 찍었다. 석빙고를 지나 경주박물관 앞에 가니 대형 현수막이 걸려 있었다. 오는 11월에 APEC(아시아태평양 경제협력체) 정상회의가 이곳 경주에서 개최된다는 내용이었다. 대회의 성공과 함께 경주시가 세계적인 관광도시로 우뚝 서기를 기원했다. 길을 걷는데 뒤에서 노랫소리가 들려와서 따라 불렀다. 노사연의 <만남> 그리고 일본의 국민동요 <후루사토>였다. 일본 여자 대원들이 미소라 히바리의 <흐르는 강물처럼>도 부르는데 가사를 다 기억 못 하는지 중간에 끊어졌다.

▲ 첨성대 앞에서의 단체 사진

승용차를 타고 가던 어떤 중년 남자가 행사의 취지를 듣고는 생수 한 박스를 사 와서 기증하고 떠나갔다. 삼국통일의 세 주역인 태종무열왕·문무왕·김유신 장군의 영정을 모신 통일전 앞에서 잠시 휴식을 취했다.

다카하시 대원이 엊그제 그에게 감동을 주었던 영천시 초등학교 5학년 김소연 양이 쓴 손편지를 내게 보여 주었다. 그녀가 선물한 마스코트 뒤에 손 편지가 숨겨져 있었다. 파파고로 번역되어 나온 일본어 문장을 소연이가 또박또박 흉내 내어 쓴 것이다. 내용은 다음과 같다.

[To 조선통신사에서 만난 분께]

안녕하세요. 저는 조선통신사에서 만난 김소연입니다. 정말로 감사합니다. 저는 휴대폰에 걸 수 있는 마스코트를 선물로 준비했습니다. 휴대폰 마스코트는 유튜브를 검색하면 나옵니다. 우리들이 만날 수는 없어도 이 마스코트를 보면서 저를 생각해 주세요. 다음에 다시 만나요. 2025년 3월 23일 김소연.

소연이의 정성이 눈물겹고 감동적이었다. 다카하시 대원은 평생의 보물이며 부적이라고 했다. 일본 여자 대원 메이코가 찍었던 사진을 보여주며 나중에 보내주겠다고 했다. 아사히신문의 사진기자 출신인 가나이 대원이 "지난 53일간의 여정을 묶어 단행본으로 발간하겠다"는 내 다짐을 듣고는 자기가 찍은 사진을 전면적으로 협조해 주겠다고 했다.

진흥회 선 회장이 전화를 걸어왔다. 이번 산불 피해가 큰 현지 주민들의 정서를 고려해 내일 울산으로 들어갈 때 깃발은 두 개로 줄이라고 했다. 그리고 애당초 계획했던 화려한 행렬 재현 행사는 취소하기로 했다고 한다.

목적지 5km를 남겨놓고 시골 동네 작은 가게에서 사무국이 아이스크림을 사서 돌렸다. 땡볕을 걸으며 땀을 흘린 터라 모두 맛있게 먹었다. 그런데 어떤 대원이 우연히 제조 일자를 확인하니 2022년이었다. 다른 대원도 확인하니 마찬가지였다. 이미 다 먹은 뒤라 한바탕 크게 웃으며 다시 출발했다.

일본 대원 오구마가 자기도 오는 10월이면 70세가 된다고 말했다. 일본인들은 서양식으로 "몇 월이 되면 몇 살이 된다"라는 식으로 자기 나이를 말한다.

▲ 구어로 가는 길 경주 고분군을 지나는 참가자들

2시 30분경 목적지에 도착해 해물순두부로 점심을 해결했다. 엔도 대장이 오징어젓갈과 함께 맛있게 먹었다. 뚝배기를 깨끗이 비웠다.

버스를 타고 시외버스터미널 근처의 숙소로 다시 돌아왔다. 버스 차창을 통해 본 어느 간판의 글귀가 기억에 남았다.

▲ 멋진 소나무

"여유가 있어서 여행하는 게 아니라 여행을 하면 여유가 생긴다."

숙소 주인이 함께 경영하는 근처 사우나에서 공짜 목욕으로 피곤을 풀고 저녁 6시 30분 저녁 식사로 아구찜을 양측 대원들이 즐겼다. 이의선 대원이 술을 제공했다. 테이블당 소주 하나 맥주 두 병이었다. 매일 아침 체조를 지도하고 이렇게 술까지 사니 돈을 쓸 줄 아는 사람이라고 누가 말했다. 동감이었다.

세탁을 담당하는 김월호 이사가 코인 세탁소가 걸어서 갈 수 있는 거리라서 모처럼 술을 같이 했다. 그가 엔도 대장으로부터 선물로 받은 CD로 배운 노래를 불렀다. 나도 그 노래를 현역 시절에 많이 불렀다. 일본 엔카는 3절까지 있어 가사를 외우기가 쉽지 않았다. 김 이사는 4년 걸려 겨우 2절까지 외웠다고 했다.

노래 제목은 <사잔카꽃 핀 여관>이라는 일본의 최전성기 시절의 히트곡이었다. 이렇게 18일 차 하루가 또 지나갔다.

19일 차(2025년 3월 27일)

굵은 빗줄기,
하느님 감사합니다

오늘은 우정 걷기 19일 차였다. 시내버스를 타고 구어(九魚) 입실초등학교까지 가서 그곳에서 울산부 동헌을 향해 출발했다. 24km니 적당한 거리다. 조찬 장소는 전날 아침 식사를 했던 37년 장터 국밥집이었다. 일하는 종업원이 없으니 대원들이 나서서 밥을 퍼고 장터국을 날랐다. 큰 유기그릇에 담긴 장터국을 보고 일본 대원들은 한 테이블에 하나인 줄 알았다. 1인분이라 하니 놀라며 두 사람씩 나누어 먹었다. 일본인은 기본적으로 소식을 한다.

7시 50분에 집합해 가까운 버스 정류소에 가서 버스를 탔다. 입실초등학교 운동장에서 함께 체조를 했다. 오늘의 코스 리더는 체육진흥회 배성동 울산지부장이었다. 그는 소설가인데 특이하게도 시베리아산 호랑이를 20여 년 연구해 오고 있으며 관련 책도 출간했다.

▲ 코스 리더 배성동 한국체육진흥회 울산지부장 등

조금 걸어가니 저 멀리 밭에서 달려가는 고라니 한 마리가 보였다. 경주에서 울산광역시 경계를 넘어가는데 이경수 대원이 철 지난 우스갯소리를 했다. 옛날에 밥은 경주에서 먹고 똥은 울산에서 쌌다고 했다. 그렇게 울산 사람을 무시했는데 지금은 역전이 되었다. 울산광역시의 1인당 GDP는 서울도 앞질렀다.

점심 메뉴는 부산밀면이었다. 밀면이 나오기 전 찐만두가 나와 하나씩 먹었는데 꿀맛이었다. 이 식당은 직접 밀가루를 반죽해서 면을 뽑았다. 우리의 부탁을 받고 에너지가 넘쳐보이는, 머리를 박박 민 주인이 "Go Go, Let's Go!"를 힘차게 외쳤다. 그동안의 식당 주인들과 달리 한 번에 성공했다. 식당 정수기 뒤에 써놓은 글귀가 재미 있었다. '산은 산이요, 물은 셀프!'

울산 병영 산성에 올랐다. 울산 시내가 한눈에 보였다. 충숙공 이예 기념사업회가 주최하는 저녁 식사가 5시라는 연락을 받고 놀라 6시로 조정했다. 거의 목적지에 도착할 시간이라 먼 길을 걸어온 대원들에게는 무리였다. 일본 대원은 대부분이 70대이고 92세 대원도 있었다.

가는 길에 외솔 최현배 선생의 기념관에 들러 11분짜리 영상을 보고 기념관을 잠시 둘러보았다. 이곳 병영성 아랫마을이 선생의 고향으로 생가 터에 기념관을 지었다고 한다. 그가 일본 교토대학 교육학과를 졸업하고 귀국해서 연희전문 교수를 지냈다는 사실도 이번에 처음 알았다.

최현배 선생은 1915년 일본으로 건너가 도쿄를 거쳐 히로시마에 있는 히로시마고등사범학교(현 히로시마대학)에 한국인 학생으로 입학해 3.1 운동이 일어났던 1919년 3월에 졸업했다. 졸업과 동시에 중학교 교사 자격증을 얻어 고향인 울산으로 귀국해 조선인 상권 확보 목적으로 공동상회를 설립했다.

1922년에 다시 일본으로 유학을 떠나 교토제국대학 문학부 철학과에 입학, 교육학을 전공했다.

1926년 귀국하여 연희전문학교 문과 교수로 부임했다. 당시 일제 치하에서 우리말과 글 교육이 공식적으로 금지된 상황에서 그는 총독부 지침을 어기고 위당 정인보, 용재 백낙준 등을 필두로 한 선교사 출신

▲ 동천강 자전거길 표지판

▲ 울산 시내 공원의 벚꽃 풍경

교수들과 합심해 일주일에 두 시간씩 한글·한국역사 등 한국학 교육을 시작했다. 당시 연희전문학교는 정규 시간표가 아닌 과외 수업 형태로 한국학 수업을 했기에 총독부도 이를 공식적으로 제재하지 못했다. 최현배 선생은 우리나라가 일본에 병합된 이후 죄인을 자처하며 해방되는 날까지 머리를 기르지 않았다고 한다. 그는 조선어학회 창립을 주도해 혁혁한 공을 세우기도 했다. 해방을 3년여 앞두고 그는 1942년 10월 1일에 조선어학회 사건으로 징역 4년 형을 선고받아 함흥형무소에서 옥고를 치르기도 했다.

멀지 않은 거리인데 경주와 울산은 기온이 달랐다. 길가에 개나리가 만발했으며 벚꽃도 벌써 피어 일본 대원들을 기쁘게 했다. 목적지 울산 동헌에 도착해서 간단한 체조를 하고 가까운 호텔로 가서 서둘러 샤워를 했다. 빨랫거리를 가지고 아래로 내려가니 충숙공이예기념사업회 이사인 고려대학교 이명훈 명예교수가 기다리고 있었다.

충숙공 이예 선생은 조선 최초의 통신사로 대일 외교에서 빛나는 활약을 했던 조선 최고의 일본통 외교관이었다. 그는 조선 개국 이후 왜구에게 납치된 지울산군사(知蔚山郡事)·이은(李殷) 등을 구출한 공을 인정받아 향리(鄕吏: 고려·조선 시대 지방 행정을 담당한 하급 관리로, 호족 출신이 세습적으로 향역을 맡아 지방 실무를 주도했는데 중앙 관료의 보조 역할을 수행함)에서 승진해 벼슬을 받아 사대부가 되었다. 이후 일본과의 외교적 교섭을 통해 667명에 달하는 조선인 피로인(被虜人)을 송환하고 계해약조를 체결함으로써 왜구의 세력을 약화시키는 등의 공을 세웠다.

기념사업회 양명학 회장 등 관계자들이 참석한 가운데 대원들이 삼계탕을 맛있게 먹었다. 탁자에는 인삼주만 놓여 있었다. 갈증을 느낄 대원들을 위해 양해를 구하고 맥주를 주문했다. 눈치만 보고 있던 일본 대원들이 환호성을 질렀다.

충숙공이예기념사업회에서는 11월에 젊은 사람을 주축으로 하는 통신사 행렬을 재현하는데 양측 대표를 초청하고 싶다고 했다. 내일은 8시 30분에 기념사업회가 주최하는 환영 행사에 참석한 후 다음 목적지 양산 덕계로 간다. 모래는 드디어 부산 도착이다.

식사를 마치고 나오니 한두 방울 내리던 비가 제법 굵은 빗줄기로 변했다. 경남북 산불 진화에 결정적인 역할을 하겠다는 생각이 들었다. 걷는 데는 다소 불편하겠지만 그게 문제가 아니었다. 걸어오는 동안 국난 수준의 산불로 마음이 무거웠는데. "하느님 감사합니다"라고 감사 기도가 절로 나왔다. 이렇게 19일 차 일정이 기쁜 빗줄기와 함께 끝이 났다.

▲ 동천강 천변(川邊) 숲길을 걸어가는 대원들

20일 차(2025. 3. 28)

은혜로운 비를 몰고 왔다며 환대받아

오늘은 우정 걷기 20일 차다. 양산시 덕계동 주민센터까지 29km를 걷는다. 7시 50분 울산 동헌 앞으로 가니 일본 대원 메이코의 친구가 기다리고 있었다. 둘이서 힘차게 껴안았다. 친구를 격려하기 위해 일본에서 날아왔다. 이곳의 유명 인사 김매자 원장도 나왔다. 그녀는 이번에 교토-나고야 구간을 함께 걷는다. 체조를 마치고 메이코의 친구에게 한마디 하라고 하니 유창한 한국어로 인사해서 우리는 깜짝 놀랐다.

30분을 걸어 태화루에 도착했다. 충숙공이예기념사업회 이명훈 고려대 명예교수가 울산고 재학생들을 대상으로 조선통신사 강의를 하고 있었다. 그는 충숙공 이예 선생의 후손이다. 우리가 걷는 기간에 교토에 와

▲울산 시내 조형물

▲ 태화루에서 바라본 울산 고층아파트군

서 민단과 행사를 연다고 했다.

애당초 200여 명의 현지인을 초청하는 환영 행사를 준비했는데 산불로 지역 주민들의 정서를 고려해 행사 내용을 대폭 축소했다. 울산고 학생들이 자매교인 교토 국제고등학교 학생들에게 보내는 편지와 선물을 전달받았다. 학생들의 편지와 선물은 교토의 민단 행사에서 국제고 관계자를 불러 전달하기로 했다.

갑자기 날씨가 추워졌다. 야외나 진배없는 태화루에서의 공연이 없어져 다행이라고 생각했다. 갈 길도 바빴다. 태화강 국가공원 대밭길을 학생 시민들과 같이 걸었다. 국가 정원답게 잘 조성되어 있어 걷기에는 최고의 길이었다. 일제 강점기에 심었다는 대밭길이 4km가 넘게 이어졌다. 초입 잔디 위에 까치 한 마리가 보여 손을 흔들어 주었다. 상쾌한 날씨였다.

이명훈 교수와 함께 걸었다. 그는 걸으며 교토국제고등학교 교가를 부를 수 있다면서 내 앞에서 일 절을 불렀다. 은하수 다리를 지난 지점에서

▲ 태화루의 위용

시민 학생들의 환송을 받으며 이곳을 떠났다. 그들은 우리가 비를 몰고 왔다며 반겨주었다. 울주군 산불이 이 비로 완전히 진화되었고, 경북지방의 산불도 진화가 되었다니 천만다행이었다. 가슴을 쓸어내렸다. 하천

▲ 태화루 계단에서의 단체 사진

을 따라 걷는데 벚꽃이 만개했다. 오늘 오후부터 이틀간 벚꽃 축제가 있어 여기저기에서 다채로운 행사를 준비하고 있었다. 일본 대원들이 운이 좋았다. 금년도 벚꽃을 만끽했다. 평소 "사람은 사무라이, 꽃은 사쿠라"라고 즐겨 말할 정도로 일본인의 벚꽃 사랑은 우리의 상상을 뛰어넘는다.

길을 걷다 주유소에서 잠시 쉬며 화장실을 이용했다. 일본과 달리 우리 주유소의 화장실 인심이 좋아 걸으며 덕을 크게 봤다. 일본 여자 대원들이 간식을 나누어주었다. 사무국이 준비한 바나나와 그들이 개인적으로 가지고 있는 사탕·비스킷 등이었다. 그리고 반드시 비닐봉지들을 들고 다니며 쓰레기를 수거했다.

태화루에서의 환영 행사로 인해 시간이 지체되어 속도를 내어 걸었다. 짜장면으로 늦은 점심을 먹고 5시 30분경 양산 덕계의 숙소에 도착했다. 30km를 걸었다. 김매자 병원장도 같이 걸었다. 생각보다 잘 걸었다. 그녀는 이번 교토-나고야 구간 참가를 앞두고 매일 걷는 연습을 하고 있다고 했다. 2년 뒤에 11차 행사가 열린다면 서울에서 도쿄까지 전 구간을 걷겠다고 기염을 토했다. 숙소 앞에서 헤어지며 그녀는 준비한 선물을 양측 대원들에게 나누어주었다.

김매자 원장은 아까 점심을 먹을 때 일본어로 번역된 윤동주의 시를 몇 개나 외울 수 있다면서 내 앞에서 소리 내 읊었다. 이번에 양측 대원들이 도시샤대학의 윤동주 시비를 방문했을 때 일본 대원들 앞에서 일본어로 번역된 윤동주의 서시를 외울 것이라고 했다.

▲ 울산 태화강 대나무숲 길을 걷는 참가자들

돼지갈비로 저녁 식사를 맛있게 먹고 작은 평가회를 열었다. 오늘 생일을 맞은 정문호 대원을 위해 케이크를 준비하고 생일 축하 노래를 함께 불렀다. 그가 감격해서 만세를 불렀다.

내일이면 드디어 부산으로 들어간다. 고향 부산을 떠난 지 53년이 된다. 서울에서부터 걸어서 부산으로 들어가게 되니 감회가 남달랐다. 대원들이 숙소로 돌아가고 양측 관계자들과 인근 가게로 자리를 옮겨 일본에서의 행사 진행에 관해 협의했다.

이틀 뒤에는 쓰시마에 상륙한다. 부산에서는 새 식구가 15명이나 늘어난다. 그들도 학수고대하며 기다리고 있을 거라고 생각했다. 이렇게 우정 걷기 20일 차 일정을 마무리했다. 긴 하루였다.

▲ 울산 태화강 벚꽃 길 풍경

21일 차(2025년 3월 29일)

부산까지 520km를 버틴 두 건각(健脚)에 감사

오늘은 우정 걷기 21일 차였다. 오늘 목적지 부산의 동래부 동헌까지 거리는 25km다. 아침 식사는 전주콩나물국밥이었는데 92세 김승남 선생이 국물만 몇 술 드시는 게 신경이 쓰였다.

일본 대원들은 저녁 식사를 할 때면 그들의 오랜 식습관대로 맥주를 우선 한잔하고 시작하니 동조하지 않을 수 없었다. 거기에 소주를 가져와서 폭탄주를 만들어 마셨다. 한국의 맥주가 일본과 비교해 싱거워 소주를 조금 타면 일본 맥주 맛이 난다고 엔도 대장이 말했다.

엔도 대장은 술을 권하는 데는 선수였다. 그 앞에서는 술을 거부할 수가 없었다. 이러다 보니 매일 저녁에 술을 마셨다. 건강을 위해 일주일에

▲ 산에 활짝 핀 진달래 꽃

▲ 늘어진 벚꽃

한 번은 간을 쉬게 하자고 했다. 머리가 몽롱해 주로 새벽 이른 시간에 일어나 글을 썼다. 새벽에 일어나 문화일보에 보낼 원고 초안을 만들고 블로그에 글을 한 편 올리느라 잠을 두 시간밖에 못 잤다.

홍법사 대불 앞에서 잠시 휴식했다. 김승남 선생이 결국 걷기를 중단하고 내일 오사카로 귀국하기로 했다. 일본 대원으로 오래 간호사 생활을 한 시노자키가 발목 염좌로 이동 차량 신세를 지고 있었는데, 그가 곁에서 지켜본 김승남 선생의 기침이 심상치 않다고 했다. 폐렴일 가능성이 있다고 엔도 대장에게 보고했고 결국 완보를 포기하고 귀국을 결정하게 되었다.

내일 부산여객터미널에서 본인의 강한 요청으로 오사카까지 페리를 타고 귀국하기로 했다. 본부의 선 회장은 강풍으로 대한해협의 파도가 높다며 비행기로 귀국하기를 종용했으나 김승남 선생의 강한 고집을 꺾을 수가 없었다.

기장군의 어느 마을을 지날 때 우연히 이 마을 부녀회장 할머니를 만나 사정을 얘기하니 마을회관 문을 열어주어 대원들이 회장실을 이용했다. 점심 식사는 넓은 저수지가 바라다보이는 한적한 식당에서 오리백숙을 먹었다. 분위기가 좋은 맛집인데 주인아주머니가 친절하고 동작이 잽쌌다.

다시 걸어 동래부 동헌으로 향했다. 코스 리더를 맡아 애쓰는 박해룡 부사의 가족들이 과일과 음료수를 준비해서 기다리고 있었다. 5살 손녀

▲ 우리나라 남녘의 전원 봄 풍경을 만끽하며 여정을 재촉하는 우정 걷기 참가자들

를 보고 박 부사의 입꼬리가 귀에 걸렸다. 아들 며느리 부인까지 전 가족과 함께 나왔다. 단체 사진을 찍고 가족들의 힘찬 격려 구호를 뒤로 하고 또 출발했다.

시간 절약을 위해 신호등이 없는 하천 변을 따라 걸었다. 수질이 좋아 보이고 큼직한 잉어가 많이 보였다. 우측 머리 위로는 1호선 전철이 지나갔다. 서울의 청계천 못지않았다. 주말이라 시민들이 산책을 하고 운동기구에서 운동도 했다.

옷차림이나 표정들이 여유가 있어 보였다. 겉모습은 이제 우리도 어엿한 선진국이다. 이제는 내면을 다질 때라는 생각이 들었다. 시민의식을 길러나가야 한다고 생각했다. 이번에 같이 걸으며 20세기 초에 이미 선진국에 진입한 이웃 나라 일본에서 여전히 배울 점이 적지 않다고 생각했다.

동래부 동헌에는 동래구청 관계자들이 우리의 도착을 기다리고 있었다. 구청 관광국장이 양측 대표에게 꽃다발을 걸어주고 서로 선물을 교환했다. 환영식이 끝나고 관광해설사가 동헌의 각종 시설물에 관해 설명해 주었다. 갑자기 날씨가 추워져서 대원들이 참고 듣느라고 고생했다.

▲ 응원 나온 박해룡 부사의 가족들

저녁에 근처의 한정식 식당에서 식사하며 부산까지만 걷는 양측 대원에게 완보증을 수여했다.

저녁 식사 대금으로 동래구청에서 일부 지원해 주었다. 김승남 선생이 내일 부득이 건강상의 이유로 귀국하게 되었다며 대원들의 양해를 구했다. 그리고 남은 대원들은 꼭 도쿄까지 완보하기를 기원한다며 인사했다. 아침 식사하는 모습을 보고 걱정했는데 목소리가 또렷하고 식사도 웬만큼 하셔서 조금 안도했다.

내일 자유시간에는 박해룡 부사가 희망자에 국한해 영가대(永嘉臺)로 안내하기로 했다.

영가대(永嘉臺)는 부산진성 서문 앞 언덕에 있던 군사시설이었다. 그런데 1614년 순찰사 권반은 넓은 땅을 굴착(掘鑿)해 전선(戰船: 전투에 쓰는 배)을 정박할 인공호수를 만들었다. 높은 곳에서 적의 동태를 살피기 위해 호수 주변에 모래를 쌓고 대를 만들었다. 1617년의 2차 조선통신사 행렬(정사 오윤겸)부터 영가대에서 항해의 안전을 비는 해신제를 지냈다. 그 후 1624년 관찰사 이민구가 권반의 고향 안동의 옛 이름을 따서 '영가'라고 명명했다.

영가대는 조선통신사가 배를 타고 출항한 의미 있는 장소로 근처에는 조선통신사 역사관도 있다.

12시에 숙소 앞에서 집합해서 전철을 타고 동래 동헌으로 이동해서 8km를 걸어서 영가대까지 가서 역사관도 견학하고 오기로 했다.

▲ 동래구청 관계자들과 함께

식사 후 전철을 타고 부산역 인근의 숙소로 왔다. 역에서 내려 숙소까지 걸어오는데 얼어 죽는 줄 알았다. 날씨가 갑자기 추워졌다. 룸메이트 정문호 대원과 같이 뜨거운 물에 몸을 담그고 얼은 몸을 녹였다. 차로 짐을 싣고 나르느라 술을 마시지 못한 김월호 이사가 측은하다며 호텔 근처에서 엔도 대장이 술을 한잔 사겠다고 했다.

나는 급히 정리할 원고도 있고 해서 사양했다. 한국말 또는 일본말로 의사소통이 여의치 않은 두 사람이라 미안했다. 하지만 술이 들어가면 용기가 생기니 공통 화제도 많아 충분히 보디랭귀지로 소통이 될 것이라고 여겼다.

이렇게 21일 차 부산에서의 밤이 깊어졌다. 부산까지 걸어준 내 몸 특히 두 다리에 감사하고 같은 방을 쓰며 편안하게 호흡을 맞추어준 룸메이트 정문호 대원도 고마웠다.

22일 차(2025년 3월 31일)

한국인의 임기응변, 능수능란하다

새벽부터 서울에서 선 회장이 전화를 걸어오고 엔도 대장에게는 메일을 보내왔다. 오늘 귀국하는 김승남 선생이 꼭 비행기를 타도록 하라고 신신당부했다. 엔도 대장의 방에서 새벽부터 관계자들이 모여 선 회장의 뜻을 전하며 설득했으나 그는 오사카행 페리를 타겠다는 뜻을 굽히지 않았다. 19시간이나 걸리는 귀국길이었다. 아침 8시 30분 김월호 이사가 운전하는 차로 떠나는 김승남 선생을 전송했다. 엔도 대장 그리고 이혜미자 대원이 여객터미널까지 동행했다.

어제 과식을 한 룸메이트 정문호 대원이 계속 설사를 하는 바람에 아침 식사는 방에 있는 사과와 바나나로 때웠다. 그가 약을 사러 나간다고 해서 멀미약과 삼각김밥 그리고 우유를 부탁했는데 일요일이라 문을 연 약국이 인근에 없어 멀미약을 사지 못했다고 했다.

일본에서의 집합 출발 시 인원 파악의 편의를 위해 조 편성을 하고 한국 대원 37명의 단톡방에 공지하고 협조를 부탁했다. 12시에 숙소 로비로 나가니 영가대까지 걷겠다고 하는 대원이 모여 있었다. 양측을 합쳐 희망자는 모두 13명이었다. 박해룡 부사가 코스 리더를 맡았다.

영가대는 조선통신사가 탄 배가 출항한 곳인데 그동안 9회까지는 동래부 동헌에서 끝냈다. 전철을 타고 동래역에 내려 동래부 동헌까지 걸어갔다. 까치가 한 마리 날아와서 나뭇가지에 앉으니 왠지 기분이 좋았다.

오늘 일일 참가한 후쿠오카에서 온 마유미 씨가 출발 구호를 외치고 우리가 복창했다. 걸으면서 부산의 거리가 깨끗하고 사람들의 표정이 밝다고 생각했다. 가는 길에 있는 지하철 4호선 수안역의 동래읍성 임진왜란 역사관을 견학했다. 2005년 수안역 건설 현장에서 동래읍성 해자가 발견되면서 본격적인 발굴 조사가 시작되었다.

현장에서 임진왜란 당시 동래성 전투에서 희생된 수많은 인골과 다양한 무기류가 출토되어 동래성 전투의 참상을 확인할 수 있었다.

그 당시 "싸우고 싶거든 싸우고 그렇지 않으면 우리에게 명나라로 가는 길을 빌려달라"라고 왜군이 요구해 왔다. 이에 송상현 동래부사는 "싸워서 죽게 되는 건 쉬워도 길을 빌려주기는 어렵다"라며 결사 항전을 선언했다. 전투가 시작되었지만 중과부적이었다. 조총 등 신병기를 앞세운 왜군의 공세에 분전했으나 부사 이하 군관민 전원이 희생되었다.

점심을 먹지 않은 일본 대원이 많아 지하철 내 가게에서 빵을 사서 간단하게 요기했다.

시간 절약을 위해 서면 지하상가를 걸었다. 끝도 없이 펼쳐지는 상가의 규모가 놀라웠다. 조선통신사 일행이 이 새로운 길을 보았다면 어떤 생각을 할까 상상해 보았다.

4시 가까이 되어 영가대 조선통신사 기념관에 도착했다. 애시당초 8km라고 했는데 걸어보니 13km에 달했다. 영상을 감상하고 해설사의 설명을 들었다. 일전에 경주의 문화탐방 일정에서 시마무라 선생의 조선통신사 특강도 들은 터라 모두 쉽게 이해했다. 기념관 앞에서 여자 해설사와 함께 단체 사진을 찍고 저녁 식사 장소로 바로 갔다. 부산역 건너 차이나타운의 중국식당이었다.

부산 일정부터 참가하는 대원들이 일부 참가해 반갑게 인사를 나누었다. 국내 구간을 무사히 걸은 것을 축하하고 새로운 대원을 환영하는 식사 모임을 했다. 국내에서의 마지막 밤이었다. 이윤희 대원이 멋진 노래로 포문을 열었고, 엔도 대장과 김월호 이사가 춤과 노래로 분위기를 한껏 끌어 올렸다.

나도 메이코 대원의 손에 이끌려 조용필의 <돌아와요 부산항에>의 일본어 버전과 <위를 보고 걷자>를 불렀다. 마지막은 <아리랑>과 일본의 국민 동요 <후루사토>를 전원이 손을 잡고 불렀다. 저녁의 주류는 사위가 떠날 때 준 금일봉으로 내가 한턱냈다.

내일은 드디어 쓰시마 행 페리를 타고 일본에서의 일정을 시작한다. 일본 측이 이제 책임을 맡으니 한결 어깨가 가볍다. 양측 대원들의 협조로 부산까지의 일정을 무사히 마쳤다. 520km를 무사고로 완보하는데 협조해 준 양측 대원들께 진심으로 감사드렸다.

일전에 영천시에서 분실한 핸드폰을 되찾은 엔도 대장은 '하늘이 이번 제10회 조선통신사 우정 걷기를 도와주는 것 같다"라고 했는데 나도 같은 생각이었다. 지난 22일간 양국 대원들과 숙식을 함께하며 관찰하니 일본인들은 치밀하고 계획적이며 매뉴얼을 중시했다. 반면 우리 한국인들은 대체로 꼼꼼하게 사전계획을 수립하지는 않았으나 임기응변에 능하고 순발력이 돋보였다.

▲ 교류회에서 완보(完步)증서를 받은 이윤희(좌측) 대원으로 그 옆은 오구마 대원

조선통신사 옛길 한·일 우정 걷기 최종 목적지인 도쿄 히비야 공원을 향해 나아가는 참가자들

제4부

1,200km 완주 후 도쿄에서의 휴식

54일 차(2025년 5월 1일)

서양인 관광객으로 넘쳐나는 도쿄

제10회 조선통신사 단장의 역할을 내려놓고 도쿄에서 멍때리며 휴식을 취하는 첫날이었다. 아침에 일어나 샤워를 하고 거울을 보니 검은 머리가 어느새 백발이 되었고, 얼굴은 햇볕에 타서 새카맣다. 단장의 역할이 내게는 벅찼던 모양이다. 체중도 3kg정도 줄었다. 하지만 스스로 한 뼘은 성장했다는 생각이 들었다. 서울에서 출발해 1,200km를 두 발로 걸어 53일 만에 어제 도쿄 히비야공원에 도착했던 감격스러운 순간을 떠올렸다. 아무 사고 없이 협력하며 걸어준 양국 대원들에게 감사하는 마음으로 가슴은 벅차올랐다. 마음속으로 이루 헤아릴 수 없이 이렇게 외쳤다.

'대원 여러분 감사합니다. 여러분 덕분입니다.'

7시에 호텔 지하 식당에서 식사했다. 작은 규모의 식당이라 두 번에 나누어 식사했다. 갓 지은 하얀 쌀밥에 미소시루가 참 맛이 있었다. 9시 그리고 9시 30분에 호텔을 떠나는 대원들을 현관에서 배웅했다. 엔도 대장도 사이타마현의 자택으로 돌아갔다. 오랜 지인 와다(和田) 사장이 내일 호텔로 차를 가지고 오겠다고 전화를 걸어왔다. 그의 강권으로 그의 집에서 홈스테이를 하며 가족들과 오랜만에 교류의 시간을 갖기로 했다.

10시에 가나이 선생이 와서 근처 찻집에서 얘기를 나누었다. 그는 아사히신문 사진기자 출신으로 이번에 한국 구간을 같이 걸었고 사진 촬영을 담당했다. 한국 구간을 걸은 다음 귀국해서 차를 가지고 오사카에서부터 운전하며 대원들의 짐을 나르고 몸이 불편한 대원을 차에 태웠다. 걷는 도중 음료수 간식거리 때로는 아이스크림을 사서 배달하기도 했다. 그도 이제 81세의 노인이었다. 그의 헌신적인 봉사에 경의를 표했다.

그는 내가 과거 일본에서 구간 참가를 했을 때 찍힌 사진을 어느새 골라서 CD에 담아 가지고 왔다. 그리고 그동안 펴낸 책 세 권을 내게 기증했다. 단장의 소회를 듣고자 하는 그의 인터뷰에 응했다. 그는 그동안 일본어를 구사하는 한국인들을 수없이 만났지만 히 단장같이 위화감 없이 일본어를 구사하는 사람은 처음이라고 했다. 아울러 민단신문에 이번 제10회 조선통신사 관련 기사를 연재해오고 있으며 향후 책으로도 발간할 것이라고도 했다.

1시에 지인 다케자와(武澤)와 점심 약속이 있어 호텔을 나섰다. 가는 길에 호텔 근처의 저녁 식사 장소를 확인했다. 걸어서 6~7분 거리의 '아랫목'이라는 한식당이다.

점심 약속 장소인 도쿄역 마루노우치 남쪽 출구 쪽에 있는 KITTE빌딩 5층의 교토 요리 전문 식당 '나나'로 갔다. 그가 야에스(八重洲) 남쪽 출구라고 해서 그쪽으로 나가 물어보니 반대편이라고 했다. 그도 이제 나이를 먹은 모양이다.

업무 관계로 만나 20년이 된 친구다. 도쿄대학을 나오고 도레이의 계열사 사장을 역임했는데 그의 일·한경제협회 전무이사 시절 당시 내 업무 파트너였다. 오랜만에 만났는데 역시 화제는 건강 문제다. 세월은 그 누구도 못 당한다. 심장에 문제가 있어 스텐트(stent) 삽입술을 위해 며칠 전 입원했는데 의사가 좀 더 상태를 지켜보자고 해서 퇴원했다고 한다.

5~6년 못 본 사이에 귀에는 보청기를 끼고 있었다. 나보다 4~5세 연상인데 잘 안 들리는지 여러 번 되풀이해서 이야기해야 했다. 하지만 오랜 친구가 좋았다. 공통된 화제가 많아 편하게 식사했다. 계산은 일본식으로 더치페이를 했다.

오늘 조간 서울신문에 이종락 상임고문의 제10회 조선통신사 동행기 기사가 실렸다. 선상규 회장도 그도 내게 카톡으로 신문 카피를 보내왔다. 그는 지난달 한국 구간 일부 그리고 시즈오카에서는 3박 4일을 함께 걸었다. 대원 단체 카톡방에 올렸다.

저녁 7시에는 준코와 저녁을 함께했다. 우에노 골목길의 한국 선술집인데 부침개 김치 나물 등을 안주로 맥주에 소주를 타서 마셨다. 가요코는 선약이 있다더니 7시 30분경 모습을 나타냈다. 21세기 조선통신사 얘기, 같이 걸었던 산티아고 얘기, 그리고 준코가 다음 달에 떠날 인도여행에 대해 즐겁게 얘기를 나누고 10시경 헤어졌다.

▲ 도쿄 우에노 골목길의 한국 선술집 앞에서 산티아고 순례길 동행자 준코·가요코 씨와 함께한 필자

준코는 스페인 산티아고 순례길을 걸을 때 만난 사이다. '산티아고 순례자들'등 내 책에 두 차례나 삽화를 그려주었다. 준코도 가요코도 50대 후반의 독신인데 둘 다 현역으로 활동하고 있다. 두 사람이 나를 대접하겠다는 것을 사양하고 더치페이를 했다. 그것이 서로 편하고 다음에도 쉽게 연락하고 만날 수 있어서다.

이렇게 오늘 하루도 깊어졌다. 도쿄 거리는 서양인 관광객으로 넘쳐나고 있었다. 엔화 약세로 외국의 관광객들이 몰려들고 있었다. 물가가 많이 올랐다지만 우리나라에 비하면 싼 편이었다. 30년 이상 물가가 오르지 않았던 탓에 최근의 가파른 물가 인상이 서민들에게 크게 충격으로 받아들여지는 분위기였다.

55일 차(2025년 5월 2일)

와다 가족의 환대, 평생 잊지 못할 추억

새벽에 일어나 블로그 글을 완성해서 올렸다. 가요코가 라인으로 문자를 보내왔다. 즐거운 시간이었고 선물까지 받아 고맙다는 취지의 내용이었다. 진흥회 선상규 회장이 전화를 걸어와 수고했다며 귀국하면 식사 자리를 만들겠다고 했다.

7시에 지하 2층 식당에 내려가니 나 혼자였다. 아주머니가 식사를 가져왔길래 "감사합니다"라고 우리말로 말했더니 눈을 동그랗게 떴다. 나를 일본 사람이라 생각한 모양이었다. 말을 하지 않으면 한국인·일본인은 잘 구별되지 않는다. 하지만 우리처럼 일본을 오래 다닌 사람은 척 보면 구별한다. 표정이나 옷차림과 행동으로 금방 알아차린다.

문화일보에 보낼 원고를 정리해서 사진과 함께 보냈다. 9번째 원고로 제10회 21세기 조선통신사 마지막 동행기다. 오카치마치(御徒町)역 근처에서 카레로 점심을 해결하고 근처의 우에노공원을 오랜만에 산책했다. 왕인 박사의 기념비를 찾아 사진을 찍었다. 비문을 읽어보니 그를 일본에 천자문과 논어를 전해주었고, 태자의 스승이 되었으며 공자와 어깨를 겨루는 인물이라고 극찬하는 내용이었다.

와다 사장이 전화를 걸어왔다. 길이 막히지 않아 일찍 도착해서 호텔 앞에서 기다리고 있다며 천천히 오라고 했다. 서둘러서 호텔로 돌아가 맡겨둔 짐을 찾아 그의 차에 올라타니 부인이 뒷좌석에 앉아 있어 깜짝 놀랐다. 인사했다. 그는 나이가 80이 가까운데 여전히 현역에서 활약하고 있다. 그가 운영하는 도쿄와 수도권의 두 개의 공원묘지를 견학했다.

내가 지금으로부터 43년 전인 1982년 와세다대학 연구소에 나갔을 때 와다 사장을 처음 만났다. 소개장을 써준 고 김기준 박사(전 춘천대학교 총장)는 그의 은인이었다. 젊은 시절 그가 근무하던 회사 사장을 수행하고 한국에 첫 출장 왔을 때 수행하던 사장이 돌연사해 그가 곤경에 처해야 했다. 그 당시 김 박사가 도움의 손길을 내밀어 주었다. 소개장을 받은 그는 김박사를 대하듯 유학생인 나를 성심성의껏 챙겨주었다. 일본의 전통문화 공연장으로 안내하기도 했고, 집으로 초청해서 가족과의 식사 자리도 마련해줬다.

도쿄 긴자에 있는 그의 단골 클럽에도 여러 번 갔다. 가난한 유학생으

▲ 필자와 수십여 년 동안 끈끈한 인연을 이어온 와다 가족

로서는 감히 누릴 수 없는 호사였다. 길지 않은 유학생 시절이었지만 그가 곁에 있어 든든했다.

이후 업무차 일본을 드나들게 되면서는 어떻게든 그와 만나는 시간을 자주 만들었다. 그는 언제나 우리 가족에 대한 선물을 빠뜨리지 않았다. 선물을 살 시간이 없을 때면 봉투에 약간의 돈을 담아 성의를 표했다. 40여 년 세월이 지나는 동안 나는 그에게 비지니스 면에서 도움을 준 기억은 별로 없다.

우리 아이들이 초등학교 시절에는 그 집으로 홈스테이를 보내기도 했다. 2019년 일본열도를 걸어서 종단했을 때도 그의 집에서 하룻밤을 묵으며 뜨거운 환대를 받았다. 내가 쓴 [박태준이 답이다]의 일본어판 도쿄 출판기념회 당시에 참석한 내 지인들을 위해 만찬을 준비해 주었다. 그뿐만 아니라 지인들에게 나누어 주겠다며 책을 십수 권 구매해 가기도 했다.

걸을 때는 몰랐는데 쉬게 되니 쌓인 피로가 몰려와서 달리는 차 속에서 꾸벅꾸벅 졸았다. 그가 하는 말이 귀에 들어오지 않았다. 수목장을 새로 추가해서 영업을 시작했다고 했다. 우리가 생각하는 수목장이 아니라 잔디밭 땅속에 유골함을 넣고 앞에는 이름 등 필요한 사항을 적은 작은 스테인리스 명패를 두는 방식이었다.

꽃을 많이 심어 아름답게 꾸며 공원 같은 느낌을 주었다.

일본인들은 삶이 죽음과 멀리 떨어져 있다고 생각하지 않는다. 죽음을 담백하게 받아들인다. 지진이나 쓰나미로 죽음을 수시로 주변에서 목격하기 때문이다. 그래서 죽음 관련 시설에 대해 부정적으로 받아들이지 않아서 공동묘지가 주택가 한복판에 있다.

한편 사후세계에 대한 일본인의 관념을 이해하려면 고대 일본의 '전방후원분(前方後圓墳)'이라는 분묘양식을 뒤돌아볼 필요가 있다. 이 분묘

양식은 글자 그대로 분묘의 전방은 방분(方墳·평면이 네모꼴로 된 무덤)이고 후방은 원분(圓墳·모양이 둥근 무덤)이다. 이는 이원화된 방분과 원분의 기능을 통해 고대의 일본인들은 산자를 위한 장소와 사자(死者)를 위한 장소를 이원화했다. 즉 전방의 방분은 살아있는 자가 죽은 자를 애도하고 추모하는 살아있는 자의 공간으로 기능했고 후방의 원분은 죽은 자가 영면하는 죽은 자를 위한 공간 즉 사후 세계로 인식하는 의식구조가 만연하게 있었다.

하지만 일본 열도에 농경사회가 보편화되면서 촌락공동체가 형성된 후 전염병이 빈번하게 창궐하면서 고대 일본 국가는 장묘제에 관한 법령을 정해 지배층과는 달리 서민들은 사람들이 많이 사는 도회나 마을 인가 근처에는 무덤을 쓸 수 없도록 법령을 통해 규제한다. 그 후 일반서민들은 현세와 타계의 경계로서 인식한 마을 외곽의 강변 또는 골짜기에 사체를 유기·방치할 수밖에 없었다. 훗날 일본 열도에 한반도 백제로부터 불교가 들어오면서 승려들이 강변 또는 골짜기에 방치된 사체들을 수습해 화장해 무덤을 만들고 장례 의식을 치러주면서 불교와 일본 전통신앙인 신도(神道)의 자연스러운 역할 분담이 이루어지게 된 것으로 보인다. 참고로 신도(神道)는 불교와 함께 일본의 문화와 정신세계를 구축하는 데 지대한 영향을 미친 일본의 민족종교인 다신교다.

그 후 일본열도에 불교식의 화장이 보편화되면서 사체와 사후 세계에 대한 두려움이 많이 완화하기에 이른다. 이러한 정서를 반영해 시체를 묻는 '스데바카(捨墓)'와 사자(死者)를 공양하는 '마이리바카(參墓)'를 분

리하는 양묘제(兩墓制)가 정착하기에 이른다. 여기서 망자(亡者)의 영혼을 공양하기 위한 공양묘만을 집안이나 공동체 속으로 가져오는 문화가 자연스레 자리 잡는다. 오늘날 우리가 일본을 여행하면서 보게 되는 마을 근처에 들어서 있는 무덤들은 공양묘다. 일본인들에게 공양묘는 공동체의 안녕과 번영을 도모하는 데 중요하다고 여기기 때문이다.

일본인에게 있어서 사후(死後)세계는 불교와 기독교의 사후 세계관처럼 현세와 유리된 그렇게 머나먼 관념적 세계가 아니라 바로 공동체의 뒷산에 있다고 여기는 경향이 있다. 어쩌면 일본인들은 불교의 세계관을 전통 다신교인 신도(神道)의 세계관에 자연스레 접목해 수용한 것으로 보인다.

엄청나게 쏟아지는 빗속에 그의 차를 타고 두 군데를 둘러봤다. 두 번째 방문한 공원묘지에는 절도 있어 주지 스님과 인사를 나누었고, 부인이 만들어 온 말차와 화과자를 대접받았다. 일본도 경제가 어려워지니 기존의 묘지처럼 큰 금액을 쓸 수 없는 형편이라 최근에는 비용이 적게 드는 수목장을 선호하고 있다고 했다.

한 곳의 공원묘지 관리사무실에 주 3~4회 출근한다는 딸 미카코가 올 때는 운선내를 잡았다. 운전을 차분하게 잘했다. 비가 많이 내리고 바람도 강했다. 마치 태풍 같았다. 이런 비가 도쿄에 도착하고 모든 행사를 끝낸 뒤에 내리니 제10회 조선통신사가 날씨 덕을 봤다는 것을 새삼 실감했다.

수도권 이치가와(市川)시에 있는 와다 사장 댁에 도착해서 그들의 권유로 욕탕에 뜨거운 물을 받아 푹 담그고 나니 몸이 개운했다. 차를 타고 오면서 느꼈지만, 부인이 딸과 자연스럽게 대화를 나누는 모습이 마치 친구같이 다정했다. 아버지와도 친구 같았다. 단란한 전통적인 일본가정의 모델이 아닌가 생각되었다.

5시 30분에 저녁을 하기로 했는데 시간이 30여 분 남아 있어 그가 시원한 캔맥주를 가지고 왔다. 딸 미카코도 가세해서 함께 마셨다. 5시 30분 아들 마사히로가 차로 우리를 데리러 왔다. 엄청난 비가 내리고 있었다. 식당으로 이동하는 동안 아들과도 반갑게 얘기를 나누었다. 누나와 3년 터울이니 그도 이제 사십 대 후반이었다.

그는 최근 병원에서 퇴원해 술 대신 우롱차를 마셨다. 사업하며 스트레스에 시달린 데다가 술을 많이 마셔 몸이 상한 모양이었다. 한 달 동안 걸으며 일본 음식에 질렸을 나를 배려해 인근의 유명한 한식당을 아들이 예약했다.

엄청난 양의 고기를 주문했다. 처음에는 '저것을 과연 다 먹을 수 있을까?'라고 걱정했는데 기우였다. 어른이 5명이었다. 그들도 김치·나물 등과 함께 구운 고기를 맛있게 먹었다. 밥 대신 냉면을 시켜 와다 사장과 나누어 먹고 귀가했다. 오랜만에 우리 음식으로 포식했다.

내일 아침 식사는 빵으로 간단하게 하자고 했더니 집 근처에 맛있는 빵을 굽는 가게가 있다며 아침에 차를 타고 같이 가자고 했다.

다타미 방에는 정갈하게 이불이 깔려 있었고 딸 미카코가 들어와서 머리맡에 녹차 병을, 문 앞에는 생수를 놓아두었다. 방의 온도 조절 리모컨과 불을 끄고 켜며 미등을 켜는 리모컨을 자세히 설명해 주고 공손히 인사하고 나갔다.

▲ 공항까지 필자를 바래다주는 등 극진한 환대를 아끼지 않은 와다 부부

이렇게 도쿄에서의 3일 차 일정이 끝났다. 와다 사장은 내가 일요일에 가는 것으로 잘못 안 모양이었다. 내일 점심에 약속이 있어 아침 9시에 차로 나리타 공항 제1터미널에 데려다주기로 했다. 고마웠다. 교통비에 보태라며 두툼한 봉투도 준비해 놓았다. 전생에 무슨 인연이 있었길래 이렇게 늘 이들 가족의 환대를 받는 것인지 모르겠다는 생각에 감개무량했다.

56일 차(2025년 5월 3일)

56일 만에 귀가하니 역시 집이 최고다

귀국하는 날이다. 7시 30분에 와다 사장의 차를 타고 10여 분 거리에 있는 베이커리로 갔다. 갓 구워낸 맛있는 빵으로 인근에서는 유명한 집이라 했다. 길 건너에 차를 세우고 가니 줄이 40~50m나 늘어서 있었다. 대부분이 젊은 사람들이었다. 아침 식사용 빵을 구매하러 온 행렬이었다.

15명 정도씩 직원이 나와 매장으로 들여보냈다. 내가 좋아하는 빵 그리고 와다 사장 가족이 좋아하는 다양한 종류의 빵을 플레이트에 수북하게 담았다. 계산을 끝내고 나온 그에게 물으니 우리 돈으로 5만 원 정도라고 했다. 이곳에는 일본에서도 유명한 경마장이 있다. 휴일이라 안전요원들이 길 곳곳에 배치되어 차량과 내장객들의 안전관리를 하고 있었다.

가족들과 빵과 주스로 아침을 해결하고 9시 50분경 집을 나섰다. 와다 사장은 내가 일요일에 귀국하는 것으로 착각해 이웃에 사는 오스트레일리아인 부부와 정원에서 바비큐로 점심을 하기로 약속을 한 모양이었다. 나이도 있으니 착각하는 것도 무리가 아니었다.

그 부부가 일전에 여행을 가며 부탁한 애완견을 2주일간 돌봐준 적이 있는데 그 보답으로 오늘 점심 초대를 받았다고 했다. 나를 나리타공항에 내려주고 그 집 오찬에 참석해야 하니 그도 오늘은 분주하게 움직였다. 딸 미카코가 운전하는 차로 나리타공항 제1터미널에 도착해서 사진촬영을 했다. 아내가 와다 사장을 5초간 안아주라고 했다고 하니 모두 웃었다. 부인과 딸과도 포옹했다.

딸이 마일리지로 예약해 준 대한항공 비지니스 좌석에 앉아 편하게 귀국했다. 오는 도중 좌측 창밖으로 눈 덮인 후지산이 보였다. 인천공항에서 서울의 집에 도착하는데 나리타-인천 비행시간 2시간 30분과 동일한 시간이 소요되었다.

피곤한 몸에 12~3kg의 배낭을 짊어지고 손에는 작은 배낭에 선물 쇼핑백을 들었다. 하루 30km 전후를 매일 걸을 때보다 더 피곤했다. 집에 와서 샤워하고 옷을 갈아입으니 살 것 같았다. 집같이 좋은 곳이 없었다. 56일 만에 느끼는 내 집의 편안함이었다.

저녁에는 아내와 요즘 히트했다는 넷플릭스의 드라마 <폭싹 속았수다>를 눈물 콧물 흘리면서 감동적으로 보았다. 제주 방언으로 '수고가 많으셨습니다' 또는 '고생하셨습니다'라는 뜻이라고 했다. 참 우리나라가 드라마를 잘 만든다. 제주 출신 주인공 애순이의 인생을 그린 드라마인데 그녀가 나와 동갑이라서 반가웠다. 내용이 내가 살아온 시대를 다룬 것이라 줄거리에 공감했다. 어렵고 힘든 일들도 많았지만 지나고 보니 참 아름다운 시절이었다.

"제10회 21세기 조선통신사 양국 대원 및 관계자 여러분! 폭싹 속았수다!"

에필로그

에도막부 초청 외교문화 사절, 조선통신사

일전에 일본과 중국을 알자는 전직 외교관들의 모임에서 연락이 와서 제10회 21세기 조선통신사에 다녀온 얘기를 들려드렸다. 주어진 시간이 30분이었는데 참석자들의 질문이 많아 결국 1시간이 돼서야 마무리되었다. 이날 오간 질문 가운데는 "우리가 일방적으로 일본의 새로운 쇼군이 취임했을 때 등 축하 사절로 간 것이니 조공 사절이 아니냐?"는 의견이 있었다. 나도 사실 과거에는 그렇게 생각한 적이 있었다.

임진왜란 전의 조선 시대 전기에 조선국왕사의 일본 막부 파견은 10회 정도에 불과했으나 일본국왕사의 조선 방문은 61회나 되었다. 조선 후기에 이르러 일본국왕사가 오지 않은 것은 조선이 접대를 거부했기 때문이다. 그 이유는 그 길이 임진왜란 때 침략의 길로 이용되었기 때문이다. 그러한 상경 거부는 전쟁 도발에 대한 응징 중 하나였는데 일본 사절은 동래의 왜관까지로 제한했다.

이번에 조선통신사의 옛길을 걷다 보니 느낀 것은 조선통신사는 에도 막부의 초청으로 이루어진 외교문화 사절이라는 점이다. 초청 당사자인 막부의 지시로 지나가는 지역의 각 번들이 모든 비용을 부담하여 경쟁하듯 최고의 접대를 했다는 사실을 알게 되었다.

쇄국 정책을 취한 당시 에도막부는 유일하게 조선과 국교를 맺고 있었고 민중들도 생애 처음 접하는 외국 사절을 크게 환영했다. 통신사가 올 때마다 조선 붐이 일었으며 민중과의 다양한 교류가 있었다.

나는 이들이 바로 '한류'의 원조라고 생각한다. 일본 대중의 환영 열기는 통신사 일행의 사행록이나 일본인들이 그린 그림, 춤, 인형 등 각종 기록물을 통해서도 알 수 있다. 멀리 타지방에서 온 구경꾼들은 고향으로 돌아가서 그 소식을 전했으며 본토의 북쪽 끝인 아오모리(靑森)에까지도 그 흔적이 남아 있다.

통신사가 다녀가는 6개월에서 길게는 1년간 일본 측이 사용한 경비는 약 1백만 냥(지금의 화폐가치로 5,000~6,000억 원 규모)으로 당시 에도막부의 1년 예산에 필적하는 금액이었다고 한다.

1719년 제9차 통신사에 참가한 제술관 신유한의 <해유록>에는 아이노시마에서 기상악화로 무려 23일간이나 체류했다는 얘기가 나온다. 후쿠오카번의 이들에 대한 접대가 얼마나 융숭했던지 그가 번의 재정을 걱정하는 문구가 나올 정도다. 그들은 체류하는 동안 그곳의 문인들과 교류했다.

그리고 이번에 조선인가도를 걸었다. 42km의 이 길은 쇼군만 다니는 길이었는데 이 길을 오직 조선통신사 사행만 지나갈 수 있도록 허락했다는 사실을 알게 되었다. 그리고 태평양 연안의 삿타도오게 고개에 새로이 길을 만들었는데 이는 조선통신사가 위험한 바닷길을 피해 안전하게 걸어갈 수 있도록 하기 위해서였다.

▲ 최종 목적지 도쿄 히비야 공원에서의 단체 사진

일본에서 귀국한 후 대략 열흘을 아무것도 하지 않고 쉬었다. 그 후 따끈따끈한 현장에서의 체험담을 녹여낸 단행본을 만들어내고자 걷는 동안 매일 기록한 블로그 글을 정리함은 물론 다양한 자료를 추가해 원고를 탈고하느라 여념없이 보냈다.

원고를 정리하면서 임진왜란 이후 백척간두에 선 조선과 벼랑 끝으로 내몰린 조선의 백성들을 위기에서 구하고자 홀연히 살신성인(殺身成仁: 자신을 희생해서 어진 일을 행함)을 자처한 사명대사의 그 우국충정(憂國衷情: 나랏일을 근심하고 염려하는 참된 마음)이 마음 깊이 새삼 와닿았다. 무엇보다도 그 당시 사명대사의 나이는 요즘 수명을 감안해 말하자면 80대에 해당한다고 봐도 무방한 60대 초반이었다. 중요한 사명을 생전에 꼭 이루겠다고 오랫동안 염원해온 사람은 그 사명을 이루기까지 죽지 않는다고 한다. 그런 의미에서 하늘의 뜻이 있으면 나 역시 사명대사처럼 그 일선으로 나아가 지난 세월 그러해왔듯이 한·일 관계 우호증진을 위해 끝까지 헌신하고 싶다.

귀국 후 얼마 지나지 않아 대통령 선거로 대한민국에 새로운 정부가 들어섰다. 그리고 얼마 지나지 않아 한·일 정상은 정상회담을 갖고 근래의 흐름대로 '미래 지향적 한·일 협력'을 추진하기로 했다. 이 회담을 통해 양국 정상이 한·일관계의 안정적 발전이 중요하다는 데 인식을 같이 했다.

이러한 흐름 가운데 반일(反日)·혐한(嫌韓: 한국 혐오)을 벗어나 서로 존중하며 신뢰하는 옛 조선통신사의 성신교린의 정신을 바탕으로 새로운 한일 60년을 열어나가기를 기대한다. 한·일 사이에 놓인 각종 현안은 오랜 고질병으로 덧나지 않도록 양국 정부가 슬기롭게 관리하며 대처해나가고 민간교류가 보다 활성화되도록 적극 지원해 나갔으면 좋겠다.

기성세대와는 달리 지금의 젊은 세대는 모두 선진국에서 태어나 서로에 대한 열등감이 없고 일본의 젊은이들도 한국을 선진국으로 여기며 최근의 한류 붐의 영향으로 한국을 동경하며 한국어 붐이 일고 있다. 한국의 젊은이들도 일본에 대한 열등감이 없다.

2023년 한국의 1인당 GDP가 일본을 추월했다. 그들의 우리를 대하는 태도도 달라졌음을 걸으면서 느꼈다.

맹자는 "곳간이 차야 예절을 안다"라는 '무항산 무항심(無恒産 無恒心)'을 일찍이 설파했다. 변화된 환경에서 한일관계도 이전보다는 여유 있는 자세로 대할 수 있게 되었다. 한일의 젊은이들이 이끌어갈 미래의 한일관계를 기대하며 그들에게 더욱 좋은 환경을 물려줄 수 있도록 노력해나가야 할 것으로 보인다.

조선통신사를 통해 양국의 최고지도자가 소통하며 200년간 평화로운 양국 관계를 만들었듯이 양국의 수뇌도 셔틀 외교를 통해 가능한 한 자주 만나 악수하며 웃는 모습을 연출하는 것이 21세기의 한일관계를 발전시키는 가장 지름길이라고 나는 평소 생각했다. 같이 자주 만나서 식사하고 술도 한잔하는 모습을 보고 싶다.

국교정상화 60주년을 앞둔 지난 6월 16일 자 도쿄신문의 사설은 "국교정상화 60년. 한·일 양국의 경제적인 격차가 거의 없는 지금의 수평적인 관계는 양국 시민이 서로를 존중하며 성실과 신뢰를 바탕으로 한 교류를 계속하기에 매우 양호한 환경"이라며 바로 조선통신사의 성신교린의 정신을 강조하고 있었다.

이 책은 지난 3월 9일부터 4월 30일까지 53일간 서울에서 도쿄까지 1,200km를 걸으며 사유하고 기록한 블로그의 글이 바탕이 되었다. 안전 여행을 기원해 준 아내 이영화를 비롯한 가족 여러분 그리고 무엇보다 97세의 장모님이 사위의 귀국을 기다리며 버텨주신 것이 이 책이 나오는 데 결정적인 역할을 했다고 생각한다. 김귀순 장모님께 진심으로 감사드린다.

2025년 8월

저자 허남정

부록

1

조선통신사 파견현황

차수	연도	정사	부사	종사관	명칭	인원(명)
1차	1607년 1월 12일 (선조 40년)	여우길	경 섬	정호관	회답 겸 쇄환사	467
2차	1617년 5월 28일 (광해군 9년)	오윤겸	박 재	이경직	〃	428
3차	1624년 8월 20일 (인조 2년)	오윤겸	강홍중	신계영	〃	300
4차	1636년 8월 11일 (인조 14년)	임 광	김세렴	황 호	통신사	475
5차	1643년 2월 20일 (인조 21년)	윤순지	조 경	신 유	〃	462
6차	1655년 4월 20일 (효종 6년)	조 형	유 창	남용익	〃	488
7차	1682년 5월 8일 (숙종 8년)	윤지완	이언강	박경후	〃	475
8차	1711년 5월 15일 (숙종 37년)	조태억	임수간	이방언	〃	502
9차	1719년 4월 11일 (숙종 45년)	홍치중	황 선	이명언	〃	479
10차	1747년11월28일 (영조 24년)	홍계희	남태기	조명재	〃	475
11차	1763년 8월 3일 (영조 39년)	조 엄	이인배	김상익	〃	472
12차	1811년 2월 12일 (순조 11년) 쓰시마에서 국서교환	김이교	이면구		〃	336

2
후원자 명단
(가나다순)

김규범 김성진 김여종 김종옥 김희국 도봉락 박석배 박호근
송홍선 신경미 신덕현 신장섭 신현근 오정만 이경희 이금람
이대용 이동탁 이승율 이승택 이영택 이영화 이재기 이진표
임창선 장경진 장인수 전중규 정완길 정희순 조덕묘 조태숙
최성식 최석원 최신희 최인한 한승민 허민수 허 욱 허유림
허혜숙 홍순욱 (이상 42명)

참고서적

金井三喜雄, [韓国一週友情ウオ-ク 2006], 生活情報センタ-, 2007

金井三喜雄, [21世紀の朝鮮通信使を歩く], TOKIMEKI PUBLISHING, 2008

金井三喜雄, [第7次 21世紀の朝鮮通信使(ソウル-・東京 友情ウオ-ク)], 2019

金井三喜雄, [第9次 21世紀の朝鮮通信使(ソウル-東京 友情ウオ-ク)], 2023

姜在彦, [朝鮮通信使が見た日本], 明石書店

개론 토마스, [우리는 할 수 있다-불가능을 뛰어넘는 오바마의 희망 메시지], 랜덤하우스 코리아, 2009

구완희, [여행하는 일본사], 따비, 2024

김경숙, [에도시대 도시를 걷다], 소명출판, 2022

김남희, [여자 혼자 떠나는 걷기 여행], 미래 M&B, 2006

김명희, [에이브러햄 링컨], 선, 2013

김태호, [평화와 우정을 새긴 발걸음], 한국체육진흥회, 2023

김형민, [한국사를 바꾼 협상의 달인들], 도서출판 다른, 2024

김홍신, [대발해 6권], 아리샘, 2007

김희경, [자유의 수호자 링컨], 지경사, 2011

데일 카네기, [링컨 당신을 존경합니다], 함께 읽는 책, 2008

론다 번, [씨크릿], 살림BIZ, 2006

류샤오보, [중국을 말한다], 지식, 2011

류시화, [지구별 여행자], 김영사, 2002

마스부치 도시유키, [한류 세계인을 사로잡다 K-콘텐츠 성공 전략], 씨아이알, 2024

박경민, [일본의 근대사 왜곡은 언제 시작되는가], 밥북, 2024

박덕규, 〔사명대사 일본탐정기〕 , 랜덤하우스 코리아(주)

박진, [도시를 거닐면 일본사가 보인다], 한푸른역사, 2024

박진한, [도시를 거닐면 일본사가 보인다], 푸른역사, 2024

비류잉, [단식 존엄사], 글항아리, 2024

빅토르 위고, [레미제라블 5권], 민음사, 2012

서영찬, [사카나와 일본], 동아시아, 2024

선상규, [조선통신사 옛길 걸은 까닭], 글로벌마인드, 2021

선일·최진호, 〔사명대사 생애와 나라사랑〕 , 교문사, 2010

소노 아야코, [나는 이렇게 나이 들고 싶다], 리수, 2004

소노 아야코, [타인은 나를 모른다], 책읽는 고양이, 2017

소노 아야코, [노인이 되지 않는 법], 리수, 2021

손웅정, [나는 읽고 쓰고 버린다], 난다, 2024

嶋村初吉, [朝鮮通信使にかけた魂の軌跡], 東方出版, 2024

신경숙, [요가 다녀왔습니다], 달출판사, 2022

辛基秀, [朝鮮通信使の旅日記], PHP新書

辛基秀 仲尾宏, [朝鮮通信使の旅], 明石書店

신유한, [해유록-조선 선비 일본을 만나다], 출판보리, 2006

심규선, [조선통신사, 한국 속 오늘], 도서출판 월인, 2017

스즈키 쇼, [우리는 사랑을 모른다-에리히 프롬에게 배우는 사랑의 심리학], 알토북스, 2024

안치민, [펄벅을 좋아하시나요], 밀리언하우스, 2011

야마오카 소하치, [도쿠가와 이에야스 32권], 솔, 2000
앤 포크너, [마오쩌둥], 작가정신, 2005
上田正昭 辛基秀 仲尾宏, [朝鮮通信使とその時代], 明石書店
오시마 준이치, [커피 한 잔의 명상으로 10억을 번 사람들], 나라원, 2016
우에노 도시히코, [신기수와 조선통신사의 시대], 논형, 2017
유현종, [대제국 고구려 5권], 아침나라, 2000
이케다 다이사쿠, [나의 인물관], 중앙일보, 2024
이경수, 강상규, [알면 다르게 보이는 일본문화], 지식의 날개, 2021
이외수, [겨울나기], 해냄, 2006
이외수, [청춘 불패], 해냄, 2009
이지상, [호치민과 시클로], 북하우스, 2007
장영희, [살아온 기적 살아갈 기적], 샘터, 2009
장영희, [어떻게 시작할 것인가], 예담, 2012
장융, [대륙의 딸], 까치, 2006
장용준, [교토 갈까], 서유재, 2022
정채봉, [스무 살 어머니], 샘터, 2001
정호승, [스무 살을 위한 사랑의 동화], 해냄, 2003
제프 구뎅, [폭염 살인], 웅진지식하우스, 2024
존 릴런드, [만일 나에게 단 한 번의 아침이 남아 있다면], 북모먼트, 2024
지아오 보, [나의 아버지 나의 어머니], 뜨란, 2002
지아오 보, [집으로 가는 길], 다산초당, 2005
최인호, [최인호의 인연], 랜덤하우스, 2010

크리스 와이더스, [피렌체 특강], 마젤란, 2007

클레어 키건, [이처럼 사소한 것들], 다산북스, 2023

한비야, [바람의 딸 지구 세 바퀴 반], 푸른숲, 2007

허경진, [조선통신사 사행록에 나타난 경북], 보교사, 2018

허남정, [일본은 원수인가 이웃인가], 글로벌마인드, 2019

허남정, [박태준이 답이다], 싱크스마트， 2014

제10회 21세기 조선통신사 한·일 우정 걷기 동행기

사명대사·이에야스의 길 그 길을 걷다

인쇄·발행 2025년 12월 11일
지은이 허남정
펴낸 곳 글로벌마인드(주)
발행·편집인 신수근
편집디자인 고은아
등록번호 제2014-54호
주소 서울 관악구 관악로 105 동산빌딩 403호
전화 02-877-5688(대)
팩스 02-6008-3744
이메일 samuelkshin@naver.com

ISBN 978-89-88125-67-0 부가기호 03910
정가 24,500원